AF403860

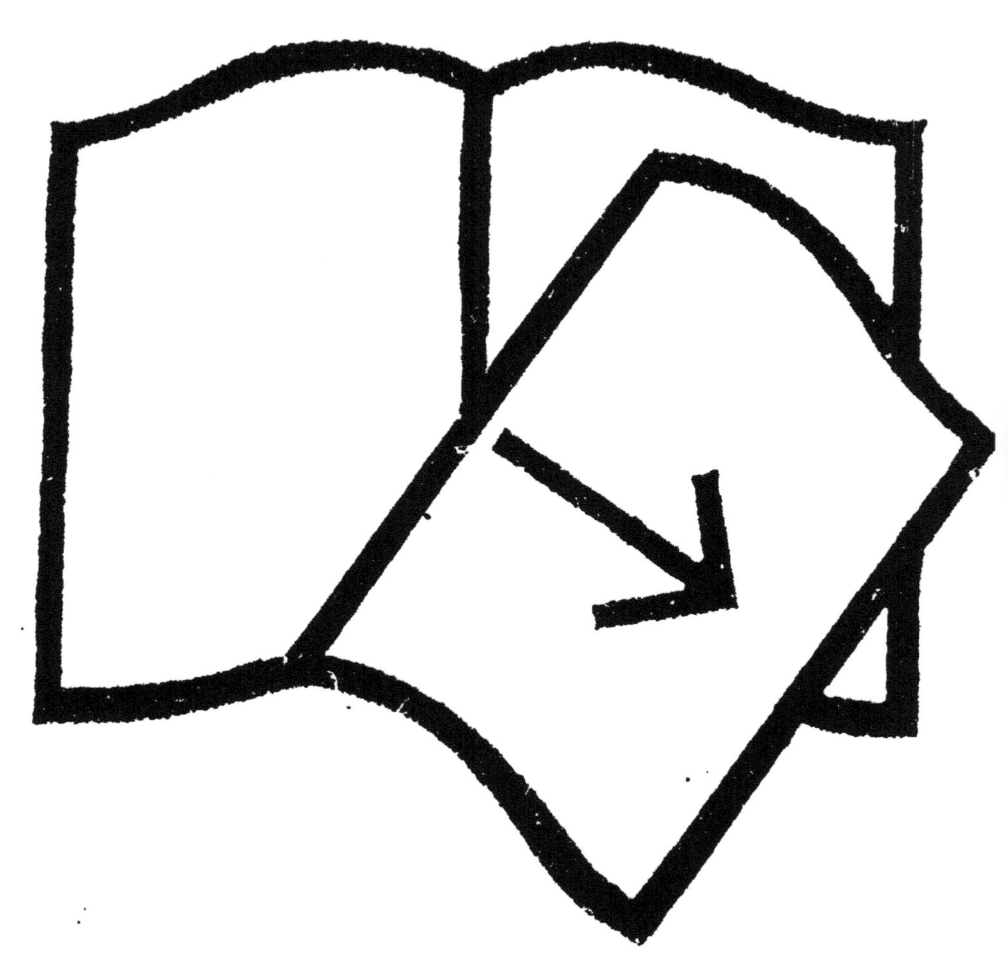

Couverture inférieure manquante

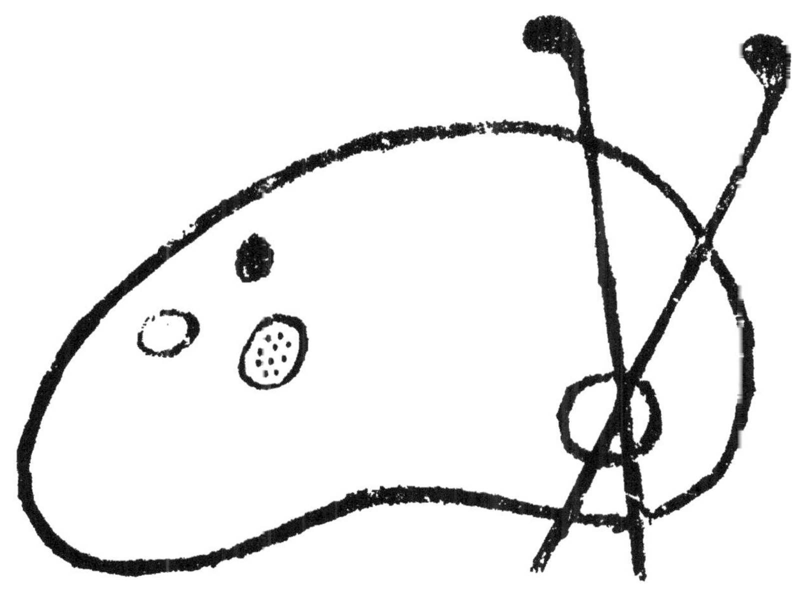

Début d'une série de documents
en couleur

LIMOGES

D'AUTREFOIS

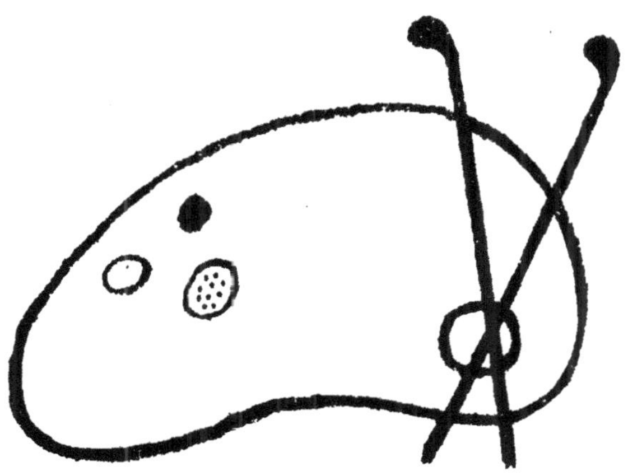

Fin d'une série de documents
en couleur

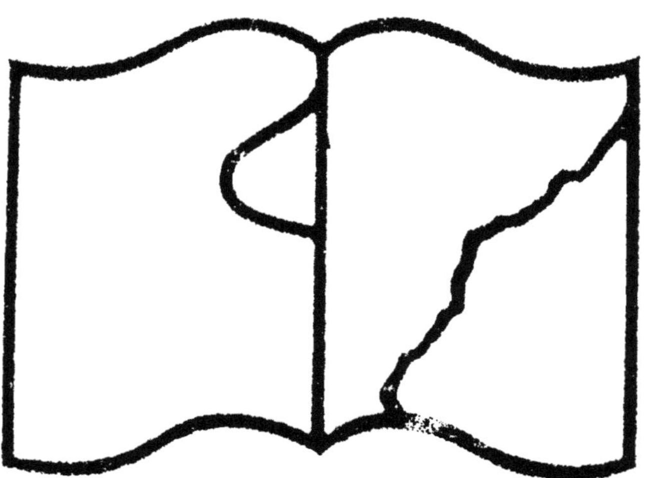

Texte détérioré
Marge(s) coupée(s)

à Monsieur Léopold D.....

Hommage respectueux

J. Gruber

LIMOGES D'AUTREFOIS

La Place Tourny

ET SES ALENTOURS

PAR

M. Louis GUIBERT

LIMOGES

Imprimerie Commerciale Perrette

7, Cours Jourdan, 7

LIMOGES D'AUTREFOIS

La Place Tourny et ses Alentours

PAR

M. Louis GUIBERT

La Place Tourny. — La Porte Mirebœuf et la Porte Tourny. — La Colonie Vénitienne. — Le bourg de Saint-Martin. — St-Paul et les Pénitents bleus. — Les cimetières. — La Garde Nationale de 1789 et de 1790. — Fêtes civiques et militaires. — Souvenirs de la Terreur. — Madame Montégut. — Les prêtres martyrs. — L'abbaye de St-Martin lès Limoges. — L'enclos de St-Martin et les Bonnes Fontaines. — La Fontaine des Fantaisies. — St Laurent. — Le Couvent des Cordeliers. — La statue de Jourdan.

Un des deux Pline — Pline le jeune, je crois — a parlé quelque part, en fort bons termes, du goût de l'archéologie, plus en honneur à Rome qu'il ne fut à aucune époque dans notre bonne ville de Limoges, si absorbée dans le présent, si peu soucieuse du passé. Le lettré latin estime que l'antiquité a droit non seulement à notre respect, mais aussi à notre attention, à notre intérêt, et mérite d'être étudiée. Il trouve très naturel et très louable qu'un citoyen s'enquière de l'histoire de sa ville natale, recueille les documents de nature à l'éclairer, lise ou écoute le récit des événements qui ont traversé l'existence de ses ancêtres, veuille connaître les dieux que ceux-ci ont adorés, les traditions conservées à leur foyer, les monuments élevés par leurs mains et aussi leurs œuvres littéraires, en un mot toutes les manifestations de leur activité et de leur intelligence. Savoir ces choses, s'en informer tout au moins, semble à Pline un devoir de piété filiale. Bien limité, assurément, doit être le nombre de ceux de nos concitoyens qui partagent sur cet objet l'avis du Romain : il s'en trouve pourtant quelques-uns. C'est pour eux que nous écrivons ces pages où s'utilisent des notes recueillies depuis plus de trente ans, au cours de recherches et de travaux bien divers.

Les habitants de Limoges dont la naissance remonte au delà de l'an de grâce 1850, ont été les témoins de bien grands changements : on peut dire que, dans le cours d'un demi-siècle, tous les quartiers de notre ville, à peu d'exceptions près, se sont successivement transformés. Pour aucun, néanmoins, la métamorphose n'a été aussi complète que pour la région formant aujourd'hui la place Jourdan et son voisinage immédiat.

Quand on a, comme nous, hélas ! assisté aux cérémonies civiques de 1848 et aux défilés de la garde nationale sous les grands arbres qui sentaient encore le vieux cimetière, on revoit par le souvenir cette vaste place, plantée d'ormeaux et de tilleuls, herbue, malpropre, maussade, le plus souvent déserte et silencieuse, animée toutefois à certaines heures par le passage des camions de la maison de roulage de MM. Pouyat frères, installée à l'angle sud-est, dans l'ancien couvent des Cordeliers, à l'endroit précis où débouche aujourd'hui le boulevard de Fleurus. Au milieu de ce large espace, un gros bloc de pierre, de forme à peu près cubique, mais dont les injures du temps et surtout les outrages des hommes avaient déjà émoussé les arêtes, attendait une statue qui ne vint jamais poser son pied de bronze sur ce piédestal d'une simplicité par trop primitive. Par-ci, par-là, quelques bancs de pierre à moitié enterrés dans le sol et où venaient, les jours de soleil, s'asseoir des bonnes d'enfants, de vieux ouvriers à la retraite, des soldats de cette compagnie de « Vétérans » installés à la Providence et dont le disgracieux uniforme ne le cédait guère en mauvaise tournure qu'au costume de nos pompiers d'alors. Au nord-ouest, le long du grand mur du pensionnat de Brettes, un cordier et son aide accomplissaient tout le long du jour, tantôt silencieusement, tantôt en sifflant ou en chantant, leur monotone besogne à l'ombre d'une rangée d'arbres dont le corps de garde actuel de l'hôtel du Quartier général du douzième corps d'armée et des maisons numéros 6 et 8 de la place conservent à peu près la direction, sinon l'alignement exact. Ces arbres étaient parallèles à la principale voie qui traversât la place : l'avenue allant de la Porte Tourny à l'ancien monastère de St-Augustin, devenu une « Maison centrale de force et de correction », avec sept ou huit cents détenus des deux sexes. Les beaux arbres qui ombrageaient le tronçon Est de cette avenue, celui qui se détachait de la place proprement dite, en prolongement da sa principale voie, et aboutissait à la prison, subsistèrent après l'abattage des autres. En 1865 seulement, l'administration les fit arracher. Ce sacrifice était indispensable pour l'élargissement et la modification des voies publiques et de leurs débouchés, en vue d'une circulation plus active aux abords de la gare. Il entrait dans les plans de la municipalité de replanter des arbres des deux côtés de l'avenue, après l'exécution des travaux dont celle-ci devait être l'objet ; mais les protestations des propriétaires riverains furent si vives qu'elle renonça à son projet, et les deux trottoirs sont demeurés nus.

I

La place Tourny. — La Porte Mirebœuf et l'éperon de St Martin. — Les manufactures. — Un peu d'étymologie.

La place Tourny ne datait que du milieu du siècle dernier. Elle se trouvait établie en partie sur des terrains avoisinant les anciens fossés et formant les avancées des fortifications, en partie sur un ancien cimetière. L'intendant Tourny fit, à partir de l'année 1738, exécuter des travaux de terrassement dans toute cette région de la ville dans le but d'assainir le quartier et de transformer en une belle avenue en ligne droite le vieux chemin conduisant à l'abbaye de

St-Augustin, où des Bénédictins de la Congrégation de St-Maur avaient établi une de leurs maisons. On désigna cette voie sous le nom de «Cours Tourny». Ce cours ne commençait pas toutefois à la sortie même de la ville, à la porte monumentale que le même intendant avait fait construire presque sur l'emplacement occupé au moyen âge par la porte Mireboeuf. En face de l'ancienne entrée, le chemin qui y accédait se trouvait étranglé entre les murs du jardin Martin et du monastère des Feuillants, d'une part, et l'immeuble qui appartenait, au moment de la Révolution, au lieutenant général civil de Roulhac, d'autre part. La maison de Roulhac, dont la construction de l'hôtel du Crédit Lyonnais a fait disparaître l'ancien alignement, avec les derniers restes, était une des habitations notables de l'ancien Limoges. Tous les vieillards se rappellent cette grande bâtisse à laquelle un fronton triangulaire avec un œil de bœuf au centre et une corniche relevée de jaune donnaient un certain caractère monumental. Elle avait été visiblement édifiée en vue de projets de voirie qui n'aboutirent pas à une complète réalisation.

Nous avons nommé la Porte Mirebœuf, qui est appelée dans les anciens documents *Mayrabuou*, *Mayrebuo*, *Mairabou*, *Mayrebou*, *Mayrebeu*, *Myrebeuf*.

Elle aurait primitivement porté le nom de « Porte de Venise », si nous en croyons une delibération d'assemblée de ville en date du 5 mars 1736 ; mais nous ne connaissons pas un seul document dont puisse s'autoriser cette affirmation. Le périmètre du Château de Limoges n'atteignit son assiette définitive en ce point qu'au douzième siècle, et dans les premières années du suivant, seulement, une porte paraît avoir été construite pour établir une communication entre la ville et les monastères et les groupes d'habitations existant déjà dans cette région en dehors de l'enceinte. Cette porte, achevée en 1212, au témoignage des chroniques du monastère de St-Martial, portait dès lors le nom de « Mirebeuf », et on la voit, dans les siècles suivants, constamment désignée sous cette appellation. Elle fut, avec plusieurs autres entrées de la ville, murée en 1373. Les bourgeois, qui venaient de se « tourner Français », voulaient se mettre à l'abri d'une attaque des bandes anglaises. Il semble toutefois qu'on ait laissé subsister ou pratiqué peu après en ce point une poterne pour la commodité du voisinage. Un texte des archives de l'Hôtel-de-Ville (G. G. 287), du 8 novembre 1502, et plusieurs passages de registres du dix-septième siècle mentionnent la « porte fermée » — *portam clausam* — à laquelle aboutissait la rue Mirebeuf et qui, en 1464, avait laissé choir la couverture (*capitellum*) de sa tour. Peut-être, à un moment donné, aurait-on muré aussi la poterne ; mais elle fut rouverte, et il n'est pas impossible qu'on ait également rétabli le passage principal, débouché le *portal* ; ce ne fut pas pour bien longtemps. En tout cas, il est parlé, à un titre de 1548, de pierres transportées alors à la porte St-Martin pour la clôre. La tour, dénommée indifféremment pendant de longues années tour Mirebeuf ou tour St-Martin, est appelée souvent, à partir du seizième siècle : « Eperon St-Martin » ou « fort St-Martin ». Il semble même qu'on lui ait quelquefois attribué le nom de « fort St-Martial » qui était porté officiellement par un grand ouvrage construit entre la porte des Arènes et la porte Montmailler. L'ancienne porte Mirebeuf fut à plusieurs reprises l'objet d'importantes réparations. En 1542 surtout, les consuls firent reprendre ses fondations jusqu'à vingt-cinq pieds de profondeur et substituer aux vieilles maçonneries un solide soubassement en pierres de taille. La tour fut transformée en bastion. La même année, on reconstruisit son boulevard, sorte de redan ou de cavalier protégeant l'ancienne porte et destiné à préserver le revêtement du bastion, sa base surtout, contre les effets de l'artillerie, à couvrir la poterne, si tant est qu'elle eût été conservée (ce qui est vraisemblable) et à ménager un abri à une petite troupe, à un poste, en avant de la place.

La suppression de la Porte Mirebœuf, supportée longtemps sans réclamation, semble-t-il, par le voisinage, causait pourtant une grande gêne et aux habitants du quartier et à ceux de toute la ville. Cette gêne se fit surtout sentir lorsqu'au commencement du dix-huitième siècle, les ateliers des faubourgs se multiplièrent, préludant ainsi à l'établissement des manufactures qui se fondèrent dans divers quartiers *extra muros*, entre 1730 et 1750 Il existait déjà des teintureries près de l'abbaye de St-Martin sous le règne de Louis XIV : l'une d'elles était même installée dans ce qui restait du bastion St-Martin. Dès le début du règne de

Louis XV, des tisserands et d'autres artisans de divers métiers, s'installèrent dans cette région de la ville. On vit enfin s'élever de véritables fabriques. Celle de M. Thévenin produisait des tissus fil et coton connus sous le nom de Siamoises : elle posséda jusqu'à cent vingt métiers. Un incendie en détruisit une partie en 1762. — La manufacture Laforest, créée en 1743, comptait soixante métiers et fabriquait exclusivement des cotonnades. Le premier de ces établissements, tout contre lequel se bâtit un peu plus tard la manufacture Nieaud, couvrait une partie des terrains où s'élèvent à présent les dépendances de la succursale de la Banque et l'école communale prise sur l'établissement des Sœurs de St-Vincent de Paul de la paroisse de St-Pierre, entre le boulevard Carnot actuel et la rue des Vénitiens ; la seconde occupait le fond de la place Tourny : l'Ecole normale d'instituteurs, supprimée en 1850, avait été installée dans une partie de ses bâtiments. MM. Laforest obtinrent successivement divers encouragements de l'Etat, entr'autres de notables remises de droits et de taxes ; en 1748, l'Intendant de Tourny fit conférer à cette fabrique le titre si envié de manufacture royale. L'écusson de France fut placé au fronton du portail qui fermait la cour de l'établissement du côté de la place, et la maison eut un « portier à la livrée de Sa Majesté ». Quand ces deux manufactures se construisirent, le rempart était déjà abattu du côté de la place Tourny.

D'où vient le nom de Mirebœuf, qu'a porté pendant plusieurs siècles une entrée de la ville et qui est encore inscrit sur la plaque d'une petite rue ? Nous ne le savons pas exactement. Le comédien antiquaire Beaumesnil, qui ne fut jamais embarrassé pour trouver des étymologies, prétend qu'il avait jadis existé dans ce quartier une inscription antique mentionnant un vœu aux mystérieuses et puissantes déesses mères, — *Deabus Mairabus*, — d'où cette voie aurait pris son nom. Seul, croyons-nous, Beaumesnil a parlé de cette inscription et il n'est pas téméraire d'avoir, dans ces conditions, quelque doute sur la réalité de son existence. La dénomination qui nous occupe pourrait tirer tout simplement son origine d'un des petits étangs que plusieurs documents mentionnent encore au dix-huitième siècle sous le nom d'Etangs de St-Martin, à peu de distance de l'ancien éperon (*mara, mera* en latin de la basse époque, d'où le français *mare* et *maré cage*). Quant au mot *bœuf*, qui traduit exactement le *buou* de la forme romane, il n'a pas besoin d'explication : *Mayrebœuf*, devenu *Mirebœuf*, serait «l'Etang au Bœuf», «la Mare au bœuf», appellation qui n'a rien d'étrange dans une ville qui possède au treizième siècle la rue Saut-de-Bœuf et la Tour Pissevache.

II

Projets de voirie. — La Porte Tourny. — Le ruisseau des Tanneries. — Attaque et défense de la Porte. — La fin d'un monument.

La délibération prise par l'assemblée de ville du 5 mars 1736 et que nous rappelions plus haut, a trait à l'ouverture d'une porte tout auprès de l'endroit où s'était élevé le « portal de Mayrabuou ». La courtine du rempart venait précisément de s'écrouler tout contre le point où on proposait de pratiquer une brèche (l'accident était commun jadis, et les documents de nos archives municipales en notent de fréquents exemples). Le Bureau des Finances ordonna la démolition de toute cette partie de l'enceinte. L'administration supérieure projetait du reste d'autres travaux de voirie dont la construction de la nouvelle porte devait être pour ainsi dire l'amorce. Il s'agissait notamment de livrer à la circulation le petit cimetière de St-Martial (aujourd'hui place Fournier et terrains avoisinants), et de tracer au travers du vieux champ de repos une rue longeant la collégiale et mettant en communication directe la rue du Clocher, la rue des Taules, la rue Pont-Hérisson avec le quartier nouveau dont la place Tourny serait le centre. Dès cette année 1736, plusieurs maisons de la rue Mirebeuf, dont on ne laissa subsister qu'un tronçon, furent acquises en vue de l'exécution de cette voie. On fit abattre ce qui restait de l'éperon de St-Martin, assensé, dès 1686, à un teinturier, comme on l'a vu plus haut.

Sous l'éperon de St-Martin passait le ruisseau qui, formé de la fontaine de Joumar ou « d'Enfer », grossi du reflux de la fontaine du Chevalet (ancienne fontaine de Constantin), coulait sous le Pont-Hérisson, longeait l'hôpital de St-Martial, traversait le jardin des moines, devenu la place des Arbres, la rue St-Nicolas près le petit carrefour que formait celle-ci à sa rencontre avec la rue Mirebœuf, enfin la place bien restreinte ménagée au débouché de l'ancienne porte. Un conduit de bois, probablement, amenait l'eau au delà du fossé, d'où elle allait alimenter les fosses de tanneurs, les « Chauchières » de Palvézy — de *chauchâ*, presser, — puis rejoindre et aviver le cours de l'égoût débouchant du *canar* de la Tour Vieille-Monnaie. Le ruisseau suivait, semble-t-il, le revers des fossés de la Cité et se dirigeait vers la Vienne, véhiculant toutes les immondices recueillies sur son trajet. Ce petit cours d'eau qui, dans le quartier des Combes, portait le nom honnête de ruisseau de Joumar ou d'Enjoumar, et plus loin celui de ruisseau des Tanneries, prenait alors la dénomination affreuse et méritée qu'il garde encore de nos jours. Il est parlé du *Merdanso* dans une mention en latin — le latin brave toutes les pudeurs — du vieux nécrologe de la Cathédrale, dont l'ensemble remonte au treizième siècle et au commencement du quatorzième. Plus précise encore est l'appellation de *Rivus merdosus* que l'abbé Legros dit avoir trouvée dans d'anciens titres, mais que nous n'avons jamais rencontrée, nous devons le reconnaître. Un document des archives départementales provenant de l'abbaye de la Règle, daté de 1438, et un grand nombre de pièces plus récentes donnent le nom en français. Comment nos conseillers municipaux, si empressés à débaptiser nos rues, places et boulevards et à substituer des noms nouveaux aux anciens, n'ont-ils jamais songé à changer celui-là ? Ils auraient, en rayant ce mot malsonnant de notre dictionnaire toponymique, profiter de l'occasion pour rendre un hommage vraiment digne de lui à un écrivain d'un grand talent : *Ruisseau Zola*... Voilà qui eût été pour consoler l'auteur de *La Terre* des dédains de l'Académie et des horions de la *Libre Parole* et du *Petit Journal*...

Revenons à la Porte Tourny, loin de laquelle nous a entraîné le courant fangeux du vieux *riu* des Tanneries. Mgr du Coëtlosquet, évêque de Limoges, en bénit la première pierre en 1742. On la mentionne comme à peu près achevée en 1743. Toutefois, en 1771 seulement elle fut officiellement inaugurée. Elle était en pierre calcaire et d'un aspect assez imposant. On y lisait l'inscription :

Turnius hœc nobis parit undique commoda, cives.
Jamdudum pater urbis, illam circumauget et ornat.

à laquelle on substitua celle-ci, en juillet 1790 :

Fœderis arcus — 9 maii 1790

Devenue la « Porte de la Fédération », puis la « Porte de la Fraternité », le modeste arc de triomphe vit défiler bien des cortèges bizarres ou terribles pendant la période révolutionnaire. On le décora de trophées à l'occasion du passage d'une colonne de l'armée d'Italie. Aux jours de fêtes publiques, on l'illuminait.

La Porte Tourny, à laquelle s'étaient appuyées des constructions d'aspect peu monumental, fut dégagée en 1846 des échoppes (ancien bureau d'octroi) qui déshonoraient un de ses flancs ; les autres, celles du côté du Collège, ne disparurent que beaucoup plus tard.

Peu de monuments ont été aussi décriés que la Porte Tourny et ont trouvé des ennemis aussi acharnés à leur ruine. On lui reprochait de manquer de caractère et d'obstruer la circulation. En 1865, son existence fut sérieusement menacée par les projets de l'édilité de ce temps-là ; mais on réussit pour cette fois à la sauver. Une lettre de M. Eugène Rouyer, architecte de la ville de Paris, datée du 10 novembre 1865 et publiée par le *Courrier du Centre*, plaida chaleureusement sa cause. M. Rouyer déclarait que le monument n'était ni sans valeur pittoresque ni sans mérite artistique ; il faisait ressortir les heureuses proportions de l'arcade, la simplicité et la fermeté du soubassement, les profils fins et vigoureux du couronnement. Ce témoignage d'un homme compétent ne désarma pas les ennemis de la Porte Tourny. Un architecte la défendait ; mais elle était attaquée par un ingénieur des Ponts-et-Chaussées, qui, on ne sait trop pourquoi — bien qu'on ait autrefois raconté à ce sujet une assez jolie histoire d'une saveur plus que gauloise — avait voué à l'infortuné monument une haine mortelle. L'ingénieur, M. Tainturier, que les événements portèrent au Conseil municipal, fit partager à la plupart de ses collègues ses mauvais sentiments à l'égard de la Porte Tourny. Nous étions alors secrétaire général de l'hôtel-de-ville, et nous eûmes, en cette qualité, la bonne fortune d'assister à la séance historique dans laquelle fut enfin condamné le pauvre arc de triomphe. Il ne trouva qu'un seul défenseur dans le sein du conseil, un sabotier de la rue des

Petites-Maisons, M. Maury, qui, nous pouvons en témoigner *ad perpetuam rei memoriam*, s'acquitta avec autant de chaleur que de conviction de son rôle d'avocat. Nous regrettons de n'avoir pas conservé cet énergique plaidoyer en faveur du seul vestige un peu important qui rappelât l'ancienne enceinte de Limoges. La péroraison seule nous est restée dans la mémoire : « Vous reprochez à ce monument, s'écriait M. Maury, de n'avoir même pas le mérite de l'ancienneté ? Eh ! bien, laissez-le subsister : il l'acquiert tous les jours, et vos descendants ne pourront pas arguer contre lui de ce grief ! »

L'éloquence et la dialectique de M. Maury furent vaines ; nul ne prêta attention à ses arguments. Le Conseil avait envie de démolir quelque chose. Mieux valait lui sacrifier la Porte Tourny qu'un édifice de plus haute valeur. La destruction de la pauvre porte fut votée à l'unanimité, moins une seule voix (24 février 1871). M. Tainturier triompha bruyamment, en dépit de la goutte qui le poignait, et il veilla à ce que la décision au Conseil municipal reçut dans le plus bref délai son exécution.

III

L'entrepôt des Vénitiens à Limoges. — Silence des documents contemporains. — Le doigt de St Thomas. — Rapports entre le Limousin et l'Italie. — Faits à l'appui de la tradition. — Le poivre de Limoges. — Prodigalité des temps féodaux. — Anecdotes contées par nos vieux chroniqueurs.

Nous avons dit qu'au dernier siècle on tenait pour certain que la porte Mirebœuf, dont l'éperon de St-Martin occupait à peu près l'emplacement, avait été autrefois dénommée : « Porte de Venise » ou « des Vénitiens ». Cette tradition est attestée au siècle précédent par le Carme Bonaventure de St-Amable qui, au troisième volume de sa grande *Histoire de St-Martial*, imprimé en 1685 (col. 372), parle d'une « rue de Venise » ayant autrefois existé derrière l'église de St-Pierre du-Queyroix, et d'un faubourg du même nom qui y faisait suite. Ces dénominations — dont aucun titre ancien, nous l'avons dit plus haut, ne fournit d'exemple, conservaient croyons-nous, le souvenir d'un fait réel, qui a, selon toute vraisemblance, exercé une action des plus favorables au développement de notre commerce et qui n'a pas peu contribué à la formation même de la ville du Moyen-Age et à l'importance prédominante qu'elle prit de fort bonne heure dans l'agglomération Limogienne. — Nous voulons parler de l'établissement, entre le monastère de St-Martial et celui de St-Martin, en dehors de l'enceinte primitive du Château, d'un entrepôt de marchandises du midi de la France et du Levant. Cet entrepôt, dont on ne trouverait malheureusement aucune mention catégorique, fut installé, à ce qu'il semble, à proximité de St-Pierre, et il ne faudrait pas chercher son emplacement en dehors des terrains limités aujourd'hui par cette église, la place Fournier, la rue St-Nicolas, l'établissement des Sœurs de Charité de St-Pierre, l'avenue de Juillet, l'avenue Garibaldi, le haut de la place Jourdan et le Grand Lycée. Mais nous ne pouvons préciser davantage, le sol ayant, à plusieurs reprises, subi dans tous ces parages de profonds remaniments.

Les Annales Manuscrites de Limoges rapportent que, vers la fin du dixième siècle, « quelques rochers faisant empeschement » au passage des vaisseaux, du côté de Gibraltar, les marchands Vénitiens renoncèrent pour un temps à suivre la voie maritime adoptée par tous les trafiquants jusqu'à cette époque et se déterminèrent à transporter à travers la France les marchandises destinées à l'approvisionnement des pays du Nord.

L'entrepôt créé à Limoges était un de ceux qui jalonnaient l'itinéraire traditionnel des caravanes de commerçants du Midi.

Ailleurs les *Annales* mentionnent, en parlant des reliques conservées dans le monastère de St-Martin, « ung bras de St-Thomas, apostre, qu'il mist dans le costé de Notre Seigneur, donné par la République de Venise, tenant bourse commune à Lymoges l'an 1012. » Sans nous arrêter à la forme bizarre de cette indication, disons que, ni la chronique du Prieur de Vigeois ni celle de Pierre Coral, qui fut pourtant abbé de

St-Martin, ne mentionnent ce don. L'abbé Legros cite toutefois, dans son *Recueil d'Inscriptions*, p. 301, un passage d'une ancienne chronique du monastère signalant expressément le fait, dans les premières années du onzième siècle... *Sancti Thome apostoli digiti a Venetis, tempore Heldoïni episcopi, huc allati ex India.* Le mot *huc*, « ici », a son importance dans le texte cité. L'Annaliste assure ailleurs que « les Vénitiens aidèrent beaucoup à la reconstruction de St-Martin ». Or, nous n'avons jamais rencontré, parmi les noms des bienfaiteurs de l'abbaye fournis soit par les chroniques, soit par les documents d'archives, aucune mention se rapportant à ces étrangers, même à un seul donateur d'origine italienne.

Peu nombreux sont du reste, si nous laissons de côté quelques prélats ayant seulement traversé la province et ne s'étant trouvés en aucune façon mêlés aux événements de l'histoire locale, les personnages venus d'au delà des Alpes et dont on ait conservé le nom. Adémar de Chabannes nous apprend qu'en 1012 ou 1013, de nobles italiens célébrèrent, avec les plus puissants seigneurs de l'Aquitaine, les fêtes de Pâques à Limoges ; mais il omet de nous dire à quelle occasion ils se trouvaient dans notre pays. Tout ce que nous savons, c'est qu'à cette époque le comte de Poitiers devait être depuis peu de retour d'un voyage à Rome, fait en compagnie de l'évêque de Limoges Hilduin. Au milieu du siècle suivant, deux pieux pèlerins, originaires de Venise, se fixent aux environs de St-Léonard et y fondent le monastère de l'Artige. Vers 1421, un sculpteur Vénitien exécute, aux frais d'une riche et pieuse bourgeoise de Limoges, Paule Audier, veuve de Mathieu Benoist, un « sépulcre » pour l'église de St-Pierre-du-Queyroix. Enfin le nom d'un autre artiste, probablement originaire de la péninsule, Lazare Franceschi, se lit, avec la date de 1438, aux pieds de la statue de la Vierge, placée, avant la Révolution, dans la chapelle de Ste-Agathe de la basilique de St-Martial... Tout cela n'a aucun rapport avec l'établissement commercial dont seule affirme l'existence, la tradition rappelée plus haut.

Très désireux d'être fixé sur la valeur de cette tradition, nous demandâmes, il y a une quinzaine d'années, son bon concours à un de nos vieux camarades du Lycée, enfant de Limoges et à qui des travaux importants sur la géographie et l'histoire ont valu la plus honorable notoriété, M. Ludovic Drapeyron. Sur une démarche pressante faite de concert auprès du Syndic de Venise, avec lequel M. Drapeyron avait eu, à l'occasion d'un récent congrès, les plus agréables rapports, des recherches sérieuses furent prescrites dans les archives politiques et dans les archives commerciales de cette ville; mais elles n'aboutirent à la découverte d'aucun document ayant trait à l'entrepôt de Limoges ; on ne put même nous signaler une pièce mentionnant en termes catégoriques l'existence d'un établissement quelconque dans notre cité.

Nous ne sommes donc pas plus avancé que nos prédécesseurs. Est-ce à dire qu'on soit autorisé à rejeter, comme une fable, le fond même du récit de l'annaliste ? Nous ne le croyons pas. A notre avis, si l'écrivain inconnu qui, à la fin du seizième siècle ou dans les premières années du dix-septième, compila nos *Annales*, a expliqué, commenté, enjolivé même à sa façon la tradition recueillie par lui, cette tradition avait sa source dans un fait réel, dont l'écho avait été dénaturé ou plutôt s'était dévié, modifié au cours des siècles.

En effet, si nous ne trouvons pas pendant tout le Moyen-Age, la preuve du séjour ou du passage d'un seul marchand Vénitien à Limoges ; si, comme on l'a vu plus haut, on n'y constate qu'exceptionnellement la présence d'Italiens ; si enfin, le nom de Lombard, Lombardy, Lombardie, Lombardot, porté par plusieurs familles, ne constitue pas un certificat d'origine bien sûr et peut n'avoir été qu'un sobriquet ou une dénomination professionnelle, — nous rencontrons par contre, à diverses époques, des méridionaux, des habitants du littoral de la Méditerranée, séjournant, ou même fixés à Limoges, et réciproquement des bourgeois de Limoges ayant transféré pour un temps ou à titre définitif, leur domicile dans les villes les plus commerçantes de la région méditerranéenne. Et nous laissons ici de côté les relations de tout genre qui s'établirent au quatorzième siècle entre Avignon et le Limousin. A cette date, l'entrepôt du faubourg St-Martin n'existe plus ou sa prospérité touche à son déclin. Les faits ayant trait à ces relations, n'ont pas d'intérêt au point de vue du petit problème qui fait l'objet de notre étude.

Montpellier surtout eut jadis des relations

commerciales avec notre ville. Cette cité fut longtemps, on le sait, le siège d'un des comptoirs les plus importants que les marchands Vénitiens eussent établis en France. Aux vieux titres de nos archives locales, on relève, en 1221, le nom de Bertrand de Congenhas, jadis bourgeois de Montpellier ; en 1279, celui de Thomas de Montpellier, baile de la Confrérie de Notre Dame Du Puy : le même sans doute que Thomas de Montpellier, croisé, du Château de Limoges, nommé en 1285 dans les notes de visite de Simon de Beaulieu, archevêque de Bourges ; ceux d'Aimeric de Martigues, de Marie de Montpellier, prieure de la Mongerie, etc. Ajoutons que les Archives de la Haute-Vienne possèdent, dans la série des titres seigneuriaux, diverses pièces relatives à des maisons dites de la Montpellerie et de l'Espicerie, à Montignac, et qui pouvaient avoir été jadis des étapes de certaines caravanes de trafiquants parties des ports méditerranéens. — A la fin du treizième siècle, un marchand de Narbonne, de passage à Limoges, y meurt sans avoir eu le temps de tester. Sa succession — deux mulets et leur chargement — est revendiquée par le vicomte et par l'abbé de St-Martial, et un procès s'engage à cette occasion entre les deux seigneurs qui prétendent à la justice de la ville. — Mentionnons encore la présence, en Limousin, en 1090, d'un évêque de Maguelonne, qui, à cette date, bénit le cimetière d'Aureil ; le fait est confirmé au cartulaire du prieuré.

Le monastère de St-Martial a, dès le onzième siècle, des possessions sur le bord de la Méditerranée. En 1101, Aymeric, vicomte de Narbonne, près de partir pour la Croisade, donne à l'apôtre d'Aquitaine l'étang de « Contessa ». En 1097, l'abbaye Limousine possède trois églises dans les diocèses de Narbonne et de Béziers ; l'une des trois est, en 1156, desservie par une petite communauté. Nous avons réuni le peu de renseignements qu'on possède sur ces obédiences et les avons publiés dans un des premiers volumes de la collection dite : *Archives historiques du Limousin et de la Marche.* Ajoutons que des documents de l'hôtel-de-ville de Montpellier mentionnent, au treizième siècle, bon nombre de marchands et d'artisans dénommés « Limousins » ou « de Limoges » et qui paraissent en effet originaires de notre pays : en 1201, Elie de *Limotges*, puis Pierre de *Limotges*, Girard de *Limogeas*, Guiraud le Limousin (*Limotganus*), Jean le Limousin (*Limotganus*), Bernard le Limousin, Etienne *de Limotgis*, dont il est parlé en 1204 et 1227 et qui habite Montpellier depuis de longues années ; plus tard, Géraud de Limoges ; Barthélemy de Murat, originaire de Limoges ; Pierre Gotanci, de Limoges ; d'autres encore. Le savant abbé Texier avait relevé ces noms et se demandait s'il n'avait pas existé, sur le littoral, aux douzième et treizième siècles, une colonie d'orfèvres Limousins, comme il a existé un établissement de négociants du littoral à Limoges.

On peut alléguer, comme un indice, tout au moins, de l'existence de l'entrepôt créé par les négociants des bords de la Méditerranée, l'abondance relative, dans notre province, des épices et notamment du poivre, à une époque où ces denrées étaient rares. Les titres de nos archives mentionnent assez souvent des redevances en épices, et le monastère de St-Martin en acquittait plusieurs. Ainsi, le Cartulaire de l'église d'Angoulême qui a été récemment publié, renferme un curieux compromis remontant aux premières années du douzième siècle, et relatif à un cens en nature dû par l'abbaye de St-Martin aux chanoines de St-Pierre d'Angoulême, sur la terre de St-Hilaire sur l'Autize, donnée au monastère un siècle auparavant par l'Evêque Rohon de Montaigut, qui avait assisté au concile de Limoges de 1031. Cette redevance était de cinq livres de poivre, suivant le chapitre, de trois seulement au dire des moines. On transigea à trois, mais à la condition expresse qu'ils seraient chaque année remis aux chanoines avant la fête de St-Hilaire. La charte, intitulée : « Le poivre de Limoges », — *de pipere Lemovicensi* —, a été récemment communiquée à notre Société archéologique et commentée par M. le chanoine Lecler. Le fait avait été autrefois signalé par notre savant abbé Texier.

Nous avons relevé aux liéves de plusieurs de nos anciennes abbayes, de celles de St-Martial et de Solignac notamment, la mention de charges analogues imposées à certains censitaires.

La maison d'Elie Guaborn, acquise par l'évêque de Limoges en 1286 et située dans la Cité, paie chaque année une livre de poivre. Une maison de la rue de La Porte, dans le Château, doit encore, à la date de 1430, un quarteron de poivre comme droit d'accapt ou de mutation. Enfin, l'évêque est tenu, en vertu de très anciennes coutumes, de faire aux dignitaires de son clergé des distributions de poivre, de clous de girofle et autres denrées de provenance exotique. Aux « fêtes de l'O » notamment — celles où les antiennes commencent par cette lettre — il doit donner à chacun des chanoines de la cathédrale de St-Etienne et à certains officiers du chapitre, des cornets contenant « des quatre épices », une orange et diverses autres menues provisions. — On sait que certains officiers, certains bourgeois à Limoges et à St-Junien, exerçaient aussi, quand le prélat donnait un grand repas, des droits d'une nature singulière et dont nous ignorons complètement l'origine : tel avait la plus grande part de la desserte, tel autre fournissait certaines provisions, mais devait en échange recevoir une quantité déterminée de victuailles ; un troisième pouvait prendre du linge ou choisir sur la table un objet à son choix. Nous avons jadis envoyé quelques curieux textes concernant ces coutumes non encore signalées au bulletin du Comité des Travaux historiques, alors que nous avions l'honneur d'en être correspondant. M. Rambaud, ministre de l'Instruction publique, nous révoqua en 1897 de ces fonctions gratuites et peu recherchées, par suite, des fonctionnaires budgétivores. Cet homme politique, qui fut, dit-on, un professeur distingué et est demeuré un écrivain non sans valeur, estima, nous ne savons à la suggestion de quel policier érudit, que les communications des amis de la République, seuls, peuvent offrir quelque intérêt pour l'étude de notre histoire nationale. Nous avons lu dans notre vie peu de lettres aussi délicieusement bêtes que celle que nous reçumes à cette occasion, émanée du cabinet du ministre, s'il vous plaît, et signée : *Rambaud.* La *Gazette* la donna en son temps, pour l'ébaudissement de ses lecteurs.

Parmi ceux de nos concitoyens à qui nos vieilles chroniques sont un peu familières, qui ne connaît un détail bien caractéristique de la somptueuse réception faite par Adémar III, vicomte de Limoges, au comte de Poitiers, gendre de Guillaume de Toulouse, dans les premières années du douzième siècle. L'intendant du vicomte, après avoir largement fourni au maître d'hôtel du noble visiteur les vivres nécessaires à celui-ci et à sa nombreuse compagnie, le conduit dans une maison où une énorme quantité de poivre se trouve répandue sur le sol, jetée là « comme des glands destinés aux pourceaux ». — *Veluti glans porcis servitura.* — « Tiens, dit il, prends ici le poivre qu'il te faut pour les sauces du comte »...

Cette anecdote ne rappelle-t-elle pas cet autre trait de prodigalité fastueuse qui, une quarantaine d'années plus tard, excita l'admiration de toute la contrée et fit d'un vilain le chef de la très noble famille de Maumont. Le duc d'Aquitaine était venu à l'improviste rendre visite à Ebles II de Ventadour, comptant le mettre dans l'embarras et le trouver dans l'impossibilité de remplir avec la magnificence dont il se targuait, les devoirs de l'hospitalité vis à vis de son suzerain. Par bonheur, c'était jour de fête au bourg, et dans toutes les maisons, les ménagères avaient préparé un abondant repas Pendant les compliments de bienvenue, les serviteurs du vicomte ramassèrent prestement tout ce qu'ils purent trouver dans le village, et un plantureux festin fut servi sur le champ au duc d'Aquitaine, stupéfait d'une pareille profusion. Pour mettre le comble à son ébahissement, on vit, vers la fin du dîner, arriver dans la cour du château une lourde charrette conduite par un paysan qui se mit, aussitôt sa rustique voiture arrêtée, à défoncer à grands coups de maillet l'énorme tonneau constituant son chargement. Les cercles sautèrent, les douves volèrent en éclats, et une prodigieuse quantité de morceaux de cire, de la cire la plus pure, se répandit sur le sol. Le vilain, les laissant à terre, piqua ses bœufs, démarra sa charrette et se retira en criant à pleine voix : — « Que les gens du Comte de Poitiers approchent et qu'ils voient comme on livre la cire, à la cour du seigneur de Ventadour ! » Ebles, ravi de l'à propos, de l'intelligence et de la « gentillesse » de son vassal, enchanté surtout de la stupéfaction où cet acte de dédaigneuse magnificence avait jeté le duc d'Aquitaine et sa suite, anoblit le paysan et lui ceignit le ceinturon de chevalier. Plus tard ses descendants, trouvant trop basse cette origine, inventèrent une autre légende à accrocher au fronton de leur généalogie. Ils eurent tort : C'est une bonne fortune rare, même pour un grand seigneur, de sortir d'un homme d'esprit.

IV

Disparition de l'entrepôt dit « des Vénitiens ». — Les Juifs en Limousin. — Les marchands étrangers et la surprise de Montferrand.

Revenons à nos Vénitiens, — ou plutôt à nos Provençaux. Il faut en prendre notre parti : peut-être ne saurons-nous jamais l'exacte vérité sur l'établissement commercial auquel se rapportent les traditions recueillies par l'annaliste, et devons-nous nous contenter des indices et des hypothèses que nous avons tenu à résumer plus haut d'une façon à peu près complète. Nous avouons au surplus que tout cela ne nous satisfait guère ; mais pendant longtemps nous avons cherché avec persévérance, et nous n'avons pu découvrir autre chose.

L'entrepôt de St-Martin fut supprimé, selon toute probabilité, au commencement du quatorzième siècle. Les mesures prises par plusieurs des successeurs de Philippe le Bel, par Louis X en particulier, à l'égard des marchands étrangers, eurent pour résultat d'écarter surtout les négociants italiens et génois de nos marchés de l'intérieur, même des foires de Champagne, si célèbres et si fréquentées au moyen âge. Les étrangers avaient du reste pu constater, sous les règnes précédents, combien était précaire leur situation en France. Sous Philippe III, notamment, ils avaient été l'objet des vexations les plus iniques et l'autorité royale les avait rançonnés sans merci.

D'autres faits particuliers à la province et consignés dans nos chroniques Limousines avaient pu exercer une certaine influence sur les destinées de l'entrepôt vénitien ou provençal établi au bourg de St-Martin : la présence des Juifs par exemple. Nous ignorons complètement le rôle que ceux-ci ont pu jouer dans le diocèse au cours du Haut Moyen âge. Il semble qu'au dixième siècle il y ait eu, soit à Limoges, soit dans les villes voisines — peut être à St-Léonard où nous avons cru en discerner quelques traces, — une colonie Israëlite un peu importante. En 1010, l'évêque Hilduin prit à l'égard des membres de cette colonie des mesures d'une extrême rigueur. Quelles raisons les motivèrent ? S'agissait-il seulement des usures qu'on reprochait partout aux juifs ? Le prélat avait-il contre eux des griefs particuliers ? ou bien leur attribuait-on la propagation de certaines doctrines, des erreurs manichéennes notamment, qui s'étaient infiltrées dans le pays et dont les partisans jetèrent peu de temps après le trouble dans la province et faillirent y provoquer de sérieux désordres. Le chroniqueur Adémar de Chabannes garde le silence sur ce point : il rapporte seulement qu'Hilduin institua des conférences pour la conversion des juifs de son diocèse, accorda aux malheureux un court délai pour abjurer, et expulsa sans pitié du Limousin, ce terme expiré, tous ceux qui refusèrent d'abandonner la foi de leurs pères. Ils quittèrent la province en grand nombre, avec leurs femmes et leurs enfants, et depuis cette époque jusqu'à la Révolution, c'est à peine si on signale, de loin en loin, la présence d'un juif dans notre contrée.

A plusieurs reprises, les évêques de Limoges

sévirent contre les usuriers, tout au moins ordonnèrent des informations sur leurs méfaits. Jean de Veyrac, contemporain de Philippe Auguste et de Louis VIII, leur fit une rude guerre : il faut dire que de son temps presque toutes les abbayes et les églises de la province étaient endettées. Un siècle plus tard, les chroniques de St-Martial mentionnent une enquête sur les usures, confiée par l'évêque Raynaud de La Porte à deux chanoines, l'un de St-Junien et l'autre du Dorat.

Deux événements des dernières années du douzième siècle : l'incendie de 1182, dont nous parlerons plus loin, et l'élargissement de l'enceinte fortifiée du Château, qui engloba dans son nouveau périmètre, avec St Pierre du Queyroix, une partie du quartier s'étendant au nord de cette église, eurent sans nul doute de graves conséquences pour l'entrepôt de nos négociants du Midi. Le bourg de St-Martin se trouvait scindé en deux portions dont l'une allait désormais être incorporée à la ville et dont l'autre, blottie sous les murs même de la place, devait offrir un séjour fort incommode et fort peu sûr. Nous ne serions pas étonné que de cette époque date le déclin, sinon la ruine de l'établissement objet de cette étude.

Un savant distingué, dont les recherches sur l'histoire de notre commerce national offrent un intérêt considérable, M. Félix Bourquelot, nous apprend qu'à la suite des édits de Louis le Hutin, les trafiquants Italiens se décidèrent à diriger leurs expéditions pour les pays du nord soit à travers l'Allemagne, soit par la voie maritime, « ayant fait rompre en mer une roche qui les empêchoit de passer » à la hauteur du détroit de Gibraltar. Cette phrase d'un document cité par l'érudit écrivain, concorde avec le passage de nos *Annales* où on lit que « le destroit fust ouvert », et que, « estant facille à passer, les ditz Vénitiens se retirèrent, ce qui porta grand perte à Lymoges, veu l'affluence qui venoit de toutes partz à Lymoges pour avoir des espiceries, veu le grand debitte qui se faisoit. » Notre Annaliste a-t-il eu à cet égard entre les mains quelque témoignage qui nous fait aujourd'hui défaut ? Ce n'est nullement impossible.

Quoiqu'il en soit, à partir de cette époque, il n'est plus question de l'entrepôt que la tradition nous montre si florissant durant la période antérieure ; mais les négociants du Midi n'avaient pas oublié le chemin du centre de la France. Ceux de Montpellier, en particulier, reparurent bientôt avec leurs ballots et leurs marchandises. S'ils n'avaient plus, aux portes de Limoges, l'avantage de posséder des magasins permanents où pouvaient s'entasser leurs denrées, il leur restait l'attrait des produits de provenance lointaine et le beau langage des méridionaux. En Limousin comme en Auvergne, on constate leur présence au cours des 14e et 15e siècles. Comme autrefois ils voyagent en troupes, les chemins n'étant pas sûrs : ce qui n'empêche pas qu'ils ne soient fréquemment détroussés par les bandes de routiers installés dans les principales forteresses du pays. Les brigands se servent même, pour dissimuler leurs mauvais desseins, de la confiance qu'inspire la bonne réputation des commerçants et des sympathies qu'ils possèdent partout. Froissard nous conte que Géronnet de Landurant et ses bandits, pour obtenir la clé d'une des portes de Montferrant (leur chef, Perrot le Béarnais, en négociations avec le Dauphin d'Auvergne, a pris l'engagement solennel de « n'embler ni echeler » aucune place) font annoncer au capitaine chargé de la garde de la ville, qu'une troupe de marchands de Montpellier, les vêtements transpercés de pluie, se morfond sous le rempart et le supplie de ne pas les laisser sans abri. Le pauvre homme se laisse apitoyer. La porte est ouverte, et le routier peut répondre un peu plus tard aux reproches du noble Dauphin, qu'il « n'embla ni échela » Monferrand ; mais qu'il y entra avec ses compagnons par la porte, « laquelle on ouvrit à l'encontre d'eulx et de leur venue »...

Le dix-septième et le dix-huitième siècles nous montrent les marchands du Midi, ceux de Montpellier notamment, restés fidèles à leur clientèle du centre de la France, en particulier de Limoges. Ils ont gardé les façons de voyager et les procédés de vente du moyen âge : ce sont des forains, des « déballeurs », et ils se voient surveillés de près par les syndics des commerçants de la ville, intéressés à les empêcher de prolonger leur séjour.

V

Le bourg de St-Martin. — Il est en partie enclos dans la ceinture des remparts. — Incendies et guerres. — Rues et portes mentionnées au XIVe siècle. — Ruine du bourg.

Que les traditions relatives au séjour de négociants vénitiens et à l'établissement d'un entrepôt de marchandises du Levant à Limoges soient fondées ou non, il est certain qu'avant le règne de Philippe Auguste, il existait déjà, entre l'abbaye de St-Martial, le monastère de St-Martin et l'église de St-Pierre-du-Queyroix, une agglomération d'une assez grande importance, connue sous la dénomination de « bourg de St-Martin ». Ce bourg est mentionné dans plusieurs chroniques et dans nombre de titres anciens.

Il ne faut pas oublier qu'aux dixième et onzième siècles, la portion de la ville neuve entourée par des murailles et des tours était fort peu étendue. L'enceinte fortifiée ne renfermait primitivement, avec la basilique de l'apôtre d'Aquitaine, le monastère et ses dépendances, que les quartiers des Taules, du Clocher et du Pont-Hérisson. Les Combes ne furent annexées au Château que dans la seconde moitié du onzième siècle, sous l'administration de l'abbé de St-Martial Pierre Aubert. A l'époque où, suivant l'annaliste, les Vénitiens vinrent dans notre ville, l'enceinte, de ce côté, s'arrêtait au haut du trapèze allongé que dessine aujourd'hui le queyroix St-Pierre, et, au Nord-Est, n'avançait pas au-delà du côté Est de la rue Dalesme et de l'escalier qui met en communication la place de la

République avec la place Fournier, si tant est qu'elle atteignît ce point. L'église de St-Pierre, arrachée à l'obédience de St-Martial par le refus du trésorier Josfred d'adhérer à la transformation en communauté monacale du collège de chanoines qui desservait la basilique, et devenue une prévôté dépendant de l'évêque, se trouvait donc hors des murailles ; son assiette était fort au-dessous de la base des tours et des maisons qui, sur une partie du périmètre, devaient constituer la ceinture du bourg, protégée par une palissade et un fossé. Ce fut au pied de cette première enceinte, au nord et à l'est de l'église fondée par St Rorice, que s'établirent les négociants étrangers, et il est vraisemblable qu'ils ont été les premiers habitants de la rue Mirebœuf dans son état primitif.

Il est fort difficile d'indiquer quelles ont pu être, au temps de sa plus grande prospérité, les limites du faubourg de St-Martin. Nous ne possédons, pour les tracer, aucune donnée sérieuse. Ce quartier paraît s'être étendu, d'une part, dans la direction de l'église de St-Paul, qu'il a peut-être atteinte, bien que nous ne le croyons pas, et d'un autre côté vers l'immeuble de la Banque de France et des Sœurs de St-Vincent-de-Paul. A coup sûr ses maisons ont couvert une portion du boulevard Carnot, de la rue des Vénitiens et de l'avenue Garibaldi ; mais où s'arrêtaient-elles ? Nous ne nous permettrions même pas d'émettre un avis sur ce point ; car les renseignements un peu précis que nous avons sur les constructions qui se sont élevées dans ces parages, ne remontent pas au-delà du quatorzième siècle, et à cette époque, l'aspect des lieux s'est déjà modifié d'une façon très sensible.

Antérieurement à la construction de la nouvelle enceinte, qui, nous l'avons fait remarquer plus haut, coupa le faubourg en deux tronçons, dont l'un fut compris dans le Château agrandi, on n'a que de simples mentions de ce faubourg. La chronique de Geoffroi de Vigeois nous apprend qu'en 1182, les bourgeois, à l'approche du roi Henri II Plantagenêt, détruisirent le monastère, — tout au moins l'église — de St-Martin et le bourg qui s'étendait à côté, *monasterium cum adjacenti burgo destruunt*. Ce ne devait pas être la première catastrophe qu'eût subie cette agglomération. Ne serait-ce pas alors qu'aurait disparu l'église paroissiale de St-Nicolas, dont nous avons à peine une mention et qui paraît avoir été unie à St-André : nous ne savons ni à quelle époque, ni dans quelles circonstances ? Il est vraisemblable que les habitants les plus riches, les commerçants les plus industrieux voulurent profiter des avantages assurés à une portion du bourg par son incorporation à la ville, et que le quartier *extra muros* resta occupé par de pauvres gens, des vignerons, des cultivateurs, des journaliers. Cet humble quartier, qui gardait néanmoins une certaine importance et couvrait encore une assez grande étendue de terrain, éprouva de nouveaux désastres. Le précieux manuscrit n° 5452 du fonds latin, à la Bibliothèque nationale, conte qu'un incendie consuma, en 1250, vingt-trois maisons dans ce faubourg. Les sinistres de ce genre ont de tout temps été fréquents à Limoges. Enfin les chroniques signalent, sous la date de 1266, un conflit, quelque grave rixe sans doute, qui éclata au Clos Laurier, entre les bourgeois du Château de Limoges, ceux de la Cité et ceux du bourg St-Martin.

Plusieurs voies, quelques unes très fréquentées, traversaient ce qui restait, après la construction de la nouvelle enceinte, de l'agglomération suburbaine appelée au treizième siècle, au vieux cartulaire du Consulat : « lo borx Saint Marti ». Il est parlé, dans une pièce des archives de l'Hôpital, de la « rue neuve du bourg de St-Martin » en 1309. Une *rue neuve* suppose l'existence d'autres voies plus anciennes. En effet, les terriers du monastère nomment la rue « du Prestinh », « Pristinh » ou « Preseinh » (de la Boulangerie, *de Pistrino*), et aussi la « grande rue », qui est peut être celle désignée ailleurs sous la dénomination de « rue du seigneur Abbé ». Essayer, à cinq siècles de distance, d'indiquer l'emplacement et la direction de ces voies, serait un pur effort d'imagination, sans utilité comme sans valeur sérieuse. Bornons-nous donc à faire connaître le peu d'indications que nous possédons sur le « bourg de St-Martin ».

Au bout de la rue neuve, il y a une porte — *extra portam de Rua Nova* — ; mais cette porte sert-elle au XIVe siècle ou a-t-elle servi de fortification ? Il est permis de le supposer. Nous voyons aussi, par diverses confrontations, que la rue du Prestinh correspond à la porte du même nom ; mais cette dernière paraît être une des portes du monastère, ou pour parler plus exactement de son enclos. Quant à la porte de la rue neuve, il semble bien qu'elle appartienne au faubourg même, car il est dit qu'elle s'ouvre dans la direction de Viraclaux : *extra portam de Rua nova, in Veteris Clavibus*, et que là passe le grand chemin qui va du bourg de St-Martin au carrefour des « Hommes Tranches » — *ad ulmos truncatos*. Le carrefour bien connu qui jusqu'au seizième siècle a porté ce nom, était le même que celui de la Croix de L'Echallière et se trouvait placé au point d'intersection du chemin d'Aigueperse et plus tard du chemin du Crucifix avec celui qui allait de la Porte Montmailler à la Maison-Dieu ; l'avenue du Champ de Juillet rappelle, sinon le tracé même, du moins la direction générale de ce dernier. Quant à la voie se dirigeant du bourg vers les « Hommes Tranches », elle ne peut être que la rue actuelle des Vénitiens.

Malheureusement, c'est surtout le terrier de St-Martin de 1398 (registre B, n° 5, des archives départementales) qui nous fournit des renseignements topographiques un peu précis sur le « bourg de St-Martin » ; or celui-ci, à cette époque, a été en partie détruit et beaucoup de ses maisons ont disparu. Le cahier même que nous feuilletons en fait foi. Ecoutez cette triste nomenclature : « la maison de Chabasse, aujourd'hui emplacement *dévêtu*, inhabité, inoccupé — *absa* — celle de Martial Moulin, aujourd'hui emplacement inoccupé ; celle de Jean Babeau, aujourd'hui inoccupée ; les trois maisons d'Elie Dompnonhet, aujourd'hui abandonnées, » etc. Et malgré ces destructions, le terrier compte encore, dans ce faubourg, quatre-vingt onze maisons, sans parler des granges et des pressoirs ! Quel devait être au siècle précédent, quel avait été, au temps de la prospérité du quartier, le nombre de ses habitants !

L'auteur des *Annales manuscrites* ne nous induit donc pas en erreur quand il nous parle du « beau faubourg » qui s'était construit sous la protection de l'abbaye de St-Martin et dont les caves et fondations se voyaient de son temps jusqu'à l'église de St-Paul. Ce faubourg aurait été, d'après lui, « destruict et brullé » lors des escarmouches livrées entre les troupes du duc de Berry et du maréchal de Sancerre, qui étaient entrées dans la Cité le 24 août 1370, et les forces de Chandos, alors établi dans le Château.

Cette assertion se trouve confirmée par le témoignage des lettres royales accordées le 29 avril 1373 au monastère de St-Martin pour l'exempter des droits d'amortissement : le bourg aurait été, suivant ces lettres, démoli par ordre des chefs de l'armée française, afin d'empêcher les troupes anglaises de se loger trop près de la Cité : Destruction bien inutile, puisque la petite armée du duc de Berry devait se retirer au bout de quelques jours et que la malheureuse ville fut reprise le 19 septembre suivant et traitée avec la plus implacable cruauté.

Quoiqu'il en soit, la destruction du bourg de St-Martin causa un dommage considérable au monastère : celui-ci assurait y avoir perdu plus de deux cents livres, — c'est-à-dire quelque 10 ou 12,000 fr. à la valeur actuelle de l'argent, — de cens et de rentes, ce qui paraît une bien grosse somme : il n'en put tirer, depuis cette catastrophe, qu'un revenu insignifiant. Un certain nombre de pauvres maisons subsistèrent et nous en trouvons encore, mais fort peu, au siècle dernier. On les désignait indifféremment sous la dénomination de « faubourg de St-Martin » ou celle de « faubourg de St-Paul », du nom d'une petite église paroissiale que nous avons déjà eu occasion de mentionner. Celle-ci s'élevait au bas de la place Jourdan actuelle, tout auprès du débouché du tunnel du chemin de fer, à l'endroit où est installée aujourd'hui la photographie Pineau.

VI.

Le premier cimetière chrétien. — L'église de St Paul — La fontaine latine. — La confrérie royale des Pénitents-Bleus. — Démêlés avec le curé. — Fêtes et cérémonies.

St-Paul serait, d'après la tradition, une des plus anciennes églises de Limoges : elle aurait été bâtie, en effet, par Jocondius et Pélagie, père et mère de St Yrieix, au sixième siècle. Certains auteurs indiquent la date de 528 ; d'autres celle de 580. Toutes les deux sont acceptables, puisque St Yrieix vivait de 510 ou 516 à 591. Ce qui paraît hors de doute, c'est qu'elle existait avant 597, terme de l'épiscopat de St Ferréol, qui avait doté cette église et y fut enterré. Un autre évêque de Limoges, St Asclèpe, mort en 613, y avait aussi reçu la sépulture. S'il faut en croire la *Vie* du premier de ces prélats, les corps de tous les successeurs de St-Martial y avaient été inhumés jusqu'à cette époque. Toutefois, d'après la tradition, attestée par nos chroniques et nos annales, c'était à St-Augustin que devaient reposer nos évêques et le chef de ce monastère considérait si bien cette coutume, suivie durant des siècles, comme ayant créé un véritable droit au profit de sa maison, que l'évêque Gui de Laron, mort en 1086, ayant été, au mépris de l'usage, enterré dans son église cathédrale, l'abbé réclama son corps et obtint de l'autorité ecclésiastique que celui-ci fût exhumé pour être transporté auprès de la dépouille de ses prédécesseurs.

Cette contradiction entre le texte de la *Vie* de St Ferréol (qui du reste peut renfermer une faute) et le témoignage des chroniqueurs, s'expliquerait dans une certaine mesure par ce fait que l'église de St-Paul était une dépendance de St-Augustin, et que tous les terrains avoisinant le vieux monastère avaient jadis formé le premier cimetière chrétien de Limoges. Saint Martial, s'il faut en croire la légende, avait lui-même consacré et béni ce champ de repos. Après l'érection de St-Paul en paroisse, au onzième ou douzième siècle, le curé resta à la nomination de l'abbé. Suivant Legros, Saint-Paul avait été à l'origine un petit monastère, ce qui nous semble peu croyable, vu la proximité de St-Martin et de St-Augustin. Encore moins admettons-nous qu'il y ait eu là, comme le prétend Collin, dans ses *Vies des saints*, une « belle et florissante abbaye, détruite par les Barbares », bien que le bon chanoine ajoute que « d'anciennes voûtes » et des « chapelles souterraines », restes de cette abbaye, « s'ouvraient de hasard » dans les vignes du voisinage. La tradition semble-t-il, faisait tour à tour des mêmes ruines les restes d'un monastère et les caves des habitations d'un bourg détruit ; elle confondait les événements concernant l'histoire de diverses maisons, et attribuait les mêmes catastrophes tantôt aux Vandales, aux Arabes ou aux Normands, tantôt aux Anglais ou aux routiers, voire aux Protestants. Il est difficile d'y voir un peu clair dans ce chaos de légendes, auquel chaque écrivain qui les rapporte ajoute son mot.

Quoi qu'il en soit, on croit généralement que l'église primitive de St Paul fut détruite par Pépin en 763, lorsque celui-ci assiégea et prit la Cité, et relevée de ses ruines par le vainqueur lui-même ; c'est ce que conte l'auteur des *Annales manuscrites*. Lorsqu'on effectua la reconstruction, les corps de St Asclèpe et de St Féréol furent transférés à St-Augustin. Les restes du second, sauvés lors des incursions des Normands par les seigneurs de Lastours, qui les gardèrent quelque temps dans leur fort, sont aujourd'hui conservés dans l'église de Nexon et renfermés, depuis cinq siècles et demi, dans un curieux buste d'orfèvrerie, exécuté par un artiste de Limoges, Aymeric Chrétien.

Saint Paul est appelé, dans quelques titres anciens, « Saint Paul de La Fontaine » — *S. Paulus de Fonte* — sans doute à cause de la fontaine indiquée aux plans des 17e et 18e siècles, un peu au-dessous de cette église, dans la direction du monastère de

St-Augustin. L'édifice qui subsistait à cette époque n'était pas, à ce qu'il semble, fort ancien ; tout au plus conservait-il quelques fragments de maçonnerie de l'église carlovingienne. Tel que nous l'avons vu, il n'avait aucun caractère. La paroisse de Saint-Laurent avait été, dès le XVIe siècle, unie à celle de St-Paul, mais n'avait pas sensiblement augmenté l'importance de celle-ci, dont la population, au début de la période révolutionnaire, n'excédait pas 255 âmes (Calendrier de 1789).

La fontaine à laquelle se rapporte la dénomination de *S. Paulus de Fonte* était probablement une source naturelle ; car nous ne trouvons nulle part de mention ancienne d'une conduite d'eau dans les terrains inférieurs au pré de St-Martin et aux fontaines du monastère. Est-ce une de ces dernières ou n'est-ce point la fontaine de St-Paul qui a porté le nom de « Fontaine latine » : appellation dont nous avons en vain recherché la raison et qui remontait certainement à une époque reculée ? Nous la trouvons encore dans quelques actes du dernier siècle, entr'autres dans une reconnaissance du 17 février 1777, des minutes du notaire Ardant, et dont nous devons la communication à l'obligeance de M. Firmin Ardant, ancien président de la Chambre de commerce. Il est dit, à ce titre, que la propriété des frères et sœurs Ardilier, comprend une partie du Clos Laurier et le domaine bien connu des « granges Paylevé », confronté « au midi à la terre dépendante de la cure de St-Paul et à ladite église et place St-Paul, où autrefois étoit un chemin public actuellement fermé qui alloit à ladittc fontaine latine et alloit se rendre au grand chemin de l'abbaye de St-Augustin. »

La confrérie des Pénitents-Bleus, fondée en 1598, obtint de l'abbé de St-Augustin, la permission de s'établir à Saint-Paul. En 1647, cette association prit l'engagement d'entretenir et de réparer l'église ; elle y fit construire peu après deux salles pour ses assemblées et un petit clocher. Quarante ans plus tard, on lui dut la réfection de l'autel et du retable ; en 1691, la construction de la sacristie ; en 1740, la restauration de tout le bâtiment, qui fut crêpi et recouvert. Le tableau du grand autel représentait *Saint Jérôme au désert*. Les murs étaient décorés de peintures exécutées à la fin du dix-septième siècle : on y voyait des médaillons avec des inscriptions édifiantes. Au fronton du petit édifice se lisaient les mots : *Pœnitentiam agite !* Faites pénitence ! — avec l'écusson de la Compagnie.

On sait que l'histoire de la plupart des confréries est en grande partie composée du récit des difficultés et des querelles survenues entre l'association et le clergé de la paroisse dont l'église donne un abri aux confrères.

La chose est de tous les temps ; mais les différends des Pénitents-Bleus avec les curés de Saint-Paul eurent une acuité particulière et furent signalés par des épisodes qui mériteraient d'être contés. Sous prétexte qu'ils avaient fait rebâtir le clocher, les confrères prétendaient en interdire l'usage au curé, et, les jours de procession paroissiale, ils mettaient sous clé le dais qu'ils avaient, il est vrai, payé de leurs deniers. En 1753, l'autorité diocésaine, à bout de patience, lança l'interdit contre l'association, et celle-ci n'obtint de reprendre ses exercices qu'après que pleine satisfaction eût été donnée à l'évêque et au pasteur de la petite paroisse.

Comme beaucoup des associations de pénitents bleus qui existaient en France au dernier siècle, celle de Limoges se fit aggréger à la « Royale compagnie » des Pénitents bleu de Toulouse et obtint d'être associée à ses privilèges. Nos Pénitents reçurent l'avis de cette affiliation avec de véritables transports ; ils célébrèrent l'heureux événement quelques jours après, le 25 août 1782, par des cérémonies religieuses suivies de réjouissances qui attirèrent aux abords de leur église toute la population de la ville. Beaucoup de confrères appartenaient à des familles riches et l'association ne reculait devant aucune dépense pour donner à ses fêtes une solennité exceptionnelle. Dans aucune des chapelles de pénitents les cérémonies ne se faisaient avec autant de pompe. Aux grands jours, les dignitaires les plus élevés du clergé officiaient dans la petite église, tendue de tapisseries à fleurs de lis, et pour que le peuple eût part à leur allégresse, les pénitents bleus faisaient le soir, à leurs frais, tirer un feu d'artifice dans le cimetière qui entourait St-Paul. Ils avaient même de petits canons pour annoncer leurs fêtes : M. Nieaud, ex-maire de Limoges et ancien prieur de la compagnie, fut invité le 17 octobre 1792, par les autorités, à faire conduire sur-le-champ au département l'inoffensive artillerie ayant appartenu à la Confrérie.

La paroisse de St-Paul fut, au mois d'août 1791, réunie à celle de St-Etienne. L'église, d'abord conservée comme oratoire, fut vendue à un particulier. Ce qui rest[illegible] cet édifice de modestes dimensions, était occupé, dans les premières années de ce siècle, par un menuisier du nom de Quillet, très connu à Limoges pour son intelligence et son habileté. Le brave ouvrier avait des aptitudes surprenantes pour la mécanique et il fabriqua quelques appareils fort ingénieux. Au moment de sa démolition en 1855 ou 6, Saint-Paul servait d'atelier à un charron. C'était une masure, sans caractère monumental et qui n'offrait aucun détail intéressant, autant que que peuvent en témoigner nos souvenirs.

Le plan de Jouvin de Rochefort, dit « des Trésoriers de France », indique l'existence, au dix-septième siècle, d'une toute petite place devant l'église.

En face de St-Paul, et sur le chemin qui se dirigeait vers la Maison-Dieu, presque à l'endroit où s'élève aujourd'hui le monument des Enfants de la Haute-Vienne, morts pour la défense de la patrie au cours de la funeste guerre de 1870-71 — monument dû talent d'un de nos concitoyens, le statuaire Thabard, — on voyait au siècle dernier une grande croix de pierre, qui fut transportée, en 1780, dans le nouveau cimetière de St-Pierre, près du Maupas.

VII. — La place St-Paul. — La procession de Pâques Fleuries. — Les cimetières. — Les Jacquiers et Bardon de Brun. — Souvenir de Saint-Antoine-de-Padoue.

On a vu plus haut qu'une bonne partie de l'emplacement de la place Jourdan et de ses abords avait, de temps immémorial, servi de cimetière. Un terrain d'une superficie assez étendue et réservé à la circulation libre, avait néanmoins subsisté au milieu des sépultures, dont aucune clôture, semble-t-il, ne le séparait : On l'appelait tantôt « place Saint-Paul », tantôt « place » ou « carrefour Saint-Martin ». Il était, au douzième siècle, le lieu de réunion de tout le clergé de Limoges, le jour des Rameaux. La *Chronique* du prieur de Vigeois, où sont consignés tant d'usages intéressants, tant de particularités curieuses de cette époque, rapporte que c'était la coutume le jour de « Pâques Fleuries », que tous les prêtres des églises paroissiales de la Cité et du Château se réunissent dans l'église cathédrale ; les communautés s'y rendaient aussi : celles bien entendu établies avant le treizième siècle — car les Dominicains, les frères Mineurs, les Carmes et les Augustins ne prenaient pas part à la cérémonie, qui existait avant leur venue à Limoges. — Tout ce clergé sortait processionnellement de St-Etienne et se dirigeait vers la place Saint-Paul, où l'attendaient les religieux de Saint-Martial, en surplis, précédés de leur croix. Ceux de Saint-Augustin y rejoignaient de leur côté la procession. Après les chants d'usage, un prédicateur faisait un sermon, sans doute du haut d'une chaire de pierre analogue à celle qui existait dans le cimetière de St-Martial « dessous les Arbres ». Puis le cortège se reformait et pénétrait dans l'église abbatiale de Saint-Martin, où l'évêque, l'abbé de St-Martial à son défaut, et en l'absence de l'un et de l'autre, l'abbé de St-Augustin ou celui de St-Martin bénissait des fleurs qu'on distribuait aux assistants. La procession allait ensuite à la basilique de Saint-Martial, pendant que la communauté de Saint-Martial restait en prières à Saint-Martin. Le cortège se disloquait après sa visite au sanctuaire de l'apôtre d'Aquitaine, et le clergé de chaque paroisse rentrait à son église. En 1263, une querelle s'éleva entre les chanoines de la cathédrale et les religieux de St-Martial. Le Chapitre prétendait, contrairement à l'usage, que ces derniers devaient quitter, avant les chanoines, la place St-Paul. Pendant cinq ou six ans ce différend troubla la cérémonie. En 1268, un ancien évêque de Cahors, retiré au couvent des Dominicains, et le Prieur de St-Paul, choisis pour arbitres, obtinrent que, moyennant le paiement d'une somme de trente-cinq livres aux chanoines, le couvent de St-Martial aurait toute liberté de faire la procession comme il l'entendrait.

Aux deux derniers siècles, le cimetière de la petite paroisse de St-Paul occupait seulement le coin Nord-Est de la place actuelle, auprès de l'église.

Ce n'était qu'une partie de l'ancien champ de repos de la paroisse : le « petit cimetière » comme on l'appelait. Le grand, qui s'étendait dans la direction des Cordeliers et qui avait sans doute envahi des terrains jadis couverts d'habitations, fut de bonne heure accaparé par la paroisse de St-Pierre, à laquelle les abords de son église, peuplés de dix couches de tombes, ne pouvaient plus suffire, et qui, dès le moyen âge, avait établi dans ces parages un cimetière *extra muros*. Un fragment d'acte de 1390, que nous avons trouvé dans la liasse n° 7766 (provisoire) des archives du Département, fonds de St-Martin, mentionne déjà « le cimetière de St-Paul qui dépend de St-Pierre-du-Queyroix et lui appartient » : *in capite cimiterii quod movet et est de ecclesia Sancti Petri de Quadruvio*. A ce *campo santo*, toujours désigné sous le nom de « cimetière de St-Paul », et dont les beaux arbres avaient été coupés en 1614 ou 1615 pour faire une palissade en avant du fort St-Martin (on craignait alors quelque surprise à cause de la révolte du prince de Condé), fut empruntée au dernier siècle la plus grande partie de l'assiette primitive de la place Tourny. Une délibération des « marguillers et bayles des âmes » de la paroisse de St-Pierre, en date du 12 juillet 1738, céda aux consuls ce cimetière, où on avait enterré la plupart des victimes de la grande épidémie de 1563. On avait voulu, lors de la peste de 1631-32, y transporter aussi les corps ; mais les Feuillants s'y étaient opposés, et on se décida alors à inhumer les personnes qui succombèrent à la terrible maladie dans le cimetière de St-Cessateur. Il est probable que les Grands Carmes, dont les terrasses dominaient cet emplacement, protestèrent à leur tour, et vu la fréquence des vents d'ouest et du sud-ouest à Limoges, il faut convenir qu'il n'y avait pas de cimetière plus mal choisi.

Quoiqu'il en soit, plusieurs milliers de corps furent déposés dans les terrains entourant la vieille église où avaient été jadis placés les restes de St-Aurélien. L'avenue Foucaud, la rue Pierre Raymond et la nouvelle voie récemment ouverte sur les terrains Plainemaison traversent aujourd'hui ce champ des morts.

Le « grand cimetière de St-Paul », devenu le principal cimetière de St-Pierre, occupait, au dix-huitième siècle, une partie de l'emplacement de l'ancien faubourg et confrontait « au pré et jardin des Feuillants », dont nous avons parlé au chapitre précédent, à la place des Cordeliers et au grand chemin de Limoges à Ambazac, auquel allait se souder devant la maison Dieu, ancienne léproserie depuis longtemps en ruines, le chemin, déjà mentionné, venant de la porte Montmailler. Ce cimetière avait 925 toises de superficie. On y voyait une chapelle dite « des âmes du Purgatoire » ou des Trépassés, dans laquelle il faut sans doute reconnaître l'ancienne chapelle du *Civori* de St-Paul, mentionnée dès 1224 à un titre des archives de l'Hôpital de Limoges. Quelques-uns identifient ce petit édifice avec une chapelle de Ste-Marthe, que l'abbé Legros a trouvée dès 1354, qui est dite ruinée en 1379 et qui fut reconstruite en 1508 (ou en 1505 au rapport de l'annaliste) ; elle tombait de nouveau en 1631. Elle dépendait primitivement de l'église, jadis paroissiale, de St-Laurent, annexe de Saint-Martin, et servit d'oratoire, à une certaine époque, à la confrérie des pèlerins de St-Jacques, désignés par le peuple sous le nom de « Jacquiers ».

Cette pieuse association paraît de fondation ancienne ; nous ne la trouvons pas, toutefois, mentionnée d'une façon expresse antérieurement au quinzième siècle. Pour y être admis, il fallait, à l'origine, avoir fait un pèlerinage au célèbre sanctuaire de St-Jacques de Compostelle ou s'être engagé par vœu à y aller : on n'exigea plus tard des associés que le projet ou simplement le désir d'accomplir ce pieux voyage. Nul pèlerinage ne fut, du onzième au seizième siècle, aussi populaire que celui-là. On est surpris de constater le grand nombre de Limousins qui, au témoignage de nos chroniques, des titres de nos archives ecclésiastiques ou de nos papiers de famille, ont traversé les Pyrénées pour se rendre à Compostelle.

On sait que les Jacquiers ont une page intéressante dans l'histoire du théâtre à Limoges. Ils représentèrent sur la place des Bancs, le 25 juillet 1596 et le 8 juin 1597, la tragédie de *St-Jacques*, œuvre bizarre et diffuse d'un membre de leur confrérie, le vénérable Bardon de Brun. Cette tragédie fut imprimée en 1596 par Hugues Barbou, aux frais d'un autre confrère, Pierre Guibert, marchand. Nous avons la chance de posséder un des très rares exemplaires de ce volume, précieux cadeau de notre vénéré et regretté ami, le savant chanoine Arbellot.

En échange de l'emplacement du cimetière abandonné par la fabrique de St-Pierre, la ville donna à celle-ci un terrain de 334 toises à l'Est du premier, circonscrit par le chemin des Feuillants à l'église de St-Maurice, le chemin des Tanneries et le cimetière de St-Maurice, qui était en partie établi sur les fossés de la Cité, depuis longtemps comblés. Cet endroit portait le nom de « Maupas » dès le seizième siècle, comme l'atteste un relevé des dîmes de St-Martin conservé aux archives du Département (13 A) et qui nomme en 1534 le lieu du *Malpas*. Ce fut là qu'on transporta le « cimetière des pauvres » de la paroisse de St-Pierre : non pas qu'il y eut en réalité un champ de repos pour les riches et un champ de repos pour les indigents ; mais toutes les familles aisées avaient leur *vase* depuis de longues années, soit dans l'église, soit dans les terrains qui l'avoisinaient et que n'avait pas encore envahis la circulation. Le cimetière des pauvres était simplement l'endroit où on inhumait les corps de ceux qui n'avaient pas de lieu de sépulture spécial.

On construisit, dans le cimetière du Maupas, une petite chapelle dédiée à St-Martial, et les membres de le baylie des âmes de St-Pierre continuèrent à cet oratoire, le premier dimanche de mai, le pèlerinage qu'ils faisaient autrefois à la chapelle de Ste-Marthe ou des Trépassés. On connaît l'inscription qui se lisait sur sa façade :

Passant, par où tu passes, j'ai passé :
Par où j'ai passé, tu passeras ;
Comme toi, vivant j'ai été ;
Comme moi, mort tu seras.

La chapelle du Maupas s'élevait sur les terrains qui ont servi d'assiette aux maisons formant l'encoignure de la rue du Maupas et du boulevard St-Maurice ou plutôt de la rue des Pénitents blancs.

Le 19 janvier 1625 était mort, dans une petit maison du Maupas, un personnage qui joua un rôle des plus intéressants à Limoges et qui, durant plus de trente ans, fut le promoteur de toutes les œuvres de dévotion, de zèle et de charité écloses dans notre ville. Nous voulons parler de celui que le peuple avait surnommé « l'Avocat des pauvres » et qui fut, dès le jour de sa mort, vénéré et invoqué par toute la population comme un saint : Bernard Bardon de Brun, l'auteur de la tragédie dont nous avons parlé un peu plus haut. Plusieurs églises et couvents se disputèrent le corps de cet homme de bien, et telle fut l'affluence des personnes qui vinrent le voir sur son lit de mort, qu'on dut étayer l'étage inférieur de la maison. Le clergé et les paroissiens de St-Pierre enlevèrent cette précieuse dépouille et l'inhumèrent dans une des chapelles de la vieille église municipale. On a constaté, lors d'une récente vérification du contenu du vase où avaient été déposés ces restes, que d'autres ossements avaient été mêlés avec eux. Les reliques tirées de ce tombeau à cette occasion ne peuvent donc être considérées comme authentiques.

Pour revenir au cimetière de St-Paul, qui est souvent appelé «place de St-Paul», —*platea Sancti Pauli*, au treizième siècle — il avait été planté autrefois de fort beaux arbres ; on y coupa en 1615, comme on l'a vu plus haut, quatre-vingt-six frênes qui furent utilisés pour les fortifications. C'est sur cette place qu'en 1226, St-Antoine de Padoue se fit entendre pour la première fois en plein air à Limoges. On sait quelle affluence se pressait à ces sermons et quelle popularité conquirent à Limoges les fils de Saint-François, qui y comptèrent jusqu'à trois couvents. Aux seizième et dix-septième siècles, les Récollets surent, comme les premiers Mineurs, parler à l'esprit et au cœur du peuple, et rétablirent dans notre ville les traditions de St-Antoine de Padoue.

Nous reviendrons plus loin sur les souvenirs laissés à Limoges par l'aimable saint et sur l'histoire mouvementée de l'établissement des Franciscains sous nos murs.

VIII. — La place Tourny et ses souvenirs. — Les ballons. — La garde nationale. — Cérémonies civiques. — Le P. Foucaud. — La soirée de la Farandole. — L'abbé de La Maze.

Nous avons dit que le cimetière de Saint-Paul avait fourni la plus grande partie de l'assiette de la place Tourny. Cette place, dont on abaissa le niveau et dont on refit le pavé en 1779, devint le principal lieu d'assemblée et de promenade pour les habitants de Limoges : ce qu'avait été le vieil amphithéâtre jusqu'à la construction de la place d'Orsay; ce qu'est depuis plus de soixante ans le Champ-de-Juillet. Elle vit, le 8 septembre 1774, le feu de joie que la ville fit allumer pour célébrer la nomination de Turgot au contrôle général et le feu d'artifice qui fut tiré à cette occasion. Des spectacles forains s'y installèrent. Un sieur Bance,« physicien machiniste », y lança successivement, le 18 juillet 1785, entre 6 et 8 heures du soir, deux « globes aérostatiques » en papier, d'environ quinze pieds de diamètre. Le dernier « soutenoit une gondole en papier, avec des artifices ». Les deux aérostats s'envolèrent dans la même direction et allèrent tomber, l'un et l'autre, près du Mas-Rome. Une première expérience tentée par le même, le 7 mai précédent, à la place d'Orsay, n'avait pas réussi... Les globes de Bance ne sont pas les premières montgolfières qu'aient vues nos pères. Le vendredi, 14 mai 1784, un sieur Dupont, « géomètre et machiniste », en avait lancé une sur la place d'Orsay. Ce ballon, qui ne mesurait pas moins de 22 pieds de haut et de 54 de circonférence, s'accrocha en partant aux arbres ; mais il se dégagea au bout d'un instant et s'éleva majestueusement dans les airs. Il atterrit près de Condat, où les paysans le mirent en pièces.

Pendant la période révolutionnaire, la place Tourny devint le théâtre des grandes solennités patriotiques. Elle fut, dès le début, le champ d'exercice et de revue de la nouvelle milice citoyenne. La garde nationale avait été formée dès la fin de juillet 1789, à la suite de l'étrange émoi qui signala cette journée du 29, demeurée célèbre sous le nom de « journée de la peur ». On sait quelle inexplicable alarme se répandit soudain dans une partie du royaume et à quelles scènes burlesques et tragiques elle donna lieu. La population de Limoges, réunie sur la place d'Orsay, se prépara à repousser l'attaque des brigands — Espagnols, Anglais ou autres, — dont on annonçait l'approche. Un commandant général fut nommé et on compléta sur le champ les cadres des anciennes compagnies de milice bourgeoise, qui furent réorganisées et prirent à dater de ce jour le nom de « Garde nationale ». Un comité militaire composé de l'état-major et des capitaines, auxquels avaient été adjoints des commissaires désignés par les neuf cantons ou districts (quatre par district), arrêta définitivement l'organisation de la nouvelle force publique. L'effectif comprit un commandant général, un commandant général adjoint, un colonel, un lieutenant-colonel, un major, quatre aide-major, un quartier-maître trésorier général, un secrétaire général, un aumônier, un chirurgien-major, un sergent-major et un tambour-major. Il n'y avait pas de corps de musique. Cette organisation fut adoptée le 4 novembre seulement. La Cité eut sa garde nationale particulière, avec son colonel. L'uniforme des deux corps ne différait que par la couleur des revers et parements : ils étaient bleus pour les soldats citoyens de la ville, rouges pour ceux de la Cité.

Le commandant général et les officiers prêtèrent solennellement, le 22 novembre, dans l'église du Collège, devant le corps municipal, le serment d'être fidèles à la nation, au Roi et à la loi. L'aumônier, qui était un chanoine de St-Martial, l'abbé Tanchon, prononça une allocution sur l'amour de la patrie. L'Intendant et beaucoup de dames élégantes assistaient à la cérémonie.

Les municipalités furent renouvelées au mois de février 1790, et une proclamation de Louis XVI, pour l'exécution du décret de l'Assemblée Constituante du 16 mars, appela les gardes nationales à renouveler le serment entre les mains des nouveaux officiers de la commune. Cette fois la solennité, qui avait été d'abord fixée au 18 avril, puis remise au 25, eut lieu en plein air, sur la place Tourny. Une estrade avait été élevée au fond, devant les bâtiments de la fabrique Laforest (aujourd'hui immeuble Lemaistre et maison des religieuses de l'Espérance) : un autel la surmontait, abrité par un pavillon ; au sommet flottait un drapeau sur lequel on lisait : *Vive Lafayette* ! La garde nationale, sous les armes, était rangée autour de la place, dont elle occupait trois des côtés.

Le Conseil général de la commune arriva, ayant à sa tête le maire Pétiniaud de Beaupeyrat, dont la généreuse sollicitude venait de sauver la ville des horreurs de la famine. Un détachement de la milice citoyenne l'escortait. Le corps municipal se rangea autour de l'autel et la messe commença. Elle fut chantée par le P. Foucaud, dont le rôle politique commença ce jour-là, et deux autres religieux dominicains. L'aumônier en titre de la Garde Nationale, M. Tanchon, n'avait pu obtenir de l'Evêché l'autorisation de célébrer le Saint-Sacrifice à cette cérémonie, et s'était retiré. Après la messe et le chant du *Domine salvum fac Regem*, le procureur de la commune prit la parole pour expliquer l'objet de la réunion de la milice et de la présence de la municipalité. Le greffier de l'hôtel de ville lut la formule du serment. M. Faulte de Vanteaux, ancien capitaine d'infanterie, chevalier de Saint-Louis, commandant général adjoint (qui devait, peu d'années plus tard, tomber sous les balles des républicains avec les prisonniers de Quiberon, dans cette lugubre plaine d'Auray, abreuvée deux fois du meilleur sang de la France),se présenta le premier et jura de défendre la Constitution et de prêter main forte aux autorités. Après lui les officiers de l'état-major, puis les capitaines à la tête de leurs compagnies renouvelèrent ce serment. Une tribune avait été réservée aux dames. Elle s'élevait le long du mur des Feuillants. Le soir, un banquet eut lieu au couvent des Grands Carmes, qui avaient dû prêter leur cloître pour ces agapes fraternelles, comme ils s'étaient déjà vus obligés de mettre une de leurs salles à la disposition de la section, pour la tenue de plusieurs assemblées électorales. Les curieux peuvent noter que le prix de la souscription à ce banquet était de trois livres par tête. Tout se passa du reste de la façon la plus satisfaisante. La soirée se termina par une illumination et des danses sous les boulingrins de la place d'Orsay. On ne molesta personne et aucun incident fâcheux ne troubla cette fête patriotique.

Il n'en fut pas de même quinze jours plus tard, le 9 mai, lors de la fête de la confédération des gardes nationales. La cérémonie proprement dite s'était passée sans encombre. La curiosité publique avait été vivement excitée par la première exhibition des uniformes des corps de volontaires, des chasseurs que commandait le colonel Barbou des Courières, et des grenadiers de M. de St-Georges. La compagnie d'enfants, dont Foucaud avait solennellement béni le drapeau dans l'église des Jacobins, avait eu aussi sa part de succès. Le dominicain officiait, entouré de religieux appartenant à presque toutes les communautés de la ville. Il prononça un discours qu'il avait fait imprimer d'avance, et qui devait, après la cérémonie, soulever d'énergiques protestations. Mais la tranquillité publique ne fut pas troublée de la journée.

Le soir seulement, d'assez graves désordres se produisirent. On donnait un bal paré au profit des pauvres : Il faisait un temps superbe et toute la population était sortie des maisons et se promenait après dîner. Quelques citoyens, probablement excités par de trop copieuses libations, imaginèrent d'organiser des rondes en plein air et d'inviter les assistants à échanger leurs chapeaux avec les bonnets à poil et les autres coiffures des gardes nationaux qui se trouvaient mêlés à la foule. Le jeu plut et de proche en proche se répéta. Un véritable vent de folie passa sur notre population d'ordinaire si calme. Les danseurs se répandirent dans les rues, appelant tout le monde, contraignant les passants à se mêler à leur bacchanale, arrachant les femmes et les jeunes filles à leurs maris ou à leurs pères et les entraînant dans une course échevelés, insultant, maltraitant ceux qui faisaient mine de résister ou même de protester. Nous avons, dans notre enfance, entendu plus d'une fois parler de cette soirée et de cette « farandole », dont tous les contemporains gardaient le souvenir.

L'abbé Legros, qui avait été témoin de ces scènes, les décrit de la façon la plus pittoresque et donne à ce sujet quelques détails : « Prêtres, moines, femmes de tout ordre, de tout état, rien ne fut exempté. Partout où passoit le torrent, il entraînoit tout ; on s'arrêta pour danser sous le mur de la terrasse du monastère de St-Ursule (Bains-Chinois) dont on provoquoit les religieuses à la liberté, et dans la cour du Séminaire des Ordinands (Caserne du 20e Dragons) où l'on entra par surprise... On ne se borna pas à faire danser les prêtres et les moines ; on les fit boire ; puis on substitua à leurs calottes et à leurs capuchons des bonnets de grenadiers ».

Un chanoine de Chartres, l'abbé de La Maze, qui assistait, de la terrasse de la maison de M. de Roulhac, à la cérémonie du matin, s'était permis quelques observations qui furent rapportées et que la garde nationale jugea blessantes pour sa dignité. La maison du Procureur du Roi fut pour ainsi dire assiégée par la foule ; on fit revenir à Limoges l'abbé de La Maze qui avait déjà quitté la ville, et il dut — le 11 — faire en pleine place Tourny amende honorable devant la garde nationale assemblée, puis passer comme un condamné, escorté d'un peloton, devant chaque compagnie en lui réitérant ces excuses, signer ensuite une rétractation des paroles offensantes qu'il avait proférées et verser une somme de 600 livres pour les pauvres. A ce prix, il lui fut enfin permis de regagner sa résidence.

IX Vogue et décadence de la Garde nationale. — La fête de la Fédération des gardes nationales et de l'armée. — Le régiment de Royal Navarre.

La Garde nationale jouit, pendant les premiers mois de son existence, d'une vogue inimaginable. Tout le monde en était entiché. On la mêlait à tous les actes importants de la vie civile, de la vie domestique même : Il n'était enterrement solennel, brillant mariage ou riche baptême où un détachement au moins de la milice citoyenne ne figurât. Les parents allaient inviter l'Etat-major ou les officiers de la Compagnie. suivant le cas, à honorer la cérémonie de leur présence. Les derniers feuillets de nos registres paroissiaux fournissent à cet égard plus d'une note burlesque. Ces flatteries et l'admiration qu'on prodiguait à la garde nationale finirent par griser tout à fait beaucoup de gens naïfs et importants, de ceux dont on dirait aujourd'hui « qu'ils croient que c'est arrivé » : Leurs prétentions devinrent insupportables et lassèrent tout le monde. Le discrédit le plus complet succéda à la popularité la plus exagérée. Celle-ci était toutefois dans toute sa force au mois de juillet 1790, lors de la célébration de la fête de la Fédération générale des gardes nationales et de l'armée, sur laquelle les écrivains et les journaux du temps nous ont laissé les détails les plus circonstanciés.

Nous sommes au 14 juillet. Il est dix heures du matin. Toute la ville s'est portée à la place Tourny : L'affluence est énorme. Le peuple est contenu par un cordon de soldats du guet. La Garde nationale, rangée en bataille le long du mur des Feuillants, occupe la partie septentrionale de la place et l'allée des Bénédictins. La maréchaussée et le régiment de cavalerie de Royal Navarre forment une ligne de l'autre côté, devant les Cordeliers. Entre ces deux rangées de troupes. au fond de la place, un autel s'élève, orné de lambrequins et de drapeaux : aux côtés de l'autel, la municipalité et le Conseil général de la commune ; derrière, la musique militaire, renforcée des principaux amateurs de la ville. Il y avait là de fort bons artistes : On a toujours aimé les concerts à Limoges, et dès 1743 ou 1744 une société s'était créée pour en organiser.

La messe est célébrée par le P. Cazes, aumônier de la Garde nationale, — encore un dominicain — qui prononce un discours, « analogue à la circonstance », pour employer le cliché de tous les comptes rendus du temps. Puis la cérémonie civique et militaire commence. Le prévôt de la maréchaussée, M. Gilibert de Merlhiac, lieutenant-colonel de cavalerie, chevalier de St Louis, — le colonel de la gendarmerie d'alors, — celui-là même qui deux ans plus tard, lors de l'invasion par la foule de la salle des séances du Département (préfecture actuelle) 27 février 1792, devra se retirer avec sa troupe sous une grêle de pierres, s'avance le premier, prête à haute voix, l'épée à la main, le bras levé, le serment constitutionnel, puis se tourne vers ses hommes et reçoit d'eux le même serment.

C'est le tour de Royal Navarre, brave régiment arrivé le 27 décembre précédent à Limoges pour y tenir garnison. A la suite de quelques querelles entre des officiers ou cavaliers et des gardes nationaux, provoquées le plus souvent par l'outrecuidance et les prétentions de ces derniers, on a cherché à exciter l'opinion publique contre ce corps. A force de réserve et de patience de la part des soldats, peu à peu cette irritation s'est dissipée ; mais le régiment n'a pas pris part à la fête du 9 mai ; on a fait un crime de cette abstention au lieutenant-colonel qui le commandait, M. de Sainte Croix, et bien que la présence de la troupe à la cérémonie ne fût nullement indiquée — le décret de l'Assemblée n'ayant trait qu'au serment des gardes nationales, et donnant à cette solennité un caractère exclusivement municipal — cet officier s'est vu obligé de quitter Limoges. Le chef de corps, le duc de Crussol, est venu le remplacer. On l'a fêté, même à la Loge ; car ce grand seigneur est franc-maçon comme beaucoup d'autres, et il a assisté, le 6 juin, à une tenue extraordinaire, dans laquelle a été reçu, sous ses auspices, le quartier-maître de son régiment. Malgré ces titres, le duc de Crussol ne conserve pas longtemps la faveur populaire, et quand il part à son tour, croyant avoir arrangé les choses, il est déjà en butte aux soupçons et aux accusations.

Revenons à la fête du 14 juillet. Le major de Royal Navarre, M. Lerin de Montigny, s'avance sur le front des troupes. Officiers et soldats prêtent le serment. D'enthousiastes acclamations éclatent de toutes parts. Il semble que tous les griefs soient oubliés, que toutes les défiances soient dissipées.

Midi sonne à l'horloge de Saint-Martial.

Le canon retentit. Notre pauvre artillerie municipale, renouvelée en 1778, et pourtant en bien piteux état déjà, tire ses dernières salves. Le maire, M. Pétiniaud de Beaupeyrat, se lève et prononce la formule du serment, que répète, aux acclamations du peuple, toute la Garde nationale. Puis les porteurs des drapeaux et étendards sortent des rangs, font quatre pas en avant et saluent avec leur enseigne. Les fanfares éclatent. On entend de nouveau le canon... — « Vive la nation ! » crie le Maire, et les troupes et le peuple répètent un immense cri de : « Vive la nation ! ». Nouveau coup de canon, second cri : « Vive la loi et la constitution ! » Troisième coup de canon, troisième cri : « Vive le roi restaurateur de la Liberté Française ! » Et les vivats continuent, alternant avec les coups de canon : 4° « Vive la fédération de tous les Français ! 5° Vive notre réunion et notre fédération particulière ! 6° Vive l'assemblée nationale ! 7° Vivent les municipalités ! 8° Vivent les gardes nationales, la maréchaussée et Royal Navarre ! 9° Vivent tous nos chers concitoyens ! »... La série des acclamations est terminée. Encore un peu d'artillerie pour finir. Les troupes défilent en passant sous la porte Tourny, qui va devenir la « Porte de l'Union ». Tout change, de nom tout au moins : la place Tourny, appelée quelque temps la « Place d'Armes », sera désormais « le Champ de la Confédération ».

X

Bénédiction du drapeau des volontaires nationaux. — Seconde farandole. — Arbres de la liberté. — La guillotine et les prêtres martyrs. — Religieux et prêtres séculiers. — Le clergé limousin pendant la Revolution.

Les fêtes de ce genre se multiplient. Elles ont fourni à un érudit et soigneux écrivain, M. Fray-Fournier, la matière d'une récente notice, que tout le monde, à Limoges, a lue avec intérêt. Il n'entre pas dans notre cadre de donner le récit de toutes, ni même de les énumérer. Le programme varie peu. Un seul trait doit être signalé. Nous voyons peu à peu la partie religieuse du programme devenir moins importante, puis elle disparaît tout à fait.

Au milieu de tant de solennités sans beaucoup de relief, quelques grandes journées méritent une mention. C'est dans le « Champ de la Confédération » que, le 2 octobre 1791, on proclame solennellement la Constitution si péniblement élaborée par l'assemblée, et qui, dès l'année suivante, sera rejetée au néant. Sur cette place retentissent pour la deuxième fois dans notre ville les accents enflammés de *La Marseillaise*. La religion est encore à ce moment de la partie. Il s'agit de la bénédiction du drapeau du troisième bataillon de volontaires de la Haute-Vienne. On est au 21 octobre 1792. Le canon d'alarme retentit partout et les contingents départementaux, à son appel, se dirigent vers la frontière. L'autorité a voulu donner à la cérémonie toute la solennité qu'elle comporte. Les corps administratifs et judiciaires, la garde nationale, la gendarmerie, les membres de la société des *Amis de la Constitution*, devenus depuis un mois les *Amis de la Républiqae*, ont été convoqués. Entre deux salves d'artillerie et deux roulements de tambours, on chante, avec accompagnement d'orchestre, « l'hymne des Marseillais ». La bénédiction donnée, les rangs sont rompus et une farandole échevelée mêle quelques instants la troupe, la garde nationale et la foule. Puis chacun reprend sa place pour le défilé. Une escorte d'honneur accompagne les autorités jusqu'à la place du Département, aujourd'hui place de la Préfecture. L'ancienne intendance donne asile à ce moment à tous les services publics. Arrivé là, le cortège s'arrête et le vent de folie souffle de nouveau. Il faut qu'on se trémousse. « Amis de la République », gendarmes, magistrats élus, fonctionnaires, gardes nationaux et curieux se prennent par la main et parcourent les rues voisines en chantant et en dansant.

La place Tourny avait gagné, à devenir ainsi le centre des grandes manifestations patriotiques, d'être un peu mieux entretenue : ses abords avaient été fort améliorés. On abattit toutefois, en 1792, quelques-uns de ses tilleuls. Il est vrai qu'on les remplaça par un superbe peuplier, baptisé du nom d'Arbre de la Liberté. La liberté n'est pas une essence qui réussisse quand souffle le vent des révolutions : l'arbre dépérit, et il fallut en replanter un autre le deux pluviose an VI.

Dans l'intervalle, la place de la Confédération, devenue « la place de la Fraternité », avait vu d'autres spectacles, tragiques, ceux-là, et qui laissèrent chez les témoins et même dans l'esprit des personnes qui avaient seulement entendu raconter ces scènes, une profonde et terrible impression. Sur cette place, quatre fois au moins en dix semaines, se dressa la guillotine, et on y exécuta un certain nombre de personnes condamnées à mort par le tribunal criminel du département, devenu le tribunal révolutionnaire. M. l'abbé A. Lecler a écrit d'intéressantes notices biographiques sur les huit prêtres suppliciés pendant cette période et dont les registres du greffe et ceux de la maison commune nous ont conservé les noms.

Un jour surtout, le 1er frimaire an II (21 novembre 1793), le couteau tomba quatre fois en deux heures, et la charrette emporta les corps de quatre ecclésiastiques condamnés pour avoir voulu rester fidèles à leurs vœux. C'était Jean Joseph Raymond, ancien vicaire de Bonnac, près Ambazac, âgé de 37 ans, exécuté à quatre heures de l'après midi ; Jean Raymond, oncle du premier, curé de Bussy, près Eymoutiers, âgé de soixante ans, exécuté à 4 heures 1/2 ; Pierre Psalmet Gramouzaud, ancien curé de Beaumont, âgé de 62 ans, exécuté à cinq heures ; Jean Tiquet, ancien vicaire de Châteauneuf-la-Forêt, âgé de 35 ans, exécuté à cinq heures 1/2. La veille, les Jacobins avaient célébré la fête de la Raison : il n'est pas de bonne fête sans lendemain.

Les autres victimes exécutées à Limoges furent Paul Esmoing, ancien curé d'Eymoutiers, 57 ans, guillotiné le 14 novembre 1793 (24 brumaire an II) ; Jean-François

Rampnoux, diacre, originaire de Chirac, près Chabanais, 30 ans, guillotiné le 5 décembre suivant (15 frimaire an II) ; Jean Gaston, ancien curé de Ste-Anne, près Eymoutiers, 43 ans, et Melchior Pérol, prêtre communaliste et vicaire de Notre-Dame d'Eymoutiers, 42 ans : ces deux derniers morts le 20 janvier 1794 (1er pluviôse, an II).

Parmi les victimes de la Révolution à Limoges, parmi celles qui montèrent sur l'échafaud de cette ville après avoir comparu devant le tribunal criminel, épuré, comme on sait, par les commissaires de la Convention, on ne compta aucun religieux.

Le clergé régulier fournit de beaux exemples de fidélité et de courage ; mais il eut, dans notre province tout au moins, incomparablement moins de martyrs et de confesseurs que le clergé de nos chapitres et de nos paroisses. Beaucoup de religieux avaient embrassé, dès 1789, les principes nouveaux et se laissèrent peu à peu entraîner aux excès les plus honteux et aux pires apostasies. Un grand nombre jouèrent même un rôle, un rôle capital et sanglant, dans les scènes atroces qui se déroulèrent sous la Terreur.

Il est assez curieux de constater quelle infime proportion représentaient les réguliers sur le nombre total des prêtres insermentés, au témoignage des relevés d'écrous et des registres des administrations.

A un état de cent vingt prêtres du district de Limoges, reclus, déportés ou à déporter, dressé à la fin de l'année 1792, et publié par M. l'abbé Lecler dans son livre : *Martyrs et confesseurs de la Foi dans le diocèse de Limoges*, si riche en documents, on ne relève que *neuf* religieux : sur une autre liste un peu postérieure, comprenant 174 noms d'ecclésiastiques du département soumis à la déportation, *onze* seulement se rapportent à des réguliers.

Le clergé séculier de notre province fut, pendant toute la période révolutionnaire, admirable de dévouement, de fidélité au devoir, de zèle pour les âmes, de courage simple et modeste, d'esprit de sacrifice, de généreuse résignation. Ce qu'il subit d'outrages et ce qu'il endura de privations et de souffrances, ce qu'il accepta vaillamment d'horribles épreuves, un homme digne de ce nom ne peut l'entendre raconter sans être touché jusqu'au fond de l'âme. Comment ne pas sentir ses yeux se mouiller et son cœur frémir d'indignation, quand on lit cette effroyable *Relation* de l'abbé Labiche de Reignefort, que le ton presque froid, monotone, sans acrimonie,sans indignation, sans élévation, sans relief, de l'écrivain, rend plus tragique et plus poignante encore... Les geôliers jacobins étaient plus redoutables que le bourreau, les prisons plus affreuses que la guillotine, et les entreponts des vieux navires où on entassait, dans les immondices, la vermine et le scorbut, des centaines et des centaines de confesseurs de la foi, connurent des misères, des horreurs mille fois pires que la mort. Personne ne peut refuser à ces dignes serviteurs de Jésus-Christ un tribut de pitié et de respect. Pour nous qui, bien des fois, avons appris, par le témoignage des geôliers ou des bourreaux eux-mêmes, l'héroïque constance de ces martyrs, nous ne saurions évoquer leur mémoire sans leur rendre un hommage de piété et d'admiration : Ils ont lavé dans leur sang toutes les taches du dix-huitième siècle; ils ont montré par leurs paroles, leurs actes, leurs sacrifices, leur vie et leur mort, tout ce que l'Eglise de France avait encore de foi inébranlable, d'énergique vitalité et de sublimes vertus à l'heure même où tout le monde proclamait sa décadence.

XI

Les suspects. — Le diacre Rempnoux du Vignaud. — Une fête révolutionnaire. — Un extrait du journal de Publicola Pedon — La franc maçonnerie à Limoges.

On a plusieurs fois, depuis 1870, réimprimé l'article consacré par l'ex-professeur Publicola Pedon, dans le Journal de la Société des Jacobins de Limoges, à la journée du 15 frimaire an II, qui vit pour la troisième fois l'échafaud se dresser sur la place de la Fraternité, et le sang d'un prêtre, fidèle à Dieu et à sa foi, teindre le couteau de la guillotine. L'arrivée des suspects de Tulle, échangés contre ceux de Limoges, était annoncée pour ce jour-là, et le commandant de l'escorte envoyée au chef lieu de la Corrèze pour y conduire les « aristocrates » de la Haute-Vienne, avait adressé au Comité de surveillance un récit enthousiaste de la réception préparée aux sans-culottes de notre ville par les sans-culottes de Tulle. Ceux-ci n'avaient rien trouvé de mieux, pour terrifier les pauvres prisonniers, entassés sur cinq ou six charrettes, maltraités par leur escorte, épouvantés par les cris de mort proférés contr'eux dans plusieurs localités de leur itinéraire, que de faire monter sur une de leurs places « dame Guillotine » et de la faire fonctionner aux yeux des nouveaux venus : on leur donnait ainsi un avant-goût du sort que leur réservaient les patriotes. Le grand-père de celui qui écrit ces lignes, brave marchand de draps connu pour ses sentiments contre-révolutionnaires — ces sentiments puissent-ils se perpétuer chez ses descendants ! — et plusieurs fois jeté en prison par ordre des députés en mission ou des comités locaux, se trouvait sur une de ces charrettes, et le souvenir de l'accueil ménagé par leurs nouveaux hôtes aux malheureux « suppôts de la réaction et du fanatisme » est demeuré vivant dans la famille. Des Jacobins, affublés de vêtements de deuil et d'ornements sacerdotaux, se pressaient sur l'échafaud, autour de l'instrument de supplice, psalmodiant l'office des morts. Toutefois, aucune victime humaine n'avait été sacrifiée et on s'était borné à décapiter un animal : le bourreau avait remplacé le boucher.

C'était assurément du sang. Il fallait bien en verser puisqu'on persuadait à la populace qu'il était indispensable à son bonheur que les pavés des villes et les sillons des campagnes en fussent arrosés. Mais on reconnaîtra que l'humanité s'en tirait à bon compte.

Il ne devait, malheureusement, pas en être de même dans notre cité.

Le chef du détachement de la garde nationale de Limoges, en annonçant l'arrivée prochaine dans cette ville des suspects de

Tulle, insistait auprès du Comité de surveillance pour que celui-ci préparât au convoi une réception à la hauteur de celle du chef-lieu de la Corrèze. Les détails de sa lettre, dont lecture est donnée à la société populaire le 29 novembre 1793, soulèvent les applaudissements et excitent l'émulation de nos sans-culottes. Le club, voulant faire mieux que les Jacobins tullistes, « arrête que le tribunal criminel sera invité à juger quelque aristocrate détenu, pour que son exécution coïncide avec l'arrivée de ceux de la Corrèze » (*Textuel*).

L'infâme complaisance du Comité de surveillance et du Procureur près le tribunal criminel s'empressa de réaliser ce vœu.

Il y avait alors, parmi les prêtres réfractaires détenus à la prison et sous le coup de la loi de mort, un ecclésiastique des environs de Chabanais, n'ayant encore reçu que l'ordre du diaconat, bien qu'il eût trente ans. Jean-François Rempnoux du Vignaud appartenait à une très bonne et très pieuse famille. Quels griefs particuliers les Jacobins avaient-ils contre lui ? Nous ne saurions le dire. L'abbé Guillon assure, dans son livre des *Martyrs de la foi*, qu'il avait été désigné à l'avance comme victime, et que, pour avoir un prétexte de le traduire devant le tribunal, on glissa dans sa poche une chanson séditieuse : on s'arrangea, naturellement, pour la saisir un instant après. Tout est possible à la scélératesse humaine, et tout arrive. Il fallait jeter aux jacobins la proie qu'ils réclamaient. Rempnoux, traduit devant ses juges, fut condamné à mort, soit à cause de la chanson découverte, dit-on, dans sa tabatière, soit simplement à cause de sa qualité de prêtre insermenté, n'ayant pas quitté, dans le délai prescrit, le territoire de la République. Le malheureux était jugé d'avance : l'ordre du club fut son arrêt.

Le Club avait chargé son comité d'Instruction de s'occuper des détails de la cérémonie. La victime était trouvée : on était sûr d'avoir du sang ; il ne restait plus qu'à organiser la fête. Une ignoble mascarade se prépara. Le grand jour arriva : C'était le 5 décembre 1793. Les membres de la société populaire s'étaient donné rendez-vous dans l'église de St-Michel, devenue le Temple de la Raison. Ils s'y affublèrent, les uns d'ornements ecclésiastiques, les autres de robes de magistrats, d'autres encore de frocs de religieux ou de pénitents. Les principaux acteurs ainsi costumés, on se dirigea vers le Pont-St-Martial, et de là sur la route de Tulle, au-devant du convoi dont l'approche venait d'être signalée. On le rencontra enfin, et le cortège prit aussitôt ses distances pour faire son entrée. Nous laissons parler Pedon :

« Un détachement de la Garde Nationale alloit en avant ; après lui venoient des Pénitens qui encensoient de vaines idoles, au milieu desquels étoit un âne mître, monté par un prêtre. Ce dernier étoit placé à rebours ; il tenoit à l'une de ses mains une patène, et de l'autre un purificatoire. Venoit ensuite un évêque qui marchoit à pas lents et donnoit à chaque instant sa benediction au peuple. Il étoit suivi du roi Cochon : C'en étoit un véritable, à la tête duquel on avoit mis une couronne, et que l'on avoit chamarré de cordons et de crachats. Il portoit cette inscription : « Je suis le roi Cochon ». Un second cochon, attaché comme le premier à une pique, représentoit le Pape. Sa triple couronne étoit renversée ; il étoit revêtu de ses habits pontificaux, et on lisoit sur son ventre cette inscription : *Ego sum Papa*... Après le Pape, on voyoit quatre sans-culottes porter un grand sarcophage, sur lequel on lisoit ces mots : *Royalisme*, *Féodalité*, *Fanatisme Egoïsme*, *Fédéralisme*. Autour de lui, des sons lugubres se faisoient entendre ; des hommes, les cheveux épars et en habit de deuil, se lamentoient et faisoient retentir les airs de leurs gémissemens. Une foule de sans culottes suivoient de près en chantant : *Requiescant in pace* ! La déesse de la Raison, accompagnée du Président de la Société populaire, venoit après, chantant des hymnes patriotiques. La marche étoit fermée par douze chariots de la mauvaise marchandise de Tulle ».

Nous nous serions fait un scrupule de changer un mot à l'ignoble description de l'ignoble cortège. Le langage de Pedon, qui eût paru grossier et répugnant il y a un demi siècle, est, après tout, celui que nous lisons tous les jours dans les feuilles prétendues populaires. L'état d'âme des démagogues de notre époque ne diffère pas beaucoup de celui de leurs prédécesseurs. Nos Marat, nos Saint-Just, nos Hébert n'ont pas encore rétabli l'instrument favori de gouvernement de leurs ancêtres, cette guillotine qualifiée par eux de scélérate quand elle frappe des assassins, traitée d'équitable et de bienfaisante quand elle immole des innocents, des prêtres, des soldats, de pauvres femmes. Mais les articles de nos modernes Jacobins, comme leurs discours, traduisent les mêmes rancunes profondes, les mêmes haines sauvages, la même inexprimable vilenie, la même tyrannie impitoyable et féroce, la même froide et infâme cruauté que les écrits et les paroles des gazetiers et des tribuns de la Terreur.

Revenons à la procession que nos pères virent se dérouler sous leurs yeux le 5 décembre 1793 et dont Pedon nous a décrit les tableaux successifs.

On fit dans l'ordre indiqué le tour de la ville, puis on se rendit sur la place de la Fraternité où l'échafaud avait été dressé. On rangea les malheureux suspects autour de la guillotine et le bourreau fit son œuvre. Cette fois, une tête humaine tomba sous le couperet. Le sarcophage et les dépouilles des églises dont s'étaient parés les acteurs de cette sacrilège mascarade, furent ensuite brûlés aux cris mille fois répétés de : Vive le République !

Pedon, qui était, en sa qualité de professeur et de journaliste, membre du comité d'instruction, fut, on ne peut en douter, un des organisateurs de la fête. Il est difficile de ne pas reconnaître, dans cette manifestation grossière contre ce que le peuple avait toujours aimé et respecté, l'inspiration de la Franc Maçonnerie. Le cortège du 5 décembre 1793 porte pour ainsi dire le cachet de la secte dont l'influence est assez sensible dans notre ville, au cours de ces années terribles.

Nous sommes néanmoins peu fixés sur l'histoire des Loges à Limoges pendant la période Révolutionnaire. On a vu plus haut qu'il y en avait une en 1790, et qu'un officier du régiment de Royal Navarre s'y était fait affilier sous les auspices de son colonel. Il semble même qu'à ce moment, il en existât deux : celle des *Frères unis*, connue dès 1774 et installée dans la vieille tour de Pissevache, et celle de l'*Heureuse Réunion*. La Maçonnerie limousine se réorganisa sous le Consulat et l'Empire. On sait que beaucoup de militaires étaient maçons à cette époque et que nombre de demi-brigades possédèrent leur loge spéciale. En 1806, on trouve encore deux groupes maçonniques à Limoges, tous deux appartenant à l'obédience régulière : l'*Amitié* et les *Amis Réunis*. Ils étaient alors à ce point en règle avec le gouvernement impérial que les fonctions de vénérable furent remplies, à la première, par le Préfet de la Haute-Vienne lui-même, M. Texier Olivier, homme charmant du reste, qui n'avait pas écrit de livres pornographiques comme M. Edgar Monteil, son trop célèbre successeur, mais qui savait déjà pratiquer à la fois la police et la maçonnerie. Il paraît que le fait n'est pas très rare : raison de plus pour le noter.

XII

Le bourreau. — Persistance du sentiment religieux. — Une procession sous la Terreur. — L'apothéose de Marat. — Outrages à la mémoire de Gorsas.

Nous avons dit que deux prêtres réfractaires montèrent sur l'échafaud le 20 janvier 1794. Leurs noms ferment, croyons-nous, la liste des ecclésiastiques ayant subi le dernier supplice dans notre ville, sous la Terreur.

Les Jacobins ne réussirent pas à donner à la population le goût du sang : elle était demeurée au fond très attachée au culte catholique et ennemie des violences — pas un seul prêtre insermenté de la ville ne fut livré au tribunal criminel — et elle conçut une profonde horreur de ces exécutions. Elle accola de sanglants sobriquets aux noms de ceux des membres des comités et du club qui passaient pour avoir été les pourvoyeurs de la guillotine de Limoges ou de Paris. Quant au bourreau, il inspira une telle répulsion que personne ne voulait plus lui donner asile. On le voit obligé, en l'an IV, de demander à la municipalité de lui assigner un logement, parce qu'il ne peut réussir à s'en procurer un, les particuliers refusant tous, l'un après l'autre, de l'accepter pour locataire.

Des spectacles moins sanglants se déroulèrent aussi sur la place de la Fraternité, qu'on trouve encore appelée, de loin en loin : Place de La Fédération. Un jour on y brûlait Pitt en effigie, ce qui ne causait pas un grand dommage aux affaires de l'Angleterre. Un autre, on y célébrait les fêtes des diverses saisons ; mais il faut reconnaître que, pour les cérémonies ayant un caractère champêtre, les organisateurs ordinaires des réjouissances officielles préféraient la place d'Orsay, et avec raison. Car si le champ de la Fraternité offrait un plus vaste espace au déploiement des cortèges, les boulingrins de l'ancienne place des Arènes et les charmilles qui y subsistaient encore se prêtaient mieux aux fêtes où on faisait autre chose que parader, parler ou guillotiner, et où la jeunesse cherchait un peu d'amusement. Aucune promenade de la ville n'offrait un plus agréable cadre aux danses, à la promenade, aux scènes « touchantes et vertueuses », dont l'âme du sensible Pedon était si doucement émue.

Le « fanatisme » et la « superstition » n'étaient pas en faveur durant la période révolutionnaire. Dès ce temps là, orateurs et publicistes ne manquaient guère une occasion d'abattre quelques-unes des têtes sans cesse renaissantes de ces hydres toujours redoutées des Jacobins. Mais l'athéïsme, il faut le reconnaître, était également proscrit, et dans sa fameuse harangue du jour de la fête consacrée à l'Etre suprême, Robespierre traduisait assez bien le sentiment général de ses contemporains, demeurés vaguement religieux et que les philosophes n'avaient pu encore conduire à la négation.

Au mois de prairial an II, Limoges vit, comme Paris, la célébration d'une fête en l'honneur de la Divinité. On se serait cru au temps des processions de l'ancien régime, et l'auteur du célèbre *Triomphe du Saint-Sacrement* aurait lui-même pu s'y tromper. « Les maisons, ornées de banderolles, de festons, de verdure, et des couleurs chéries de la liberté, rappelaient les idées simples et riantes de la nature... » On partit de chaque section, précédé par « le plus ancien d'âge, qui portoit une couronne de palme » et marchait entre deux jeunes garçons et deux jeunes filles tenant des branches de chêne et des corbeilles de fleurs. Le rendez-vous général était à la place de la Fraternité, où arrivèrent en corps les autorités constituées, précédées des « Jeunes canonniers » et suivies des Vétérans.

Au milieu de la place s'élevait « un monument affreux, qui représentoit les ennemis de la Félicité publique, parmi lesquels dominoit le monstre de l'athéïsme.» Le maire s'avança, prononça un discours « énergique et touchant », dans lequel il vantait l'Etre suprême et énumérait ses bienfaits. A la fin de son allocution, il fit, raconte le rédacteur du *Journal du dép[t] de la Haute-Vienne*, sans expliquer par quel procédé ou plutôt par quel prodige « rentrer dans le néant le monument odieux... » Fût-ce par la persuasion ou par la force ? On aimerait à le savoir.

Puis le cortège se forma, traversa la ville et s'arrêta à la place d'Orsay, « où étoit érigé la montagne », la pure et sainte montagne... Le cortège se rompit et on se mit à boire et à danser, ou plutôt, pour employer la phraséologie chère à Pedon,« au milieu des chants et des cris d'allégresse, on se livra à l'enthousiasme et aux doux épanchements de la confiance et de la fraternité. »

Ce style ne semble-t-il pas fait exprès pour ces cérémonies ?

Notre ville avait assisté, quelques mois auparavant, à une fête dont nous avons entendu souvent parler par les vieillards, non que ses magnificences eussent vivement frappé leur imagination, mais parce que la tradition attribuait à un incident de cette cérémonie la mise en arrestation et le supplice d'une jeune femme, Madame Montégut, grand-mère du critique délicat que nous avons eu la douleur de perdre il y a six ou sept ans.

Marat avait été assassiné le 13 juillet 1793 et avait eu presque partout des apothéoses. Le « 3e jour de la 3e décade du premier mois de l'an deux de la république » — 14 octobre — une grotesque mascarade parcourut, entre trois et quatre heures, les principales rues de notre ville et fit halte sur la place de la Fraternité : c'était le triomphe de « l'ami du peuple ». La disposition des divers groupes qui y figuraient rappelait encore celle des processions. Une troupe de citoyens et de citoyennes ouvrait la marche. La Garde nationale suivait sans armes. De distance en distance, des bannières, décorées d'inscriptions « civiques » et portées par une jeune fille ou un jeune homme, jetaient une note vive et gaie sur la masse sombre de la foule. Un grand nombre de personnes, avec des cocardes ou des emblèmes patriotiques, venaient ensuite, rangées sur deux files et précédant le char, qui était la pièce capitale du cortège.

Sur ce char trônait le président du Club

des Jacobins de Limoges, portant le buste de Marat, qu'il présentait à l'admiration et à la vénération enthousiaste de la foule. A ses côtés on voyait « deux citoyennes vertueuses, tenant dans leurs mains une couronne de chêne dont elles ombrageaient la tête du héros. Tout autour du char marchaient les autorités et le corps des vétérans avec sa bannière dont les plis portaient cette inscription : « *Marat, l'ami du peuple : c'est ainsi que le peuple récompense ses amis* ».

Derrière, venait, « traîné par un bouc », un mannequin représentant l'image du malheureux Gorsas, enfant de Limoges, député de Seine-et-Oise à la Convention, et qui, la semaine auparavant — le 7 octobre — était monté sur l'échafaud à Paris. Gorsas, écrivain sans talent, n'en avait pas moins été à la tête d'un des journaux les plus importants de la capitale : *Le Courrier des départements*, et exercé à certains moments une action considérable sur l'opinion publique. Après s'être montré plus qu'indulgent pour les massacreurs des journées de septembre, le journaliste était revenu à des sentiments plus humains et s'était, avec autant de courage que de résolution, rallié au groupe Girondin dont son concitoyen Vergniaud, Buzot et Brissot étaient les chefs. Après les journées des 31 mai et 2 juin, qui virent la défaite des modérés, Gorsas, dont l'imprimerie avait été saccagée par les bandits de la Commune de Paris, s'était réfugié à Caen et avait tenté, avec quelques-uns de ses collègues, d'organiser la résistance. Abandonnés, trahis, vendus, les malheureux avaient dû se disperser. Le rédacteur du

Courrier, après être resté deux mois dans une famille de Rennes, était rentré à Paris le 3 ou 4 octobre, et avait demandé asile à une femme dévouée. Reconnu et arrêté le 6, à deux heures de l'aprés-midi, dans un cabinet de lecture du Palais royal, il fut transféré à la Conciergerie, traduit le lendemain matin devant le tribunal révolutionnaire, et envoyé à l'échafaud sur la simple constatation de son identité, comme étant sous le coup d'un décret de mise hors la loi. Quelques heures après, Gorsas mourait avec un courage qui ne s'était pas démenti.

La date récente de l'exécution du malheureux explique le rôle qu'on faisait jouer à son image dans le cortège. Charlotte Corday avait été considérée comme l'émissaire et l'instrument des députés réfugiés à Caen. C'était donc en quelque sorte l'assassin de Marat qu'on traînait ignominieusement derrière le char de triomphe de l'Ami du peuple. On avait représenté le malheureux journaliste couvert de ses libellés « corrupteurs », et sur un écriteau porté devant lui, on lisait ces mots : « *C'est ainsi que le peuple punit ses ennemis.* »

Au milieu de la place de la Fraternité avait été préparé un bûcher. On y fit « un autodafé des titres et parchemins des ci-devant », et le journal des Jacobins atteste que le cortège s'arrêta un instant « pour jouir d'un spectacle aussi doux et aussi flatteur ». Pendant ce temps, un corps de musique, qui avait sa place dans le défilé, faisait entendre les plus beaux airs de son répertoire.

Quand il ne resta plus que des cendres de

ces titres aujourd'hui en lacune dans nos dépôts d'archives, le cortège revint à la salle de la société populaire — église du Collège — d'où il était parti. Là, les « transports mêlés d'allégresse et de douleur » recommencèrent, et « l'on ne se sépara que lorsque les voiles obscurs de la nuit, succédant à un si beau jour, ne permirent plus aux citoyens de se reconnoître »... C'est par cette phrase prétentieuse et cocasse que notre vieille connaissance, l'ex-professeur Pedon, termine son article.

XIII

Le procès de Mme Montégut. — Au comité de surveillance de Limoges. — Au tribunal révolutionnaire. — L'arrêt.

Ce compte rendu, on le voit, ne dit mot de l'épisode auquel nous faisions allusion plus haut, et il ne paraît pas, d'après le récit du journaliste, que la cérémonie ait été troublée en aucune façon. Il est pourtant de tradition à Limoges que Mme Montégut, femme d'un négociant aisé, ancien officier municipal, habitant alors sur une des grandes voies parcourues par le cortège triomphal, le boulevard Ste-Catherine, dit-on, ne put contenir son indignation en voyant se dérouler sous ses fenêtres cette pompe ridicule escortant l'image d'un véritable monstre. Elle aurait, — nous avons jadis entendu plusieurs vieillards faire ce récit, — interpellé publiquement le président de la société populaire et jeté sa pantoufle à la tête de l'idole.

Arrêtée sur-le-champ et conduite au Comité de surveillance, qui tenait ses réunions dans l'ancien hôtel Naurissard (aujourd'hui hôtel de la succursale de la Banque), elle aurait été interrogée, puis jetée en prison. Les membres du comité, vu la gravité du cas, en auraient référé au Comité de salut public de la Convention ; celui-ci donna l'ordre de transférer la coupable à Paris. Madame Montégut comparut devant le tribunal révolutionnaire, fut condamnée à mort et exécutée le 5 messidor an II (23 juin 1794).

Il est certain que « Léonarde Dumay, femme Montégut », de Limoges, figure sur le funèbre catalogue des victimes de la guillotine ; mais l'incident que nous venons de rappeler fut-il la cause de sa condamnation ? Cet incident même se produisit-il ? Nous avons voulu être fixé à cet égard et nous avons fait des recherches tant dans les archives des prisons et du tribunal révolutionnaire à Paris que dans nos archives locales. Les résultats de cette enquête ne confirment en aucune façon la tradition et les récits que nous rappelions tout-à-l'heure.

A la séance du 12 prairial an II (31 mai 1794) du comité de surveillance de Limoges, mention est faite de l'ouverture d'un pli renfermant « la copie de lettres écrites par la Dumay, femme Montégut, à la maison Jumilhac », et que le comité, probablement saisi par une dénonciation, ou avisé par une communication officielle, a réclamée à celui d'Excideuil. Cette correspondance « portant le caractère le mieux prononcé de contre-révolution », un mandat d'amener est décerné contre Mme Montégut, déjà détenue à la Visitation, nous ne savons depuis quelle date, ni pour quelle cause ; mais la cérémonie dont nous avons donné plus haut le compte rendu, remontait à plus de sept mois, et il est tout à fait improbable que l'arrestation de la pauvre femme se rattachât à cette fête. Si l'incident dont nous parlions plus haut s'était produit, on n'aurait sûrement pas attendu un laps de temps aussi long pour faire justice d'un tel forfait. — Le comité demanda à Mme Montégut si elle n'avait pas entretenu de correspondance avec la « maison de Jumilhac ». Elle répondit qu'on la chargeait régulièrement de commissions et qu'elle écrivait à ce sujet deux fois par semaine au maître d'hôtel du comte, mais qu'elle ne lui avait jamais écrit sur « les affaires du temps ».

On lui fit observer que le comité avait entre les mains plusieurs lettres qui démentaient cette affirmation ; l'une d'elles avisait qu'une perquisition allait être faite au château et indiquait les mesures à prendre pour soustraire aux recherches les armes qui pouvaient s'y trouver ; une seconde parlait de son frère, ancien « dragon » de la garde nationale de Limoges ; (corps suspect d'aristocratie et que l'autorité avait dissout) et connu à Limoges par ses duels avec plusieurs « patriotes » ; une troisième exprimait peu de confiance dans les assignats et recommandait au maître d'hôtel de ne les accepter qu'avec un endossement. Ailleurs, Mme Montégut médisait des « patriotes », les accusant d'avoir « mangé l'argent des malheureux incendiés (il s'agissait des indemnités allouées par l'Assemblée nationale aux victimes de la catastrophe du 6 septembre 1790) avec leur coquin de club ».

Une de ces lettres, datée du 24 juin 1791, parlait en termes très verts de l'effroi des révolutionnaires à la nouvelle du départ du Roi et de sa famille. et de l'inquiétude des prêtres constitutionnels. — « Pour moi, ajoutait l'auteur de l'épitre, « je suis réjouie comme un pinson ».

La malheureuse nia certaines lettres, assura n'avoir aucun souvenir des autres. Elle déclara enfin que, s'il était vrai qu'elle eût écrit les dernières phrases dont on lui avait donné lecture, « il fallait qu'elle fût folle ».

Il n'avait pas été question d'autres chefs d'accusation.

Un mandat d'arrêt fut sur le champ décerné contre Mme Montégut, sous la prévention d'avoir entretenu une correspondance contre-révolutionnaire. En même temps, le juge de paix de la section de la République fut invité à procéder à la levée des scellés apposés au domicile de l'inculpée, et à l'examen de ses papiers, avec l'assistance de deux commissaires désignés par le comité ; il en fut dressé procès-verbal, destiné à être, avec le reste du dossier, transmis dans les vingt-quatre heures au District (Arch. Hte-Vienne, L 843, 2e cahier, fol. 34 à 36). Le Directoire du District envoya le dossier au Comité de salut public et fit transférer l'accusée à Paris.

Pourquoi les Jacobins de Limoges, qui ne montrèrent pas, en général, il faut le reconnaître, l'acharnement qu'on pourrait croire contre leurs adversaires désarmés, ou qui, tout au moins, reculèrent plus d'une fois devant la sanction terrible donnée à leurs accusations par le tribunal révolutionnaire, furent-ils sans pitié à l'égard de Mme Montégut, une petite marchande, une bourgeoise après tout et une concitoyenne, femme d'un ancien officier municipal ? Nous avons cherché en vain à nous l'expliquer. Il est possible que les imputations formulées dans une des lettres saisies et relatives à la dilapidation des sommes destinées aux incendies, aient excité contr'elle certaines animosités particulières.

Dans les divers passages concernant Mme Montégut des minutes du tribunal révolutionnaire : audience du cinq messidor an II, dossier W 394, registre n° 914 du tribunal, aux Archives de l'Etat), il n'est fait aucune allusion à l'épisode auquel la légende attribue l'arrestation de la victime. Des dix-sept accusés figurant au jugement collectif dans lequel elle fut comprise, elle est mentionnée la sixième ; on remarque parmi les noms des autres prévenus auxquels on reproche des faits n'ayant aucune relation avec ceux dont on l'accuse, ceux de M. de Chamilly, ancien valet de chambre de Louis XVI ; de Jean Meyvière, capitaine d'infanterie, natif de Vigeois ; de Louis Estor, ancien garde du corps ; de François Million, ex-constituant ; de Marguerite Jobard, ex-religieuse ; de François Landrisson, vigneron; de Louis Charlot, maçon, etc. On sait que toutes les classes de la société fournirent leur contingent à la guillotine.

— « La femme Montégut », dit Fouquier-Tinville dans son réquisitoire, est une des contre-révolutionnaires les plus prononcées qui aient paru au tribunal. Les preuves qui existent contr'elle résultent de lettres par elle adressées à un nommé Carron (l'intendant de M. de Jumilhac) » Et il cite les extraits relevés par le Comité de surveillance de Limoges. « Ces textes, ajoute-t-il, n'ont pas besoin de commentaires. »

Léonarde Dumay était comprise, dans l'accusation collective portée contre les dix-sept malheureux prévenus, « d'avoir conspiré contre le peuple français et s'en être déclarés les ennemis, soit en entretenant des correspondances et intelligences avec les ennemis intérieurs et extérieurs de la République, soit en voulant ébranler la fidélité des défenseurs de la patrie, soit en provoquant par des écrits, propos et discours, l'avilissement et la dissolution de la représentation nationale et des autorités constituées, et le rétablissement de la royauté ». Douze des accusés, parmi lesquels Mme Montégut, furent condamnés à mort ; les cinq autres, acquittés.

Les réquisitions écrites de l'accusateur public en vertu desquelles les dix-sept accusés furent écroués à la Conciergerie sont du 4 messidor ; la déclaration du jury et l'arrêt du 5. Mme Montégut est qualifiée « mercière », et dite « âgée de trente ans ».

Si la pauvre femme avait commis le crime d'irrévérence à l'égard du divin Marat, Fouquier-Tinville aurait certainement rappelé le fait Nous pouvons donc tenir la légende pour controuvée.

Ajoutons que, dans la famille de Mme Montégut, on n'a jamais attribué son arrestation et son envoi au tribunal révolutionnaire à une autre cause qu'à sa correspondance avec la maison de Jumilhac.

XIV

L'abbaye de St Martin lès Limoges. — Traditions relatives à sa fondation. — Eglise dix-sept fois détruite. — Période antérieure au XIIIe siècle.

Nous ne pouvons songer, dans les pages détachées que nous consacrons au « Limoges d'autrefois », à intercaler des notices historiques un peu complètes sur les édifices, les couvents, les corporations, les institutions spéciales des divers quartiers où successivement nous guidons les pas de notre lecteur. A d'autres il appartiendra d'écrire la monographie du monastère de St-Martin-lès-Limoges appelé quelquefois, par l'auteur des *Annales*, notamment, « Saint-Martin-lez-les-murs ». Nous nous bornerons ici à rappeler quelques faits de son histoire et à esquisser quelques traits de sa physionomie. M. l'abbé Roy de Pierrefitte lui a consacré un chapitre dans ses *Monastères du Limousin*.

St-Martin était un de nos établissements religieux les plus anciens. Pierre Coral, qui en fut l'abbé pendant près de trente ans (1247 à 1276), rapporte, dans son intéressante chronique, si précieuse pour notre histoire locale, les traditions relatives à l'origine de cette maison. On fait remonter sa fondation à l'an 640. Nous ignorons si elle fut primitivement occupée par des religieux ou des chanoines ; mais on pense en général que des moines y ont été installés dès le début, et les termes employés par l'auteur du récit d'un très ancien miracle paraissent confirmer cette hypothèse. Les chroniques du pays, comme la tradition du monastère, donnaient à celui-ci pour fondateurs la famille de St-Eloi ou St-Eloi lui-même. L'opinion la plus répandue était, suivant Coral, que la communauté avait été établie par le père et la mère de l'Evêque-orfèvre, Eucher et Terrigie, et par Alicius, son frère, dans un domaine qui leur appartenait aux portes de Limoges. Leur propre habitation était devenue celle des religieux.

On conservait au dernier siècle, dans l'église de ce monastère, une croix double, en filigrane d'argent doré, servant de reliquaire, qu'on trouve mentionnée dans un inventaire de 1625, et qu'on attribuait, sans aucune raison, semble-t-il, à saint Eloi. Le Bulletin de la *Société des Antiquaires de l'Ouest* a, le premier, en 1842, publié le dessin de cet objet, dessin conservé par l'abbé Legros, reproduit dans l'*Essai sur les Emailleurs*, de l'abbé Texier, dans son *Dictionnaire d'orfévrerie,* et dans le grand ouvrage sur l'*Œuvre de Limoges*, de M. Ernest Rupin, lequel semble n'être pas éloigné d'admettre l'authenticité de cette attribution. Par malheur, la tradition qui en faisait un ouvrage de St-Eloi ne paraît pas remonter à une date fort reculée. Bien plus, Pierre Coral déclare expressément que plusieurs églises voisines avaient, de son temps, des objets fabriqués par l'argentier de Dagobert, et que St-Martin ne possédait même pas un fragment qui pût lui être attribué. Citons ses propres termes : « *Tamen de opere sancti Eligii non habemus filum, licet in aliis ecclesiis vicinis plura habeantur ornamenta que ipse fecit* (Man. latin 5452 de la Bibliothèque Nationale).

Nous ne connaissons aucune description

ancienne de l'église de Saint-Martin. Coral nous apprend toutefois que le chevet avait été autrefois couvert en tuiles de diverses couleurs ou en mosaïques (*opere musivo*) (1), et qu'il avait vu maintes fois lui-même exhumer, au cours de fouilles ou d'autres travaux, dans le cimetière ou le cloître, des fragments de cette couverture et du dallage ancien qui était analogue.

Saint-Martin, — qu'on appelait aussi, au témoignage de la chronique de Vigeois, « le Moûtier près la Basilique » (près la basilique de St-Martial) — *Monasterium ad Basilicam* — peut-être par opposition au Moûtier de St-Augustin, plus éloigné du tombeau de l'apôtre d'Aquitaine, — était trop près des remparts de la Cité, et plus tard, quand le Château à son tour se fût entouré de murs, trop voisin aussi de cette seconde enceinte, pour ne pas subir le contre-coup de toutes les vicissitudes de l'histoire des deux villes de Limoges. L'ennemi assiégeait-il la Cité ? La vieille maison de la famille de St-Eloi offrait à ses chefs une résidence plus confortable et plus vaste que les modestes maisons disséminées au pied de ses constructions. Le Château était-il menacé ? St-Martin devenait un des postes avancés de la place ; et si les habitants se renfermaient derrière leurs murailles, les assaillants se logeaient aussitôt

(1) Nous ne pouvons traduire autrement ces mots qui désignent essentiellement un travail de mosaïque. Nous avons appelé, sur ce texte de Coral, l'attention de M. Gauckler, directeur des Antiquités et Beaux-Arts de la régence de Tunis, qui prépare un travail spécial sur les anciennes mosaïques de la France.

dans le monastère, d'où ils dominaient une partie de l'enceinte et pouvaient aisément arriver jusqu'à la contre-escarpe du fossé.

Aussi vit-on, à plusieurs reprises, les bourgeois, redoutant une attaque, faire démolir, malgré les protestations des religieux, tel ou tel bâtiment, telle ou telle portion de l'abbaye qui pouvaient fournir à l'ennemi une position avantageuse.

Aucun des anciens édifices de Limoges ne fut plus souvent menacé et ne subit plus de catastrophes que l'église St-Martin. On assurait qu'elle n'avait pas été moins de *dix-huit fois* détruite. Le premier, Pépin le Bref, dans sa campagne de 763, ruina le pieux oratoire de la famille du grand Evêque de Noyon. Un peu plus d'un siècle après, les Normands, qui pillèrent la ville, abandonnée du reste par la population, livrèrent aux flammes les bâtiments de l'abbaye qu'on avait relevés. Dans le grand incendie de 1122, un des sinistres les plus complets que le feu ait fait subir à Limoges, St-Martin est mentionné au nombre des édifices consumés, avec Saint-Pierre, Saint-Michel-des-Lions et la basilique de Saint-Martial. Nouveau désastre en 1182 : à l'approche du roi Henri II et de ses troupes, les consuls du Château, craignant que les soldats du terrible Plantagenêt ne s'établissent dans le monastère, font mettre le feu à la flèche en bois qui couronne le clocher de St-Martin, démolissent la tour, abattent les servitudes et les murailles du couvent : tous les religieux, emportant leurs reliques, leurs ornements, leurs objets précieux, se réfugient à l'intérieur de la ville, où les moines de Saint-Martial leur donnent asile.

Le désastre, cette fois, était grand ; on le crut irréparable, et on songea à transférer le monastère à Beaune (aujourd'hui bourg du canton d'Ambazac), où St-Martin avait des possessions considérables. Ce projet rencontra de l'opposition de la part de plusieurs hauts dignitaires du clergé : Raymond, abbé de St-Augustin, s'éleva vivement contre l'idée d'un transfert quelconque ; l'abbé de Saint-Martial, Isembert, déclara que si Saint-Martin était abandonné, il le revendiquerait comme une dépendance de sa propre abbaye et y établirait un prieuré. On renonça enfin à la pensée de quitter la maison des parents de St-Eloi, et on se décida à faire reconstruire les bâtiments réguliers et l'église, dont il ne subsistait que quelques débris.

XV

Reconstruction de l'église de St-Martin. — Découvertes faites à diverses époques. — Privilèges des abbés de St Martin et de St Augustin. — Usages divers. — Vicairies.

Les chroniques de St-Martial nous apprennent qu'en 1242 seulement on commença à rebâtir le « mostier Saint Martin », c'est-à-dire l'église, et on le reconstruisit en bois, car l'abbé se trouvait alors fort endetté, et la communauté était pauvre. Le grand autel fut consacré en 1253 par Philippe, archevêque de Bourges. Au cours des travaux de reconstruction, au mois de janvier 1243, on trouva dix-neuf sépultures renfermant toutes des ossements, une seule exceptée. Sous le crucifix, à l'endroit où avait été autrefois placé l'autel majeur de l'abbatiale, on rencontra, à droite et à gauche des maçonneries de fondation, un caveau, sans doute aussi renfermant des restes. Le monastère avait, dès cette époque, subi tant de destructions, de transformations, de remaniements, l'église et le cimetière avaient été tant de fois fouillés, que les religieux avaient, semble-t-il, perdu tout souvenir précis des personnages inhumés là sous leur garde. On découvrit aussi un anneau épiscopal, un cercle doré provenant d'un gant de prélat et divers autres objets ; mais Coral lui-même, si bien au courant de l'histoire de son abbaye, déclare ne savoir à qui attribuer ces objets, la communauté ne conservant le souvenir que d'un seul évêque enterré dans l'église : Hilduin, qui avait occupé le siège de Limoges de 990 à 1014, relevé Saint Martin de ses ruines et obtenu, dit-on, du Souverain Pontife le privilège, pour l'abbé, de porter la mître et la crosse ; mais Hilduin, dont un moine de la maison avait, en 1182, pieusement enlevé les cendres, ne reposait pas en cet endroit. Son corps avait été inhumé devant l'autel de St Eloi. C'est là qu'on plaça pêle-mêle tous les restes dont les travaux de la nouvelle église avaient amené la découverte.

On fit d'autres trouvailles du même genre dans la suite ; la *Chronologie des évêques de Limoges* de l'abbé Legros, en signale, notamment en 1631. A une date plus récente, lorsqu'on démolit les derniers bâtiments de Saint-Martin pour l'établissement d'un nouveau quartier et la construction de l'hôtel du général commandant la 21e division militaire, on découvrit quelques objets intéressants. Le plus curieux est certainement une douille de crosse en cuivre portant, en caractères gravés dans le métal et incrustés d'argent, l'inscription : *Godefridus gra. Di. archiepiscopus.* On n'a pu découvrir quel était ce Geoffroi : ni les chroniques ni les titres des archives de l'abbaye ne mentionnent, à notre connaissance, la visite d'un prélat de ce nom, ou un lien quelconque, un rapport entre un Geoffroi, archevêque, et le monastère de St Martin. Nous avons émis l'hypothèse que le prélat dont il s'agit pourrait être un de ceux qui ont gouverné l'église de Bordeaux ; car deux Geoffroi, archevêques de Bordeaux, sont venus à Limoges.

Le monastère dont nous entretenons nos lecteurs, est peut-être, de tous les établissements religieux de Limoges, celui sur lequel nous avons les renseignements les moins précis. A plusieurs reprises la conventualité a dû s'y éteindre et il s'est produit une interruption complète dans les traditions de la maison. Les archives anciennes ont été détruites. Les lacunes résultant de cet état de choses sont très sensibles et le chroniqueur de l'abbaye les constate lui-même avec douleur

L'abbaye de St-Martin avait des privilèges fort anciens et dont on ne connaissait pas l'origine. Au moyen-âge, les évêques de Limoges devaient, après leur élection, y faire une sorte de retraite avant de prendre possession de leur siège. Bernard Gui prétend qu'ils y étaient consacrés. Tout au moins, après leur consécration, devaient-ils à St-Martin leur première visite : de là seulement ils se rendaient en grande pompe à la cathédrale, où le chapitre procédait à leur installation. *Primo debet venire ad ecclesiam Sti-Martini, quando venit Lemovicas, et hinc vadit ad ecclesiam cathedralem... processione.* (Bibl. Nationale, man. lat. 12746, p. 541).

Pendant de longs siècles, l'abbaye de St-Augustin avait été, on l'a vu, en possession du privilège de garder la dépouille des évêques de Limoges, et elle avait fait consacrer ce droit à la fin du onzième siècle en obtenant l'exhumation de Gui de Laron. Ainsi des liens d'une haute ancienneté unissaient le siège de St-Martial à l'un et l'autre des monastères établis aux portes de la ville. Et ce dicton avait couru jadis que nos Evêques « naissaient à St-Martin et mouraient à St-Augustin ».

Les chefs des deux abbayes jouissaient de la prérogative de porter la mitre et la crosse ; ils en obtinrent plusieurs fois la confirmation. En 1627, un arrêt du Conseil leur accorda, ainsi qu'à leurs communautés, la préséance sur le curé et le clergé des églises paroissiales de St-Pierre et de St-Michel, dans les processions et les cérémonies.

De vieilles relations existaient du reste entre St-Martin et St-Augustin-lès-Limoges, qui furent à l'origine comme deux oratoires construits dans le même cimetière. Ces rapports étaient consacrés par de curieux usages, des visites réciproques, des cérémonies célébrées tour à tour dans l'église de l'un ou l'autre des monastères et auxquelles prenaient part les deux communautés. Nous ne possédons malheureusement à cet égard que des indications vagues et incomplètes.

Les religieux de St-Martin se rendaient à certains jours à la cathédrale. De son côté, le chapitre de St-Etienne venait chanter la grand'messe dans leur église « la 3e férie des Rogations ». Il en était de même le lundi de la Pentecôte, le jour de la fête de St-Laurent, de celle de St-Bernard, de celle de St-Martin. L'abbé Legros note encore que les chanoines allaient en procession à St-Martin à un des jours du Carême.

Certaines de ces cérémonies avaient le caractère de redevance quasi féodale ou bien étaient destinées à perpétuer le souvenir d'une libéralité. Ainsi, un titre daté du dernier du mois de février 1367 vieux style (1368) et conservé aux archives du département, liasse 3247, nous apprend que, chaque année, la communauté de St-Augustin devait, le jour de la St-Martin d'hiver, 11 novembre, se rendre processionnellement à St-Martin et y chanter une messe, à cause de la rente constituée à ce couvent sur les maisons de Pierre Bouillon, dans la rue Boucherie (auj. du Collège). On relève souvent des clauses analogues dans les anciens testaments de bourgeois riches.

St Martin, qui possédait une relique du célèbre conseiller de Dagobert, avait une vicairie de St Eloi. Plusieurs des confréries de nos corps de métier avaient l'évêque de Noyon pour patron : les orfèvres et les selliers entr'autres. Nous ignorons si les premiers célébrèrent jamais leur fête corporative à St-Martin. Mais nous savons qu'en 1403 les selliers y tenaient leur frérie.

Nous avons trouvé mention, à la liasse 2949 des Archives de la Haute-Vienne, d'une autre vicairie, celle de « Notre Dame derrière le grand autel » : *Beatæ Mariæ retro majus altare*. Il y avait, dès le moyen âge, des chapelles ou autels de la Sainte Vierge dans toutes les églises.

XVI

Reliques conservées à St Martin. — St-Just. — Les Bonnes Fontaines. — Fontaine et étangs de St Martin.

Il y avait à St-Martin, au seizième siècle, beaucoup de reliques ; mais leur authenticité, paraît-il, n'était pas parfaitement établie. On citait un bras (*al.* « du bras ») de l'apôtre Saint-Thomas, — nous avons déjà dit plus haut quelques mots de cette relique ; — un bras et une dent de Saint Martin ; « du bras » de St-Laurent, un os de la jambe et un bras de St-Blaise, la mâchoire inférieure de St-Eloi ; un fragment d'os de la cuisse de St-Cloud, une fiole du sang de St-Jean-Baptiste ; « une fiole de l'huile qui découla du corps de St-Nicolas Tolantin » — St-Nicolas de Myre ; — le corps de Ste-Martine, vierge et martyre ; le chef de St-Just. L'existence de ce dernier et précieux reste dans l'église du monastère est déjà signalée, au douzième siècle, par la chronique de Vigeois. Mais de quel St-Just s'agissait-il ? On tenait que celui ci avait été prêtre, et disciple de St-Hilaire de Poitiers. Or, plusieurs sanctuaires prétendaient posséder la tête de ce saint. Le corps de St-Just reposait, s'il faut en croire l'annaliste, devant le grand autel de St-Martin, et avait été relevé par l'évêque Hilduin, dans les premières années du onzième siècle ; on l'avait transféré à St-Martial, lorsqu'en 1182 la communauté avait été obligée de se réfugier dans la ville.

Cette liste de reliques nous est donnée par l'auteur des *Annales manuscrites*, par le P. Bonaventure de St-Amable, dans son *Histoire de St-Martial* (tome II, col. 219) et par l'abbé Legros, dans son *Recueil d'inscriptions*. L'inventaire de 1666, reproduit dans les *Annales*, mentionne d'autres reliques : les ossements de plusieurs martyrs de la légion thébéenne, dans « deux demy-corps surdorés » ; des os du bras de St Benoît, dans un reliquaire d'argent ; des ossements de St-Guillaume, duc d'Aquitaine, « dans un demy-corps surdoré ». Par contre, il n'y est parlé ni de la relique de St-Eloi, ni de celle de St-Cloud, ni de celle de St Just.

Aux restes que nous venons d'énumérer, il faut ajouter le chef de St-Clément, pape — l'existence de cette relique à Limoges est bien peu vraisemblable — renfermé, en 1734, dans une coupe d'argent.

Ce n'étaient pas seulement les ossements des saints que les fidèles venaient vénérer à St-Martin. Dans les dépendances de l'abbaye, vers l'extrémité de la prairie qui entourait le jardin, du côté du chemin public qui allait de la porte Montmailler à la Maison-Dieu, il existait des « bonnes fontaines » renommées. Les malades s'y rendaient de très loin, et il y avait encore, en 1850, affluence de pèlerins à certaines fêtes, de préférence dans le courant du mois de mai.

La principale source, celle qui était surtout l'objet des pratiques dévotes des visiteurs, avait, dit l'abbé Legros, « la forme d'un puits », ou plutôt d'une citerne ronde. Elle a gardé cette forme ; car elle existe encore dans les dépendances d'une des maisons construites au pourtour du rectangle circonscrit par l'avenue de Juillet, le cours Vergniaud, le cours Bugeaud et l'avenue Garibaldi. Les terrains qui l'entouraient étaient devenus, en dernier lieu, un indescriptible réceptacle d'immondices : ce qui n'empêchait pas des pèlerins obstinés de venir, surtout à l'époque de la foire de la St-Loup, y faire leurs dévotions. C'est contre les rhumatismes et les érysipèles que l'eau de St-Martin passait pour avoir une vertu spéciale. On devait y laver les membres malades, puis, avant de se retirer, faire trois fois le tour de la fontaine et y jeter une pièce de monnaie. C'est du moins ce que rapporte M. Juge, auteur d'un précieux ouvrage intitulé : *Changements survenus dans les mœurs des habitants de Limoges.*

Il y avait, en dernier lieu, dans la grande prairie qui s'étendait à l'Est, sous le mur du jardin, un vaste bassin recevant, semble-t-il, le reflux de la fontaine du cloître. Celle-ci avait été renommée. L'eau fut recherchée et amenée à St-Martin par les soins de l'abbé Bernard Vigier. Les travaux commencèrent vers 1214. En 1223, la conduite était achevée, et le chroniqueur du monastère note le fait, sous cette date, comme un événement important : *habuimus fontem primo...* Cette conduite fut, à plusieurs reprises, coupée par les bourgeois, au cours de leurs différends avec le monastère. Quelques-uns des propriétaires dont elle traversait les fonds y firent des emprunts. Aussi son débit avait-il singulièrement diminué au seizième siècle. Quand les Feuillants prirent possession de l'abbaye, un de leurs premiers soins fut d'assurer à leur maison un approvisionnement d'eau suffisant. Ils restaurèrent l'ancien aqueduc, ajoutèrent probablement aux eaux qu'il amenait le produit de sources supplémentaires, et on éleva une nouvelle fontaine, dite de St-Benoît.

De petits étangs ou plutôt une série de mares peu profondes existaient au sud-ouest des bâtiments du monastère, au pied des murailles de la ville du Château. Les siècles et les bouleversements de toute sorte les avaient respectés et ils étaient désignés sous la dénomination, un peu ambitieuse, d'*Etangs de St-Martin*. Ils occupaient, autant qu'on peut en retrouver l'emplacement, une partie des jardins actuels de l'hôtel de la Banque et des terrains voisins. Il est probable que nous devons, dans le principal d'entr'eux, reconnaître la « mare au bœuf » à qui la rue et la porte de *Mairabuou* empruntèrent leur nom. Ces étangs furent comblés lorsqu'on supprima les fossés, dans les premières années du dix-huitième siècle : ils achevèrent de disparaître sous les apports de terre nécessités par l'établissement, dans cet endroit, de la pépinière royale qui s'étendit jusque sous les murs de la promenade de La Terrasse, en contrebas, d'environ vingt-trois pieds, du niveau de cette promenade.

Il est parlé à un certain nombre de pièces,

depuis le treizième siècle, des fossés de St-Martin. Le monastère paraît avoir en effet été défendu, au moins du côté de la ville du Château, par un fossé spécial. Un acte de 1354 mentionne ce fossé, dont l'abbé et le couvent revendiquent la propriété, mais qu'ils disent avoir été autrefois du domaine du vicomte de Limoges, et qui se trouve situé « derrière la porte du Prestinh du bourg de St-Martin ». Lors de sa construction, le boulevard qui devait plus tard emprunter son nom à la Pyramide construite en l'honneur de l'Intendant d'Orsay, fut d'abord appelé « Cours des fossés Saint-Martin ». — Il est très possible que les fossés de la partie ouest et les « étangs » ne fissent qu'un.

XVII

Le monastère de St-Martin pendant la guerre de cent ans et les guerres de religion. — Enlèvement des cloches.

Le monastère et les habitations qui l'entouraient eurent d'autres fortifications pendant la guerre de Cent ans : elles sont mentionnées, mais en termes assez vagues. Notons cependant le passage de nos *Annales manuscrites* où il est parlé, sous la date d'août 1370, des « barrières faictes entre les monastères de Sainct Martin et de St Gérald, et les couvents des Jacobins et Mineurs », et qui paraissent avoir été établies par les troupes du duc de Berri. Les Anglais de Chandos, enfermés dans le Château, en sortirent et poussèrent jusqu'à ces « barrières » : probablement des palissades pour lesquelles on avait coupé les plus beaux arbres de nos cimetières et des jardins de nos faubourgs.

Ces escarmouches, et le siège de la Cité qui eut lieu peu de semaines après, portèrent un coup funeste à Saint-Martin. Le monastère et le bourg furent dévastés. Les chefs de la garnison de la Cité — *capitanei seu custodes civitatis* — y firent mettre le feu pour empêcher les assiégeants de s'y établir. On voit néanmoins, par le récit de notre Annaliste, que les chefs des contingents du Limousin, du Poitou, de la Saintonge, de l'Angoumois et du Périgord qui faisaient partie de l'armée Anglaise, furent logés à St-Martin. Les troupes du prince de Galles ne traitèrent pas mieux les faubourgs que la malheureuse ville elle-même. Tout ce qui se trouvait dans l'église du monastère de St Martin : reliques, calices, croix, ornements, joyaux estimés à trois mille florins, soit 27 ou 28,000 fr. du temps : quelque 140,000 fr. d'aujourd'hui, l'ennemi l'emporta. L'abbé fut emmené comme prisonnier de guerre, et n'obtint sa liberté que moyennant une rançon de douze cents florins. Ces indications nous sont fournies par des lettres de Charles V données en faveur du monastère, datées du 29 avril 1373 et dont les Archives Nationales conservent le texte (Trésor des Chartes, J J. 104).

St-Martin ne paraît pas s'être relevé de ce désastre. Les religieux, un instant dispersés, revinrent bientôt dans le monastère ; mais ni leur nombre, ni leur régularité ne rappelaient les jours d'autrefois. Plusieurs documents du seizième siècle font un tableau pitoyable de l'état où se trouvait alors la maison qui avait été longtemps une des abbayes les plus importantes et les plus riches de la contrée.

En 1548, l'église, qui avait été brûlée, n'était pas reconstruite ; on avait encore aggravé ses blessures en empruntant à l'édifice des matériaux pour réparer les autres constructions, remonter des murs et refaire les clôtures. Deux des cloches avaient été enlevées et placées aux portes de la ville. En 1559, l'Annaliste et l'abbé Legros nous font, de St-Martin, le tableau le plus lamentable. Il est à présumer, que, durant quelque temps au moins, la conventualité s'y éteignit à cette époque. La destruction du monastère fut achevée en 1564, nous ignorons dans quelles circonstances : Les papiers, les meubles, les ornements ecclésiastiques enlevés. La sainte hostie fut même profanée, ce qui donnerait à penser que cette dernière dévastation fut le fait des protestants. La *Gallia Christiana* l'énonce du reste formellement.

En 1576, les consuls du Château refusent de recevoir dans leurs murs, dont la garde a été confiée aux bourgeois par le Roi, le duc de Ventadour et ses troupes. Celui-ci les menaçant d'une attaque, ils font abattre les constructions trop rapprochées des remparts, qui pourraient fournir aux assaillants un poste avantageux, et leurs ouvriers jettent par terre quelques murs que la guerre et le temps avaient épargnés. Aussi ne sommes nous pas surpris de lire, dans un titre des Archives du département (n° 4534 du classement provisoire), qu'à la date du 29 mai 1584, l'abbaye de St-Martin est en ruines, et qu'une chapelle seulement est restée debout : « l'esglize de Sainct Jehan ».

On a vu plus haut que les cloches du Moûtier avaient été placées à deux des portes de ville. Nous ignorons si c'était avec la permission de l'autorité ecclésiastique ; mais il faut bien reconnaître que plus d'une fois les cloches, malgré leur caractère sacré, ont été employées pour d'autres besoins que leur usage liturgique. C'est pour ainsi dire de tout temps qu'on dut recourir à leur voix pour appeler le peuple, soit en cas d'alerte et d'urgente nécessité, soit en vue d'assemblées importantes ayant un caractère purement civil.

Nous devons au savant chanoine Arbellot, éditeur de la précieuse chronique d'Etienne Maleu, la publication d'un fort curieux accord conclu à la date du 11 juillet 1520 entre le chapitre de St-Junien et les magistrats de cette ville, au sujet de la sonnerie des cloches de la collégiale. Il y est dit que la police du clocher — où néanmoins, en certaines occasions, les consuls peuvent faire faire le guet, — appartiendra aux chanoines à qui incombent au surplus toutes les dépenses des réparations ; mais, aux quatre grandes fêtes de l'année, les magistrats municipaux auront le droit d'inspecter les cloches pour constater leur état. En cas de guerre, d'incendie, ou pour réunir la commune, ils pourront s'en servir, et ils les feront dans ces occasions, « sonner par qui bon leur semblera ». Par contre, quand il y aura lieu de procéder à une refonte, ils contribueront à la dépense pour les deux tiers.

Il est intéressant de connaître la façon dont certaines questions délicates se réglaient autrefois. Les choses s'arrangeaient d'ordinaire, en fin de compte, par l'accord des deux parties. L'état de choses ainsi créé avait plus de chance de durée que les situations imposées par la force brutale, doublée le plus souvent d'une mauvaise foi indigne et d'une révoltante hypocrisie.

XVIII

Les consuls et les religieux. Evénements de 1326. — Arrêt du Parlement punissant les magistrats municipaux.

Nous avons incidemment fait, à un des chapitres précédents, allusion aux démêlés qu'à plusieurs reprises les moines de St-Martin eurent avec les bourgeois du Château. Ceux-ci se livrèrent parfois, à l'égard du couvent, à des excès et à des violences que rien ne pouvait justifier. Un arrêt du Parlement dont la liasse 2945 de nos archives départementales (fonds de St-Martial), a conservé le texte, contient le récit, confirmé du reste par d'autres documents, de scènes qui tiennent vraiment de la sauvagerie. Nous donnons la traduction à peu près littéralle de ce récit.

Le 22 mai 1326, jour de la Fête Dieu, pendant la procession, les consuls du Château, accompagnés d'un grand nombre de bourgeois en armes, se dirigent vers le monastère de St-Martin. Ils ont, avec les religieux, un différend à propos des fontaines ; mais ce n'est pas là le sujet qui excite aujourd'hui leur colère : Ils accusent un membre de la communauté, Guillaume de Chabannes, desservant de la chapelle de Saint-Laurent, d'avoir frappé un de leurs concitoyens, Imbert de Vilayvent ; ils prétendent même qu'Imbert est mort, et, semble-t-il (car les perquisitions auxquelles ils vont se livrer seraient sans cela inexplicables), que son meurtrier a caché le cadavre dans le couvent ou dans ses dépendances.

La bande armée force l'entrée du monastère, s'introduit dans l'enclos qu'elle parcourt en tous sens, foulant aux pieds les tombeaux et les cultures, creusant ça et là des trous ou des tranchées dans le sol et jetant au vent les cendres des morts qu'elle exhume, coupant les conduites d'eau, commettant toutes sortes de dégradations. Puis les bourgeois envahissent le couvent et se répandent dans toutes les parties de la maison, arrachent des mains des religieux les clés des divers bâtiments et des chambres, visitent les magasins, les offices, les greniers, les cellules, ouvrent ou brisent des meubles. En vain on leur reproche ces actes que rien n'excuse ; en vain on leur remontre que l'abbaye est sous la sauvegarde du souverain : en vain le *guardiator* chargé de faire respecter celle-ci, leur rappelle lui-même que le panonceau aux armes de France est placé au-dessus de la porte et les somme de se retirer. Les consuls ne veulent rien entendre ; ils continuent leurs investigations et ne s'éloignent qu'après avoir mis tout sens dessus dessous, tout scruté, tout fouillé et tout dévasté — sans avoir, du reste, trouvé le cadavre de leur concitoyen.

Ce n'est pas tout. En quittant le monastère, la troupe rentre dans la ville et se rue dans la basilique de St-Martial, où un moine de St-Martin, Pierre Lacoste, cloué sur son lit par la maladie, s'est fait porter à la « fenêtre » de l'apôtre d'Aquitaine : le regard des fidèles peut de là plonger dans la chapelle vénérée du Sépulcre, et les personnes atteintes de certains maux sont dans l'usage de recourir à une neuvaine de prières en ce lieu pour obtenir leur guérison. Sans pitié pour les souffrances et les cris du pauvre religieux, ils se saisissent de lui, l'enlèvent avec son grabat, l'arrachent de l'église, le maltraitent, le frappent et le jettent enfin dans un coin de la place, gémissant, meurtri, le corps couvert de blessures et un bras cassé. Lacoste meurt, quelques jours plus tard, des coups qu'il a reçus. Les « sauvages » qui frappent aujourd'hui nos pauvres religieuses garde-malades, ont, on le voit, de qui tenir.

Mais Imbert de Vilayvent n'est pas mort : il se retrouve plein de vie et, semble-t-il, en assez bon état. Le cas des bourgeois est mauvais. Non seulement Guillaume de Chabannes n'est pas un meurtrier, mais s'il est coupable de quelque chose, le méfait est sans gravité : un coup de poing ou un coup de bâton, peut-être ? nous ne sommes pas fixés là-dessus. Or les cousuls l'ont accusé d'un crime devant l'Evêque ; il a été plusieurs fois, sur leurs dénonciations, arrêté, jeté en prison, et même mis à la question — *questionatus* — par les officiers de la justice épiscopale.

Une longue procédure fut entamée et on procéda à une enquête, à la suite de laquelle le 29 mars 1328, le Parlement condamna les consuls et la commune à payer dix mille livres, somme énorme pour le temps, au Roi, à titre d'amende, et mille livres de dommages intérêts à l'abbé et aux moines de St-Martin. Sur cette dernière somme, une indemnité de 400 livres était attribuée à Guillaume de Chabannes pour la fausse accusation, les vexations et les poursuites dont il avait été l'objet. L'arrêt ordonna en outre que trois bassins d'argent, du poids de dix-huit marcs, seraient offerts par la ville à l'abbaye de St-Martial, placés devant la relique insigne du chef de l'apôtre et que les magistrats municipaux y entretiendraient à perpétuité trois cierges de cire, chacun d'une livre, allumés le jour et la nuit. Enfin les consuls, en punition du meurtre de Pierre Lacoste, durent faire fabriquer une figure en cire pesant cent livres, représentant un moine, et publiquement, en cérémonie, le jour de la fête du patron de la ville, eux étant sans capuchon ni surtout, et pieds nus, porter cette statue (avec défense de s'aider de cordes ou lanières) de l'abbaye de Saint-Martial au monastère de St-Martin, puis la rapporter à St-Martial, où elle demeurerait comme un monument de leur crime et de la réparation à laquelle ils avaient dû se soumettre.

Il y a lieu de croire que l'arrêt reçut son entière exécution : Du moins un factum de 1380 ou 1390 l'affirme, et il est certain que jusqu'à la Révolution, — les comptes du receveur du consulat en font foi, — des cierges furent entretenus sans interruption, aux frais de la commune, devant la relique de Saint-Martial. Seulement, les magistrats municipaux avaient eu l'habileté d'arranger les choses et de la tourner à leur avantage : Si bien que l'entretien de ce luminaire expiatoire passait pour être un acte de dévotion spontané de l'hôtel de ville. Le culte de St-Martial n'y perdait rien ; mais la vérité subissait un accroc assez notable. Nous avons constaté ailleurs de semblables déviations de l'histoire. Ce n'est pas dans ce siècle seulement confessons-le avec sincérité, qu'on l'a accommodé aux caprices, aux intérêts des hommes ou des partis. M. Paul Bert a eu des précurseurs, comme le légendaire abbé Loriquet.

XVIIII

Les Feuillants. — L'église, le monastère et la prairie. — Le Temple protestant.

Une communauté régulière s'était maintenue à Saint-Martin ; elle était peu nombreuse et vivait, sans scandale, mais dans un certain relâchement. Le chanoine Louis Marchandon, qui était alors abbé commendataire, entreprit de relever la vieille maison de ses ruines. Il y appela les Pères Feuillants, religieux réformés de l'ordre de Cîteaux (Bernardins). Fondée un demi-siècle auparavant par le célèbre Jean de La Barrière, cette réforme avait vu adoucir par de nouvelles constitutions certaines des règles par trop austères et macabres de son fondateur. On avait supprimé par exemple l'obligation, pour les religieux, de se servir, au réfectoire, de crânes humains en guise de tasses ou de gobelets..... Les Feuillants, qui avaient, dès 1619, obtenu de Marchandon la cession de l'abbaye de St Martin de Limoges, en prirent possession en 1622, en vertu d'une bulle de Grégoire XV du 15 juin de cette année. Ceux des membres de l'ancienne communauté qui se refusèrent à adopter la règle des nouveaux venus, furent pourvus d'une pension et se retirèrent dans d'autres maisons religieuses. Le titre d'abbé et ses revenus avaient été unis à la communauté, et les Feuillants purent vivre sous des supérieurs de leur choix, élus pour trois ans. Quelques-uns de ces abbés réguliers ont été des hommes distingués, et l'un des derniers fut un musicien de mérite.

Les travaux de reconstruction des bâtiments commencèrent, d'après Legros, en 1638 ou 1639.

Le 25 juin 1650, jour de la fête de la translation de St-Eloi, la première pierre de la nouvelle église fut solennellement posée par le lieutenant général, Jean de Nicolas de Traslage, après avoir été bénite par l'abbé régulier Dom Gabriel de St-Joseph. Cette église fut, dit le P. Bon. de St-Amable, *ajustée* à ce qui restait de l'ancienne. Les Feuillants la réparèrent entièrement vingt ans avant la Révolution. Le sanctuaire fut agrandi par la pose d'une grille qui enfermait les deux chapelles placées à droite et à gauche du grand autel. Celui-ci avait été remplacé par un autel en marbre. Une partie des boiseries furent renouvelées. On fit tout repeindre. Un grand tableau fut mis au fond du chœur, d'autres au-dessus des chapelles. Peu auparavant d'autres travaux de réparation et de rafraîchissement avaient été exécutés aux bâtiments conventuels. Le comédien archéologue Beaumenil, que nous avons déjà eu occasion de nommer, avait peint, en

1747, durant son premier séjour à Limoges, « une perspective » à l'extrémité du dortoir.

Deux jolis dessins à la plume, fort nets, appartenant à la grande collection dite *Topographie de la France* et figurant à l'album *Haute-Vienne* de ce recueil, nous ont conservé l'aspect du monastère des Feuillants au dernier siècle. Il se composait de deux grands corps de logis dont les extrémités se soudaient à angle droit, à peu de distance du point d'intersection des rues actuelles des Feuillants et d'Isly. L'un d'eux avait sa façade presque parallèle à l'alignement de la place Jourdan et du quartier général du 12e corps. C'était le moins long, bien qu'il ne comptât pas moins de neuf fenêtres au rez-de-chaussée et autant au premier étage. Des mansardes à encadrement orné couronnaient cette construction, que terminait, à droite, une sorte de pavillon. A ce pavillon précisément s'accolait le second corps de bâtiment, le plus long, qui s'étendait du sud-est au nord-ouest, à peu près suivant la direction de la rue d'Isly. Celui-ci n'avait pas moins de douze fenêtres de rang. Sa façade se développait sur un beau jardin en terrasse, d'où la vue pouvait errer sur une prairie dont tous les vieux Limogeauds conservent le souvenir. Les plans du dernier siècle qu'on trouve dans le fonds de l'Intendance, aux archives du département, indiquent la longueur de ces deux constructions : la première, avec le pavillon, n'avait pas moins de 126 pieds et demi; la seconde mesurait 139 pieds. Le cloître se trouvait accolé, par derrière, à ces deux corps de logis ; il était composé d'arcades à plein cintre et n'avait rien d'intéressant. Une construction, qui paraissait être ancienne, rattachait l'extrêmité du plus long des deux grands bâtiments au chevet de l'église, qui n'était pas d'équerre avec lui. Cette église, longue de 98 à 100 pieds, avait une façade de 34 pieds de largeur ; mais le sanctuaire, beaucoup plus étroit que la nef, n'avait guère plus de 15 pieds de large, murs compris : cet état de choses justifie très bien l'expression employée par le P. Bonaventure de St Amable, qui dit que les Feuillants avaient *ajusté* la nouvelle église à l'ancienne. La façade de cet édifice, au plan dit des Trésoriers de France, est percée d'un portail de chaque côté duquel se voit une fenêtre. Une baie s'ouvre également au milieu du fronton. Les constructions conventuelles sont représentées, au même document, comme formant trois grands corps de logis parallèles ayant rez-de-chaussée et premier étages, et dont deux seulement sont joints par l'église ; le troisième est isolé. Le plan si curieux de l'abbé Legros, que possède la Bibliothèque de la ville, donne des indications plus exactes. Il y a un demi-siècle, ces constructions subsistaient encore, et une partie était en bon état. On y voyait de magnifiques escaliers de pierres et d'immenses greniers pavés en carreaux de briques, chose assez rare à Limoges. Le jardin, quoique médiocrement entretenu, était assez beau. Une partie des anciennes charmilles subsistaient, et tout cet ensemble gardait assez grand air.

La prairie qui s'étendait à l'Ouest et au Nord de ce jardin, se prolongeait encore, en

1854 et 55, dans la première de ces directions jusqu'à l'avenue du Champ de Juillet, tout auprès de laquelle, en contre bas, se trouvaient les « bonnes fontaines » de St Martin, dont nous avons parlé plus haut. On y avait déjà découpé, en 1831, un bon morceau du Champ de Juillet, dont les « terres Poyllevé », séparées du pré des Feuillants par le chemin de l'église St-Paul à la Maison-Dieu, avaient fourni la partie adjacente au Nord-Est. Du côté du Champ de Juillet et du Cours Jourdan, — alors à peu près inhabité —, car on n'y voyait encore, vers 1847, outre les vieux bâtiments des « granges Poyllevé » et le lavoir, qu'une seule maison et le Temple des protestants, construit en 1845, — la prairie était close par un mur qui n'arrêtait pas la vue du côté du Champ de Juillet, d'où le regard des promeneurs errait au mois d'avril et de mai sur un admirable tapis vert semé de mille fleurs, en juin sur les tas de foin qui séchaient en répandant une odeur délicieuse et sur les lourdes charrettes qui emportaient ce magnifique fourrage vers l'immense grange ménagée dans un des anciens bâtiments conventuels.

Disons un mot du temple protestant, puisque nous venons de le rencontrer sur notre chemin. Il se trouvait, vers 1840, derrière l'église de Sainte-Marie, dans un jardin entre la rue du Pont-St-Martial et celle des Sœurs de la Rivière. La construction où se tenait le prêche avait servi d'atelier au dépôt de mendicité. Pendant l'hiver de 1844-1845, on fit édifier, sur le cours Jourdan, en contiguïté à l'immeuble Pouyat, tout contre le terrain même où s'élève aujourd'hui le Monument des Enfants de la Haute-Vienne, une grande bâtisse sans caractère, de 11 mètres de façade sur 22 de profondeur, avec un large fronton triangulaire percé de trois fenêtres pour les réunions du petit groupe de fidèles protestants. Ce lieu de culte, inauguré le 2 novembre 1845 par un ministre du nom de Pilate, ancien prêtre du diocèse de Dijon, donna abri aux réformés jusqu'à l'inauguration du temple de la rue Pré Papaud, qui eut lieu le dimanche 6 juin 1858 ; à cette occasion, un pasteur de Paris, dont le nom était destiné à une célébrité plutôt fâcheuse, M. Edmond de Pressensé, prononça un grand discours. Une secte dissidente s'installa avenue du Crucifix. Des écoles évangéliques gratuites existaient déjà. Elles avaient été ouvertes dans la rue Haute-Vienne le 28 septembre 1846.

XX

Le Bon mariage. — Sépultures et souvenirs. — La Révolution

A l'entrée de l'église des Feuillants, du côté gauche, sous un vieil arceau, muré vers 1760, se trouvait un monument, célèbre dans le pays, et qu'on appelait *le Bon mariage*.

On connaît la légende. — Deux époux, originaires du Poitou, se rendaient ensemble, pour l'accomplissement d'un vœu, à Compostelle, but d'un des pèlerinages les plus fréquentés de la chrétienté. Comme ils étaient de passage à Limoges, la femme tomba malade et mourut. On l'ensevelit à St Martin.

Le mari continua seul sa route. Au retour, il vint s'agenouiller sur la tombe de sa compagne. Là, il fut saisi d'une telle douleur qu'il expira sur le champ. On ouvrit le sépulcre pour réunir les corps des deux époux. O prodige ! on vit la femme se reculer sur le côté pour donner une place auprès d'elle à celui dont la mort l'avait séparée et que la mort lui rendait. La large dalle sculptée qui recouvrait ce couple montrait l'épouse tournée sur le côté et le mari étendu auprès d'elle sur la couche funèbre. Ce tombeau, en pierre calcaire, appartient à la fin du quatorzième siècle ou au début du quinzième. Il est aujourd'hui déposé au musée national Adrien Dubouché ; malheureusement il est resté longtemps en plein air, exposé aux intempéries des saisons, et il a subi des dégradations notables.

La légende du *Bon mariage* se retrouve un peu partout, avec quelques variantes. A Rome, quand le Pape Pélage II voulut placer, à la fin du sixième siècle, les ossements de saint Etienne, rapportés de Constantinople, dans le tombeau de saint Laurent, on vit le corps de celui-ci, qui avait été miraculeusement conservé, se reculer pour céder le côté droit de la crypte aux restes du premier martyr. On a cité plusieurs légendes bretonnes mentionnant des faits analogues, et une touchante tradition rapporte que, le jour où la tombe d'Abailard s'ouvrit pour recevoir Héloïse, le corps de l'illustre philosophe qui avait été le rival de St Bernard se rangea contre une des parois de la fosse pour faire place à celle qu'il avait tant aimée.

Un religieux du monastère de St Martin

composa, au dix-septième siècle, pour le monument du « *Bon Mariage* », dont nulle inscription ne rappelait la légende à l'étranger, les vers suivants conservés par l'abbé Legros :

**Passant, arreste icy pour regarder ce lieu.
Ce monument usé est dict : *Bon mariage* :
Deux corps pleins de vertu, deux cœurs unis en Dieu,
Que la mort a frappez en faisant son triage,
Se reposent icy : le Poictou les produict ;
Galice les appelle et Lymoge y pretant.
Le ciel les met d'accord : pas un n'est esconduict,
La femme meurt icy sans aller plus avant.
On luy faict un tombeau de grandeur coustumière
Pour y serrer son corps. Cependant son mary,
Tout baigné dans les pleurs, ne va poinct en arrière,
Mais accomplist son vœu, et retournant guari
De ses douleurs passées(sic), le souvenir naissant
De sa perte revient et lui cause la mort.
Ce fust alors que Dieu se fist voir tout puissant ;
Car, ouvrant le tombeau, et sans aucun effort,
L'épouse se retire et lui cède la place
Pour apprendre aux conjoincts de s'entr'aimer toujours,
Afin qu'ayant vescu de la divine grâce,
Ils puissent voir le Ciel à la fin de leurs jours.
Amen**

Tout est bien, dit-on, qui finit bien. Cette poésie, certes, finit à merveille ; mais en vérité, il faudrait être peu difficile pour la trouver bonne.

L'abbaye possédait près Mauzé, en Poitou (auj. Deux-Sèvres), un fief, dit du *Bon Mariage*, dont elle retirait 75 livres de revenu en 1675 (arch. Hte-Vienne 3392) et qu'elle devait peut-être à la libéralité d'un des époux ou de leur famille.

On pouvait lire, à l'intérieur de l'église des Feuillants, plusieurs inscriptions ou épitaphes non sans intérêt. Sur une lame de cuivre rouge, attachée à un pilier, du côté de la chapelle de St Bernard, on rappelait que

Louis Marchandon, chanoine de la Cathédrale et abbé de St Martin, mort le 27 septembre 1628, avait remis le monastère aux Feuillants; sur le pilier opposé, du côté de la chapelle de St Martin, portant la date du 1er novembre 1631, une autre inscription indiquait que les ossements des fondateurs de l'abbaye et de saints personnages inhumés dans l'ancienne église ayant été arrachés de leurs sépultures à la suite des désastres subis par le monastère, se trouvaient réunis en cet endroit, et invitait les fidèles à leur rendre les honneurs qui leur étaient dus.

Parmi les dignitaires de la congrégation des Feuillants inhumés dans l'église de St-Martin, il faut mentionner Joseph du Boucheix, premier assistant de la congrégation, dont il avait été précédemment abbé et supérieur général. Une inscription à sa mémoire se lisait sur une lame de cuivre placée contre le mur de la nef, du côté de l'épître.

La grande salle de l'abbaye de St-Martin servit, dans les premières années de la Révolution, de lieu d'assemblée pour une des cinq sections de la ville, désignée du reste sous le nom de «section des Feuillants». Dans l'église du monastère, se tint, le 24 juin 1790, la réunion générale des électeurs des gardes nationales du district de Limoges en vue de la désignation des délégués envoyés à Paris pour assister à la fête de la Fédération : 312 députés, représentant 5184 gardes nationaux, prirent part au vote.

Le premier des vingt-six élus fut Jean-Baptiste Guibert-Vialeix, capitaine du district de Manigne, que nous retrouvons en 1791 capitaine au 2e bataillon de Volontaires de la Hte-Vienne ; parmi les délégués figurent Jourdan et Dalesme, le premier lieutenant, le second capitaine de la compagnie des Chasseurs. Le futur général Beyrand, officier à la même compagnie, figure au nombre des suppléants.

Les bâtiments de l'abbaye de St-Martin furent acquis, en 1791, par M. Barbou des Courières, alors colonel de la garde nationale de Limoges, au prix de 60.000 livres. Il y installa son imprimerie. Une partie de l'enclos avait été déjà vendue. Dès avant la Révolution, du reste, les Feuillants avaient cédé à M. Chaisemartin, pour l'établissement d'une fabrique de chandelles, des terrains à l'ouest du monastère, dans la direction de l'avenue Garibaldi et du café de l'Univers. L'emplacement même de ce café s'y trouvait compris.

La vénérable chanoinesse de Brettes, qui avait fondé un pensionnat de jeunes filles dans les constructions de l'ancienne abbaye des Bénédictins (St Augustin), céda ces bâtiments à l'Etat : on en fit une « maison centrale de force et de correction » ; Mlle de Brettes transporta en 1810 son établissement aux Feuillants. Elle s'était rendue acquéreur, moyennant 90.000 fr., du monastère et de ce qui restait de son enclos. Après sa mort, en 1860, les héritiers morcelèrent cette propriété. Une portion fut cédée à la ville qui y ouvrit diverses voies ; une autre à l'Etat, qui y fit construire l'hôtel du commandement de la 21e division militaire, à présent quartier général du douzième corps ; le surplus fut vendu à des particuliers.

XXI

L'église de Saint Laurent

Plusieurs des églises du diocèse ont Saint Laurent pour patron : le culte de l'héroïque diacre de Rome n'a jamais été, néanmoins, fort en vogue dans notre diocèse,où son nom se trouvait peu répandu. Le plus connu des personnages de notre histoire locale qui l'aient porté est Laurent Maumet, curé de Verneuil-sur-Vienne, ami et conseil des bourgeois de Limoges, qui se rendit à Paris en 1263, avec plusieurs consuls et notables du Château, pour prendre en mains les intérêts de la commune dans sa lutte contre le vicomte Gui VI, mari de la célèbre Marguerite de Bourgogne, plus tard adversaire si redoutable elle-même de nos franchises municipales.

Saint Laurent eut, dans nos faubourgs, une église sur laquelle nous ne savons pas grand'chose. On croit que sa fondation remontait à une date fort reculée. Grégoire de Tours rapporte que des reliques de saint Laurent avaient été apportées à Limoges. Construisit-on, dès cette époque, une chapelle pour les recevoir ? Il est certain qu'il existe, au douzième siècle tout auprès du moûtier de St-Martin, une église dédiée au diacre martyr, et qu'elle est mentionnée au siècle suivant avec le titre d'église paroissiale. Les noms d'un certain nombre de ses curés nous ont été conservés. Nous avons notamment relevé ceux de Gui, curé (*capellanus*) au treizième siècle ou même à une époque antérieure ; (*Historiens de France*, t. XXI, p. 800) ; de Jean Brunet, mort en

1271 (ibid. p. 797) ; de Gui ou Guillaums (W.) et Jean ou Jacques (J.), mentionnés par le nécrologe de la Confrérie de La Courtine et qui paraissent appartenir à la même époque ; de Gérald de Vagros ou de Vayres, en mai 1287 (Arch. du département : St Martial), peut être le même que Gérald Donayro, nommé par le nécrologe de La Courtine sous la date de 1294 ; de Jean *Rudelli* en 1386-87 (Arch. dép. St-Martin, n° 7766) ; Jacques *al.* Aymeric Boysse, en 1511 et 1514 (*Table chron. ecclésiastique* de Legros et arch. dép. 8003).

En 1328, on trouve Guillaume de Chabannes (*de Cabanis*) avec la qualification de prévôt de la chapelle de St-Laurent. Cette prévôté, qui se confondait probablement avec le titre curial, ou à laquelle celui-ci se trouvait attaché, était un des offices du monastère de St-Martin et fut unie en 1624, avec les autres offices claustraux, à la mense conventuelle des religieux Feuillants. Quant à l'église, qui en 1269 s'élevait dans la cour même de l'abbaye, elle tombait en ruines dès avant 1584 au témoignage du *Pouillé rayé* de Nadaud, et le service de la paroisse se faisait à l'autel de St Jean, dans l'abbatiale. La population de cette paroisse était de 170 âmes seulement, au dire du même ouvrage.

St-Laurent avait son cimetière particulier, qui fut plus tard englobé dans celui de St Paul, mais qui en est expressément distingué à un titre de 1489 (Arch. dép. 3303). C'est dans ce cimetière, d'après Legros, que se trouvait au quatorzième siècle la chapelle de Ste Marthe, dont nous avons parlé plus haut.

Nous n'avons aucun renseignement sur la forme et les dimensions de l'église de St-Laurent, dont nulle trace n'a été conservée. Il paraît qu'au siècle dernier, une croix de pierre indiquait l'endroit précis où s'était élevé l'autel de ce sanctuaire sûrement très petit et qui aurait jadis occupé, dit l'abbé Legros dans son *Limousin ecclésiastique*, « la petite place qui est devant l'église des Feuillants et qui ferme leur enclos », c'est-à-dire un terrain peu éloigné du point où la rue actuelle des Feuillants rencontre l'avenue Garibaldi ; mais ce terrain ayant été compris dans une vente faite à la famille Chaisemartin, on déplaça la croix, qui fut transférée dans la cour même du monastère et abattue peu d'années plus tard, pendant la Révolution.

St-Laurent, qui possédait en 1489 une confrérie des Trépassés, avait, à titre de dépendance de St-Martin sans doute, joui longtemps du droit d'asile. La chronique de Coral et de ses continuateurs qu'on trouve au manuscrit latin 5452 de la Bibliothèque nationale, rapporte à ce sujet un fait assez curieux.

En 1263, quatre hommes et une femme, qui étaient renfermés dans la tour de Pissevache (à l'extrémité de la rue Vigne-de-Fer), réussirent à s'évader de leur prison, se réfugièrent à St-Laurent, et, conclut le chroniqueur sans autre explication, « par la grâce de Dieu ils recouvrèrent leur liberté ». La femme, ajoute-t-il, avait avec elle un enfant nouveau-né. On ne la voit pas bien, avec ce poupon, passant à travers des grilles ou franchissant une muraille. Mais que ne fait-on pas pour reconquérir la liberté ?

XXII

La fontaine des Fantaisies

L'aspect des terrains qui s'étendaient entre les Feuillants, l'église St Paul, le Maupas, les Cordeliers et l'ancienne enceinte du Château, avait été, nous l'avons vu, profondément modifié vers le milieu du dix-huitième siècle. Cent ans plus tard, une nouvelle transformation, plus radicale encore celle-ci, s'opéra dans cette région de la ville.

L'ouverture, en 1854, de l'avenue du Crucifix — dont une municipalité et un conseil municipal ignares de toutes les traditions locales, insouciants de tout ce qui ne se rapporte pas au petit milieu où ils s'agitent et aux cultes bizarres auxquels ils prodiguent leurs dévotions, ont changé le nom en celui d'avenue Garibaldi, — fut le premier travail d'édilité d'une certaine importance exécuté de ce côté. Elle fut précédée de la demolition d'une des deux fontaines monumentales qui existaient encore à Limoges, la fontaine des Fantaisies.

On devait ce monument à la sollicitude de Turgot ; le célèbre intendant avait fait étudier, par M. Trésaguet, ingénieur de la généralité, — jamais les ingénieurs ne préparèrent autant de projets qu'à cette époque — un projet pour doter d'une fontaine publique le quartier de la Porte Tourny. Il ne fut d'abord question, pour l'alimenter, que du reflux de la Font St Pierre, qui était du reste assez abondant, la source ayant mieux maintenu son débit que la plupart des autres fontaines de Limoges. Cette eau se trouvait, à ce moment, très sensiblement accrue par celle provenant d'anciennes conduites qu'on avait rencontrées dans les travaux de terrassement exécutés lors de la suppression des fossés de la ville.

L'excédant des eaux de la Font St Pierre appartenait au lieutenant général de Roulhac dont nous avons signalé plus haut l'habitation, située presque en face de la Porte-Tourny. M. de Roulhac se montra disposé à entrer dans les intentions de Turgot et de M. Trésaguet, qui venait de se faire construire une maison fort agréable dans le quartier. La municipalité exposa à une assemblée de notables, convoquée à l'Hôtel-de-ville le 15 septembre 1770, que, par suite des offres du lieutenant général, il était possible de mettre à la disposition des habitants du nouveau quartier, dont l'importance augmentait de jour en jour, une quantité très suffisante d'eau, sans diminuer en rien l'approvisionnement des autres parties de la ville. Le projet fut accepté par l'assemblée communale : on s'occupa aussitôt de le réaliser. A cet effet, un contrat fut passé le 24 octobre suivant, par lequel M. Joseph Grégoire de Roulhac, écuyer, Lieutenant général civil et de police en la sénéchaussée de Limoges, offrait d'abandonner tous ses droits au reflux de la font St-Pierre, à la condition qu'il lui serait loisible de prendre le tiers de l'eau excédant les besoins du public et de la conduire à ses frais dans sa maison. Deux autres propriétaires, voisines de la Pépinière royale, Mlles Nieaud et Thévenin, sollicitaient l'autorisation de prendre deux lignes d'eau en face de leurs immeubles. Enfin les Cordeliers et l'Evêque demandaient qu'on leur abandonnât le reste du reflux. Tous s'engageaient à verser une souscription pour les dépenses d'établissement de la fontaine publique : l'Evêque 300 livres, les Cordeliers autant, M. de Roulhac 250 livres, Mlles Nieaud et Thévenin, 400 livres chacune. Il est dit que la fontaine projetée doit être « en pyramide », avec un bassin de plomb à simple bouton. Cette première convention fut modifiée par une seconde, en date du 27 octobre 1771. Les travaux étaient en partie faits, « la pyramide montée » et le réservoir en place, lorsqu'on se trouva en présence de certaines difficultés qu'on n'avait pas prévues. Le niveau du point où l'évêque devait prendre l'eau, par exemple, était à dix ou douze pieds au-dessous du point où il voulait la conduire. On modifia donc certains détails du traité primitif ; M. de Roulhac prit pour lui et les Cordeliers moitié du reflux, et l'autre moitié fut laissée à l'évêque qui, à son tour, céda un quart de cette eau à la communauté de la Providence. Celle-ci versa mille livres pour la fontaine.

Le devis des dépenses, que nous possédons, était exactement de 3.244 l. 12 s. 7 d., couverts par les souscriptions, quelques dons ou prestations en nature, et le prix, — 1500 livres environ — de tuyaux de plomb appartenant à la ville et que celle-ci autorisa l'entrepreneur Vergniaud à utiliser pour ce travail. Il est dit que le monument se composera d'un soubassement en pierre de taille et d'un corps carré, avec console et angles fouillés. Comme couronnement, un vase reposant sur un socle peu élevé. Peut-être modifia-t-on, au cours des travaux, certains détails du projet primitif, ou dut-on recommencer certaines parties ; car on sait, par des documents officiels, que la fontaine ne fut achevée qu'en 1775.

Au reflux de la Font St-Pierre vint s'ajouter la portion des eaux de la source de la Bregère conduite pour l'approvisionnement des casernes dont la construction était projetée depuis longtemps. Cette eau resta sans emploi par suite de l'abandon du projet et de la revente, par l'Etat, des terrains du *Chapeau rouge* (route de Paris) acquis en 1767 avec cette destination : on l'envoya à la fontaine des Fantaisies.

On avait appelé la nouvelle fontaine : *Fontaine Tourny*. Elle devait d'abord, dit-on, porter le nom de M. Trésaguet, qui avait choisi l'emplacement — à proximité du reste de sa propre habitation, — et à qui on attribuait même l'idée de l'établissement d'une fontaine dans ce quartier ; et certes, l'ingénieur distingué qui eut une si grande part dans l'œuvre de Turgot, méritait qu'une œuvre de ce genre rappelât ses services. Mais le peuple la baptisa : « Fontaine des Fantaisies », et elle garda jusqu'à la fin cette dénomination. Celle-ci était-elle une allusion à la « fantaisie » de Trésaguet ? se rapportait-elle aux fausses manœuvres qui avaient été commises et aux changements qu'avait dû subir ce projet? Nous ne saurions le dire ; mais le petit monument n'était pas connu de nos pères sous un autre nom.

Au moment même où il s'occupait de l'établissement de cette fontaine, une autre « fantaisie » hantait l'esprit de Turgot. Il rêvait de transférer l'Intendance dans le bel immeuble des Feuillants, et M. Trésaguet n'était peut-être pas innocent de ce projet. Celui-ci rencontra une vive opposition. Les religieux agirent et firent agir leurs amis. D. Veyssière, ancien abbé de St-Martin, qui avait été député par ses confrères pour contrecarrer ces visées, se donna beaucoup de mouvement. Et puis il fallait compter avec la dépense : Elle eût été considérable. Le projet du grand intendant échoua.

La fontaine des Fantaisies, qui ne manquait pas d'élégance, s'élevait contre le mur des Feuillants, presque en face du café de l'*Univers*, sur l'assiette même de l'avenue Garibaldi actuelle. Elle avait environ quatre mètres de haut. Ses faces étaient ornées de guirlandes et l'urne qui la surmontait, bien qu'un peu lourde, avait un certain style.

Des bornes reliées par des chaînes entouraient en dernier lieu le terre plain sur lequelle elle s'élevait. Aux plans du dernier siècle, on voit, à droite et à gauche de la fontaine, deux triangles coloriés en vert. Ces triangles figuraient-ils des pelouses ou des bassins d'eau ? Nous ne saurions le dire.

La mairie ne put conserver la fontaine des Fantaisies, dont son aspect monumental devait cependant faire souhaiter d'éviter la démolition. Le lecteur pourra juger de la physionomie de l'œuvre de Trésaguet par la lithographie assez fidèle qu'il en trouvera dans l'album de l'*Historique monumental* de Tripon.

XXIII

Etablissement des disciples de St-François à Limoges

Si les anciens moines du monastère de St-Martin et les Feuillants qui leur avaient succédé paraissent n'avoir pas été l'objet, de la part de la bourgeoisie et des artisans de Limoges, de sympathies particulières, on ne saurait en dire autant des religieux de St François, dont le couvent se trouvait placé à peu prèsen face de l'antique abbaye. Les ordres mendiants, les Frères mineurs surtout, jouirent, dans notre ville, au cours de plusieurs siècles, d'une extraordinaire popularité.

Le premier disciple de St François qu'aient vu nos pères, serait, d'après les chroniques de St-Martial qu'on trouve au manuscrit 11019 du fonds latin de la Bibliothèque nationale, St-Antoine de Padoue. C'était en 1222 ou plutôt 1223, c'est-à-dire l'année même où le chapitre général acceptait solennellement, avec certaines mitigations, la règle élaborée par le saint fondateur, et où le pape Honorius III la confirmait. Le patriarche de la nouvelle famille, vivait encore et comptait par centaines les monastères de son obédience, par milliers les frères qui s'y pressaient. Mais nous avons lieu de penser que le chroniqueur s'est trompé en donnant Antoine de Padoue comme le premier des fils de St-François qui ait montré à la population de Limoges la robe de bure des « Chevaliers de la pauvreté volontaire ». Il est constant que le célèbre thaumaturge ne vint dans notre ville qu'en 1226 : il paraît même impossible, on le verra plus loin, qu'il y ait paru avant cette date. D'autres que lui préparèrent les voies et disposèrent les bonnes volontés en vue de l'établissement auquel il présida.

Nous ignorons si les Franciscains avaient, antérieurement à leur venue à Limoges, formé le projet d'y fonder une maison. Peut être cette fondation ne fut-elle décidée qu'à la suite de leurs premières prédications, dont le succès commença la popularité des Frères mineurs parmi nous. Il semble qu'il se produisit à cette occasion un fait dont, croyons-nous, nos annales Limousines n'offrent pas d'autre exemple : c'est que les magistrats des deux villes accordèrent une sorte de patronage au nouveau couvent et que cette fondation eut, dans une certaine mesure, un caractère municipal. Nous voyons en effet les consuls et l'assemblée de ville s'occuper avec sollicitude des difficultés qui devaient bientôt entraver le nouvel établissement et intervenir même, au nom de la Commune, auprès du Saint-Siège à ce sujet.

Nous avons indiqué plus haut l'année 1223 comme la date la plus vraisemblable et la plus généralement acceptée de la première apparition des Franciscains à Limoges. Une chronique de St-Martial fait remonter leur venue à l'année 1221 ; une autre prétend même qu'ils commencèrent dès 1207 à construire leur couvent ; mais il y a ici une erreur évidente, puisqu'à cette époque il n'existait encore en dehors de Rome aucun établissement franciscain, et qu'à peine le fondateur avait-il commencé à réunir autour de lui les premiers frères. La date de 1223 est donnée par deux de nos chroniques, celle de Bernard Itier (1223 : *li Menudet ad sanctum Paulum ceperunt manere*), et celle d'un anonyme (1223 : *ordo deu Menudet a S. Paul recipitur*). Le mot « menudet » a paru à certains auteurs — bien qu'on lise « lous fraires menours » dans une chronique de St-Martial et dans plusieurs documents des archives municipales — correspondre à celui de *mineur* et avoir été l'appellation même sous laquelle, pendant assez longtemps, les disciples de St-François ont été désignés dans notre pays. Il faut remarquer cependant qu'un personnage du nom de *Milo Menudel*, *Milo Menudeu*, *Menudeus*, est nommé au cours des dernières années du onzième siècle ou des premières du suivant (avant 1140 en tout cas) dans plusieurs de nos cartulaires, dans ceux notamment de St-Etienne de Limoges, du prieuré d'Aureil et de l'hôpital de St-Martial. De plus, les passages où nous trouvons mention de la fontaine dont nous allons parler, du pré ou des terrains qui l'avoisinent, semblent toujours mettre le mot de *Menudet* au singulier et y voir un nom propre : *Ad fontem Minorum, sive deu Menudet*, 1398 (Pitancerie de St Martin, Arch. dép. B 5) ; *Prati de Menudet* (texte cité au *Recueil d'Inscriptions* de Legros) ; *prope rivum descendentem de Fonte Menudeti*, 1408 (chartrier du château de Nexon) ; *in teritorio vocato ou Menudet*, 1445 (Arch. dép. liasse 3412 bis), *territoire du Menudet les Lymoges*, 1565 (Arch. Dép. 3178 bis), etc. Deux fois seulement nous trouvons le pluriel : *fontem qui dicitur aus Menudetz... li Menudet* (Chroniques de St-Martial).

C'est tout auprès de l'église de St-Paul et de la fontaine placée à peu de distance de cet édifice, — celui-ci se trouve quelquefois désigné, nous l'avons dit, sous la dénomination de St-Paul de la Fontaine, — *S. Paulus de Fonte* — que les personnes pieuses chargées de pourvoir à l'installation des nouveaux venus, choisirent l'emplacement du futur couvent. Un bourgeois du nom de Jean Pignet — *Pineta, Pinheta* — paraît avoir joué un rôle des plus actifs dans ces démarches et avoir même présidé aux acquisitions nécessaires. Une souscription ou *queste* extraordinaire avait sans doute été faite. Le vieux cartulaire du Consulat conservé à l'Hôtel de-Ville, et plusieurs liasses de notre dépôt départemental d'archives (nos 3715, 8742, 8777, 8963 *bis*, 8983, etc.) fournissent de précieux détails sur l'histoire de notre premier établissement franciscain.

La fontaine la plus rapprochée de St-Paul était celle située entre la vieille église et l'abbaye de St-Augustin et qu'on voit figurée au plan de Jouvin de Rochefort, exécuté vers 1680. Ce pourrait être là, à peu de distance de l'entrée actuelle de la gare des marchandises du chemin de fer d'Orléans, que fut construit notre premier couvent de Frères Mineurs. La plupart des confrontations anciennes, sans confirmer d'une façon bien précise cette hypothèse, n'y sont pas contraires.

Plusieurs écrivains ont pensé néanmoins que la *Font deu Menudet* n'était autre que la fontaine même de St-Martin, la « bonne fontaine » mentionnée à un des chapitres précédents, ou une autre, située au lieu appelé plus tard « de la Grange Poylevé », entre le cours Jourdan et l'avenue de la Gare, du côté du Champ-de Juillet. M. le chanoine Arbellot, notamment, s'est rangé à cette dernière opinion qui a pour elle la tradition. Un registre de la paroisse de St-Maurice en la Cité, des premières années du dix-septième siècle, dit positivement que le premier couvent franciscain s'était élevé « au lieu où est à présent la Grange Poillevé, paroisse Saint-Christophe ».

Il faut reconnaître qu'une phrase de la Chronique de Saint-Martin : « les Frères Mineurs s'étaient établis au-dessus de nous » — *manebant super nos*, — se rapporterait mieux à un emplacement situé près du débouché du cours Jourdan sur le Champ-de-Juillet, qu'à l'emplacement, de niveau inférieur, proposé par nous tout à l'heure. Enfin, il est certain que plusieurs confrontations fournices par des titres des Archives départementales, semblent établir que le territoire de ou du Menudet s'étendait bien dans la direction du chemin de la Porte Montmailler et de la font St Martin : — « Au Menudet, entre le chemin qu'on va de la porte Montmallier à la Maison-Dieu, et autre petit chemin qu'on va dudit chemin au grand chemin de S. Pol à la Maison-Dieu », Règle l. 34), — *in clauso deu Menudet, inter iter quo itur de monasterio S. Martini ad fontem S. Martini* (n° 2932). Mais si les Frères Mineurs se sont établis à cet endroit, comment les chroniques nous représentent-elles leur monastère comme bâti « à St-Paûl », « auprès de St-Paul » ?

La nouvelle maison, dont la construction paraît avoir été entreprise dès 1223, se trouvait, comme St-Paul du reste et les terres et bâtiments avoisinants, dans la mouvance féodale du monastère de St-Martin : Il n'y a aucun doute à cet égard. Mais il résulte de la note du registre de St-Maurice rappelée plus haut, que la Grange Poylevé, ou le terrain sur lequel elle avait été bâtie, dépendait de St-Christophe, annexe et membre de St-Augustin.

Quoiqu'il en soit, les habitants du Château et de la Cité qui s'étaient chargés d'installer les disciples de saint François à proximité de la ville, avaient acquis, moyennant une assez grosse somme d'argent — *non modica summa pecunie* — les terrains nécessaires sous réserve des droits de justice de l'abbaye de St-Martin, et celle-ci avait donné l'investiture aux nouveaux occupants — « sous certaines conditions », dit le chroniqueur Coral, sans les énoncer.

D'un acte du mois de mars 1244 vieux style (1245), il semble résulter que ces fonds avaient été cédés par Pierre de Beaune, Pierre La Cité (*La Ciptat*) et Martial de Mirebeuf, qui en étaient tenanciers. On y édifia des constructions d'une certaine importance. Nous lisons à un bref adressé par le Pape Innocent IV à l'évêque d'Angoulême, qu'à grand travail et à grands frais, les franciscains ont bâti deux églises, un cloître et divers corps de logis — *duas ecclesias cum claustro et domibus*.

Il est très vraisemblable qu'en attendant

l'achèvement de leur chapelle, les religieux (si comme tout porte à le croire, une colonie franciscaine s'était immédiatement établie à Limoges), célébraient l'office à St-Paul. L'expression employée par le chroniqueur : *Ordo deu Menudet a S. Paul recipitur*, donnerait à l'entendre.

XXIV

Séjour de St-Antoine de Padoue en Limousin. Ses prédications et ses miracles

Chargé, avec le titre de *custode* ou gardien, du gouvernement de la jeune communauté, et pourvu, semble-t-il, d'une certaine autorité sur les maisons de la région, St-Antoine de Padoue arriva en 1226 à Limoges. C'est entre ses mains que les « bonnes gens » des deux villes, Jean Pignet et le comité de pieux citoyens groupé autour de lui, remirent le monastère édifié ou simplement commencé avec le produit des aumônes recueillies par eux, et c'est lui qui, au nom de l'Ordre, fut investi, par l'abbaye de St-Martin, de la terre occupée par le couvent et son enclos. Il est impossible de faire remonter à 1223 son arrivée dans notre cité, puisqu'en 1224 seulement il passa en France, et qu'il fut successivement *lecteur* de théologie à Montpellier et à Toulouse, gardien du couvent du Puy en Velai, avant d'être envoyé à Limoges par ses supérieurs.

St-Antoine paraît être resté à peine une année en Limousin. A ce séjour se rattache néanmoins le souvenir de quelques-uns de ses miracles les plus célèbres. Le regretté chanoine Arbellot avait soigneusement recueilli, dans une intéressante notice, tous les récits et les traditions se rapportant à cette période de la vie du saint, dont l'extraordinaire popularité vient de renaître en France, en Espagne et en Italie, grâce à l'œuvre d'humble charité placée sous son patronage.

Prédicateur déjà célèbre, bien qu'il n'eût guère plus de trente-un ans, saint Antoine excita à Limoges un véritable enthousiasme. Nous avons rappelé plus haut qu'il s'était fait entendre pour la première fois dans cette ville au cimetière de Saint Paul; il avait pris pour texte ces paroles du psaume XXIX : *Ad vesperum demorabitur fletus et ad matutinum lœtitia.* — Il prêcha son second sermon dans le monastère de St-Martin, et commenta le verset : *Quis mihi dabit pennas sicut columbœ ? et volabo, et requiescam...* (ps. 54). On trouve le canevas de l'un et l'autre de ces discours dans les œuvres de l'illustre Franciscain.

Nous savons qu'il prêcha, à Limoges, en plusieurs endroits : au Creux des Arènes notamment, où le peuple qui se pressait autour de lui ne fut pas atteint d'une seule goutte de pluie, bien qu'un violent orage eût à ce moment même éclaté sur la ville ; à saint Pierre-du-Queyroix, où la nuit du Jeudi saint 1226, il parlait aux fidèles, lorsqu'il se souvint tout à coup qu'à cette heure ses frères récitaient les matines dans leur couvent et qu'il avait à lire une leçon de cet office. Il se tut quelques minutes, s'agenouilla et rabattit son capuchon sur sa figure. Ses biographes rapportent qu'à cet instant même, les religieux de la petite communauté virent leur supérieur surgir à sa place ordinaire dans le chœur. Il récita la leçon, puis disparut. Aussitôt, son auditoire de St-Pierre aperçut l'orateur se relevant ; celui-ci se débarrassa de son capuchon et reprit son discours au point où il l'avait interrompu.

St-Antoine ne demeura pas constamment à Limoges pendant les dix ou onze mois qu'il passa dans le pays. Il prêcha à Saint-Junien ; un de ses miracles fut accompli à Solignac. On sait qu'il se retira quelque temps dans une grotte, auprès de la ville de Brive. Enfin ce serait, suivant quelques autres, à Châteauneuf-la-Forêt que le saint religieux aurait été favorisé de la vision et des caresses de l'Enfant Jésus : scène gracieuse et touchante, que les artistes se sont plu à reproduire.

Le souvenir de St-Antoine, de sa sainteté, de ses prédications, de ses miracles, se conserva longtemps dans notre ville, et le culte de l'aimable religieux y fut tout particulièrement en honneur. La très jolie chapelle que lui consacrèrent les Cordeliers dans leur couvent était l'objet d'une dévotion dont nous avons relevé de très fréquents témoignages. On y avait institué sous son patronage une confrérie qui fut une des associations les plus nombreuses et les plus populaires de Limoges ; elle déclina toutefois dès le dix-septième siècle, et au dix-huitième elle était fort déchue, ainsi que le constate l'abbé Legros ; mais le peuple continuait d'invoquer St-Antoine de Padoue, spécialement quand il s'agissait de retrouver un objet perdu ou d'obtenir pour une affaire douteuse ou compromise une heureuse issue. Nous avons ailleurs relevé ce détail assez caractéristique qu'un billet ayant gagné dans une des loteries de l'Hôpital, au siècle dernier, portait le nom du saint. Nous serions assez disposé à croire, avec le P. Bonaventure de St-Amable, qu'à l'honneur du pieux et éloquent disciple du patriarche de la famille franciscaine, avait été construite la chapelle existant dès le milieu du quatorzième siècle dans le cimetière des Arènes, au bas du champ de foire (derrière les maison Boulland, Reynier et Malevergne de Lafaye). Il semble tout naturel qu'on ait voulu édifier un oratoire sous le nom du célèbre prédicateur, à proximité des ruines de l'amphithéâtre où sa voix s'était fait entendre et où son auditoire avait été témoin d'un de ses miracles les plus connus. Néanmoins, c'était Saint-Antoine, ermite et abbé, qui passait aux deux derniers siècles pour le patron de cette chapelle, et c'était lui que représentait le tableau encadré dans le rétable. Il est permis de se demander s'il ne s'était pas produit une de ces substitutions de patrons, assez fréquentes du reste. Les Pénitents gris, à qui l'usage du petit édifice avait été concédé en 1670 pour y tenir leurs assemblées et y célébrer leurs fêtes, auraient-ils été les auteurs de cette substitution ? Messieurs les pénitents en ont fait bien d'autres. Toutefois la chose paraîtra peu vraisemblable, si on considère que cette confrérie avait été érigée sous l'invocation du maître même d'Antoine de Padoue, de St-François d'Assise. Ce dernier patronage s'explique d'autant mieux que les Pénitents

Gris, institués en 1611, tinrent leurs premières réunions dans une petite église paroissiale, Saint-Christophe, située à peu de distance de la première maison des Frères mineurs, quel qu'ait été l'emplacement de cette maison.

Il est à remarquer au surplus que, des diverses reliques d'un Saint-Antoine que possédaient les églises de la ville : St-Pierre, St-Michel, St-Aurélien, St-Augustin, Notre-Dame de la Règle, — celle de la Règle seule était attribuée à St-Antoine de Padoue.

XXV

Difficultés entre l'abbaye de St-Martin et les Franciscains. Ceux-ci abandonnent leur couvent. Émoi de la population.

Par quels incidents les Frères mineurs furent-ils amenés à abandonner, au bout de seize ou dix-sept ans, la première maison bâtie pour eux dans les faubourgs de Limoges ?

Le chroniqueur de St-Martin semble leur attribuer certains torts : ils auraient voulu s'agrandir au préjudice du monastère et n'auraient pas observé les conditions acceptées par eux au début. D'après diverses lettres pontificales, l'abbaye, alléguant ses droits de seigneurie et de juridiction, aurait mis le couvent en demeure d'exécuter les engagements pris à la légère par les premiers religieux ou seulement quelques-uns d'entr'eux, sans l'assentiment du supérieur général et du chapitre provincial, et ces exigences auraient réduit les Franciscains à la dure extrémité de quitter le cher asile où vivait le souvenir de St-Antoine, pour éviter des tracasseries sans cesse renaissantes et le scandale d'un procès : *ad illum deduxistis necessitatis articulum ut prius exinde, licet cum afflictione spiritus, vellent pro servanda pace vestra recedere quam liti seu scandalo deservire*... Il ne faut pas perdre de vue l'esprit de détachement absolu de St-François et de ses premiers disciples. Ils ne devaient rien posséder en propre, rien acquérir, et s'il plaisait à un de leurs bienfaiteurs de leur reprendre ce qu'il leur avait donné, les frères étaient tenus de le restituer autant qu'il était en leur pouvoir. Le même amour de la pauvreté et le même renoncement avaient été jadis prescrits par St-Etienne de Thiers aux cénobites de Muret : on vit encore, au dix-septième siècle, le pieux réformateur de l'institut grandmontain, Charles Frémont, abandonner un de ses couvents pour rendre la propriété sur laquelle il avait été établi, aux fondateurs de la maison, atteints par les plus graves revers de fortune.

Il semble que la résolution des religieux d'évacuer leur couvent de la fontaine de Menudet, ait été soudaine : Peut-être s'y déterminèrent-ils à la suite d'un ordre reçu de leurs supérieurs ou d'un incident que nous ne connaissons pas. A peine avaient-ils quitté leur maison que l'abbé et la communauté de St-Martin s'en emparèrent et signifièrent aux Franciscains qu'il ne leur serait permis d'en rien enlever, pas même les cloches et les objets leur appartenant personnellement.

L'émoi fut grand dans la population de Limoges, quand la nouvelle se répandit que les fils de St-François avaient quitté le monastère édifié pour eux au prix de tant de sacrifices — *la maijo que la bona gens de Lemotges e lo cuminals haven bastit am grand messios e conquistat.*

Aussitôt qu'on eût acquis la certitude du fait, le 12 septembre 1243, les Consuls du Château et ceux de la Cité se rendirent au bourg de St-Paul, suivis d'un grand nombre de bourgeois, se saisirent du couvent abandonné, puis allèrent à St Martin et sommèrent l'abbé et ses religieux de renoncer à leurs prétentions. Comme ceux-ci faisaient des difficultés pour acquiescer à ses désirs, la foule envahit l'enclos et chassa les ouvriers employés à la reconstruction du monastère qui, on l'a vu à un des chapitres précédents, se poursuivait à cette époque. Les bourgeois menacèrent même d'enlever tous les matériaux qui avaient été réunis pour l'exécution de ces travaux.

L'archevêque de Bourges se trouvait en ce moment à Limoges : inquiet de la tournure que prenaient les événements, il fit convoquer le peuple sur la place qui s'étendait au-devant du nouveau couvent des Frères Prêcheurs, à l'extrémité du faubourg Manigne. Il se rendit à cette assemblée et supplia les citoyens de rentrer dans le calme et de laisser à l'Eglise le soin de régler le différend entre les deux communautés. Ses prières, qu'il appuyait de la menace d'une excommunication, finirent par triompher de la colère de la population. Celle-ci se calma : Il fut convenu que les Consuls remettraient aux mains de l'Évêque de Limoges l'immeuble abandonné par les Mineurs.

Nous ne démêlons pas bien clairement, séparés que nous sommes des faits par six siècles, les diverses phases de l'affaire. Nous savons, par le vieux Cartulaire du Consulat, que les chefs de la commune du Château s'occupèrent avec sollicitude de la cause des disciples de St-François. Ils réunirent à cette occasion le Conseil de ville — «l'Hôpital» comme on l'appelait alors — et recoururent même aux lumières et à l'avis d'autres notables (*am lo cosseil de l'Hospital e deus prohomes altres*). On décida qu'on enverrait un message au Pape, pour le prier d'obtenir que les Franciscains rentrassent dans leur ancien monastère (*per pregieira far ad l'Apostoli que li Frair tornessan en lor maijo*). Notons que les magistrats municipaux affirment que les « bonnes gens » ont payé l'immeuble plus cher qu'il ne valait, et que les exigences de l'abbaye de St-Martin seraient, d'après les Franciscains, contraires à leur règle. L'Evêque d'Ostie, alors sans doute Légat du St Siège, intervint pour obliger les religieux de St-Martin à restituer aux mains des Franciscains leurs cloches et leurs meubles. Une lettre de Guillaume, évêque de Paris, à l'archevêque d'Auch, est relative au même sujet et à la protection que l'autorité ecclésiastique doit accorder à la nouvelle maison des Frères Mineurs. Innocent IV, élu au souverain pontificat le 25 juin 1243 et venu dès l'année suivante en France, adressa de Lyon, le 21 janvier 1245, un bref à l'évêque d'Angoulême pour le charger, en qualité de commissaire apostolique, de régler le différend. La solution était proche à ce moment, puisque moins de deux mois après, le 14 mars 1245, un acte, passé devant l'official de Limoges, constate les termes de l'accord intervenu à ce sujet. Les parties qui comparaissent devant le juge ecclésiastique chargé d'authentiquer leurs conventions, sont : Gérald « de Rodes » — de Rodez ? — gardien du couvent des Frères Mineurs de Toulouse, muni de lettres de Jean de Compriac, ministre de la province d'Aquitaine, et l'abbé de St-Martin, qui est alors Pierre II de Mazières. Deux arbitres ont été choisis : Gui, archidiacre de Malemort, qui nous est connu par ailleurs, et « Maître Bertrand, clerc ». Deux bourgeois sont désignés pour l'exécution de la sentence des arbitres : un habitant du Château, Adémar Malbotz, et un de la Cité, Geoffroi Jourdain. Cette sentence se résume à trois articles principaux :

1° Les Franciscains s'interdisent d'inquiéter ou de troubler d'une façon quelconque, à l'avenir, l'abbé et les religieux du monastère de St-Martin, au sujet des terrains acquis soit d'ancienne date, soit récemment, dans le domaine de l'abbaye, pour l'établissement ou l'agrandissement de l'ancien couvent des Frères Mineurs ;

2° L'abbé et ses religieux, de leur côté, laisseront les Franciscains enlever tous les matériaux de leurs constructions, églises, cloîtres et dépendances : bois, pierres, plomb; la pierre de la fontaine, et en général tout ce qui est apparent, même le moëllon des fondations. Pour enlever ces objets, les Mineurs auront jusqu'à la Pentecôte de l année 1246.

3° L'abbaye pourra, s'il lui plaît, acheter de Jean Pignet, au prix que celui ci l'a payé, un terrain acquis par lui dans l'intérêt des Franciscains.

Guillaume de Firbeix est à ce moment, custode du couvent des Mineurs de Limoges.

XXVI

Construction du nouveau couvent. Sépultures et fréries. Différends avec les Consuls.

L'emplacement de la nouvelle maison où s'étaient installés les disciples de St-François était peu éloigné de leur premier couvent : Elle s'élevait dans des jardins et clos situés sous les murs même du Château, entre la porte Mirebœuf et la porte Boucherie, à cent mètres à peine au Sud-Est des constructions du monastère de St-Martin et tout près des Chauchières, ou fosses des tanneurs de Palvézy. Seulement ces terrains là ne relevaient pas de l'abbaye ; ils avaient été acquis de divers particuliers dont plusieurs déclarèrent que ces terres ne mouvaient d'aucun seigneur. Les nobles qui avaient des droits ou les rentes sur les autres les abandonnèrent au couvent. Ainsi Aiba Joussineau — *Jaucinela* — veuve d'Elie Vigier, chevalier, fit don aux frères, en 1279, de tout ce qu'elle pouvait réclamer sur ces fonds. Plus tard, Jean de Bretagne, vicomte de Limoges, déclara, par des lettres datées du 2 avril 1331 et adressées à son sénéchal et à son juge, remettre aux Franciscains, pour le salut de son âme et de celle de ses prédécesseurs, tous ses droits sur un terrain incorporé à l'établissement de nos religieux.

Un des titres d'acquisition de cette période qui nous ont été conservés mentionne une stipulation assez curieuse insérée à l'acte par le vendeur : Jacques Gui, en cédant aux Franciscains, pour le prix de cinquante livres limousines, un jardin et une terre contigus à leur couvent, énonce expressément qu'il se réserve de pratiquer, dans le mur mitoyen, un placard ou deux pour y déposer ses vêtements et autres menus objets pour son service : *Aqueu Jacmes pot far fur deves se I armari o dos, en que poscha metre sa rauba o autras chauzas menudas a l'ops de son servizi.* La vente est de 1264 (Archives du Département, n° 8742).

Les bourgeois et les nobles de Limoges et des environs n'avaient pas seuls contribué aux dépenses de l'installation, dans notre ville, d'une communauté de Frères Mineurs. Le clergé aussi y aida généreusement. Le testament de l'évêque Aymeric de Serre de Malemort, daté de l'année 1263, et qui est une des pièces les plus intéressantes de l'époque, contient un legs de cinq mille sous aux Franciscains « pour la construction de leurs bâtiments et de leur clôture ». Plusieurs cardinaux originaires du Limousin, Guillaume Sudre entr'autres, firent des libéralités à ce couvent.

Les Cordeliers jouissaient, paraît-il, du privilège d'enterrer dans leur église ou dans leur cloître les personnes qui y avaient élu leur sépulture, à la seule condition de payer au clergé paroissial le quart des offrandes qu'ils recevaient le jour des obsèques (Arch. du Département 4433). Il est certain que plusieurs personnages notables furent inhumés dans l'église des Frères Mineurs. Citons Martial de Julien, de la rue des Taules, mort en 1362, qui avait fait un legs assez important au couvent pour la célébration de son anniversaire et dont on lisait, au dernier siècle, l'épitaphe en caractères gothiques à côté de la porte du sanctuaire, au-dessus du petit escalier du chœur. Un membre de la même famille, Jean de Julien, avait, en 1504, fondé une vicairie à l'autel de la Trinité (*al* de St-Côme) pour le repos de son âme et de celle de sa femme, Catherine de La Jugie. Pierre Ardant, procureur du Roi, mort le 27 août 1588, lequel, au dire de son épitaphe, gravée sur une lame de cuivre dans la chapelle de St-Antoine de Padoue,

Fuit in terris cunctis virtutibus ardens,

Etait aussi enterré là, non loin d'un médecin fort connu, Paris de Buat, décédé en 1586 ; de Gaultier de Montégut, mort en 1614 ; de Simon des Cubes, en 1616 ; de l'avocat du roi Simon Descoustures, mort le 16 juin 1644, dont une table de marbre noir, placée dans le chœur, du côté de l'Evangile, portait la solennelle et magnifique épitaphe. Un autre Simon Descoustures, seigneur de Bort, Nexon et autres lieux, mort en 1707, reposait auprès de son aïeul : Une inscription non moins pompeuse, placée dans le sanctuaire, non loin de la précédente, était chargée d'apprendre aux vivants les titres et les mérites du défunt et aussi l'inconsolable douleur de sa veuve.

Vers le milieu du dix-huitième siècle, les fréries des pâtissiers, des rôtisseurs, des tailleurs d'habits et de plusieurs autres corps de métiers se célébraient aux Cordeliers. Celle des tailleurs d'habits fut toutefois transférée aux Grands Carmes, où elle se tenait à la date de 1783.

Pendant la guerre de la Vicomté, les Frères Mineurs s'employèrent en plusieurs occasions pour les bourgeois du Château. On les vit notamment, le 28 février 1276, se rendre, en compagnie des Dominicains, auprès des deux de Maumont, désignés comme arbitres du différend entre l'héritière de Limoges et les Consuls ; il s'agissait d'obtenir que ceux-ci comparussent seulement par procureurs au prononcé de la sentence d'arbitrage. Les religieux de St-François s'étaient déjà associés à plusieurs démarches ayant pour objet la cessation des hostilités, entr'autres à celles tentées par le clergé, au mois d'avril 1264, auprès de la vicomtesse qui alors assiégeait Aixe, et le 10 mai 1274, auprès du roi d'Angleterre Edouard I, arrivé l'avant-veille à Limoges et installé à l'abbaye de St Martial. Les Franciscains, vu la situation de leur couvent, sous les remparts mêmes de la ville, devaient avoir, tout particulièrement, à souffrir des péripéties de la lutte. Leur maison avait été à certain moment, occupée par les Vicomtins, puisque nos chroniques rapportent qu'en 1263, Gui VI, qui avait vu les portes de sa capitale se fermer devant lui, institua ses vigiers — officiers de justice — au monastère des Cordeliers.

Malgré le souvenir des services rendus par les Frères Mineurs à la ville, la popularité dont ils avaient longtemps joui n'était plus la même aux dernières années du moyen âge. Ils s'étaient mis en tête, au quinzième siècle, d'augmenter leurs constructions du côté des remparts. Les Consuls s'y opposèrent. Vainement les religieux faisaient valoir qu'ils avaient eu jadis des bâtiments de ce côté et que ceux-ci étaient tombés en ruines par suite des guerres et du temps : Les bourgeois ne voulaient rien entendre. Nous possédons de curieux mémoires de la fin de ce siècle et du commencement du suivant, relatifs à ces difficultés. Tantôt les magistrats municipaux allèguent que la bâtisse projetée, et déjà commencée, atteindrait presque les fossés et serait comme « une forteresse et bastilhe par laquelle les passans et repassans audit chemin et qui sortent et entrent au dedans de la ville et par la porte de Bocherie seroient en dangier, et toute la ville de Lymoges, au moins en temps de guerre et éminent péril. » Tantôt les Consuls parlent au nom de l'hygiène, alors à ses débuts, mais déjà exigente et tracassière : les Cordeliers établiront des *retraits* sur le chemin, au grand dommage de la salubrité publique, et des immondices iront souiller l'eau qui alimente les fosses des tanneries où s'exerce, de temps immémorial un « tant honneste et célèbre mestier. Dieu sait si le ruisseau qui fournissait cette eau et qui apportait au Merdanson une partie — la moins impure, il est vrai, — de ses flots, était vierge d'ordures de toute sorte ! Parfois, les bourgeois ne reculent pas devant des arguments d'un autre ordre : Les frères, des fenêtres de leurs nouvelles constructions, « verroient passer et repasser les bourgeoises et autres femmes de la ville, et pourroient pecher »... Cette sollicitude n'est-elle point divertissante !

A plusieurs reprises, les travaux furent entrepris et abandonnés. Plusieurs fois les Franciscains les arrêtèrent pour avoir la paix ; s'ils les reprenaient, les officiers de justice du Château accouraient, renvoyaient les ouvriers, dénonçaient « œuvre nouvelle », défendaient qu'on passât outre. Il fallait aller en justice. Et la justice était si lente, en ces temps où on laissait à toutes choses, aux procès surtout, le loisir de mûrir !

Néanmoins les religieux obtinrent en 1520, des lettres de François I. Leurs adversaires ne désarmèrent pas et demandèrent qu'au moins les constructions fussent de bois ; que les *retraits* déjà établis fussent démolis, qu'enfin aucune fenêtre ne s'ouvrît dans le mur ou le pan du bâtiment du côté de la ville. Peut être ces demandes furent-elles accordées, et le différent finit-il ainsi ; mais nous n'en sommes pas bien sûr.

Les Cordeliers eurent du reste, précisément à la même époque, d'autres querelles : celles ci avec le clergé paroissial, qui ne voyait pas sans jalousie les meilleures brebis de son troupeau prendre trop souvent le chemin de l'église des Mineurs. Vers 1515, à propos de Palvézy, le curé de Saint-Maurice avait maille à partir avec le couvent.

Nous avons trace des difficultés de diverses natures avec les curés de la Ville du Château.

Nous ignorons si beaucoup de savants et d'orateurs distingués sortirent du couvent des Cordeliers de Limoges. Les fils de St-François n'ont pas eu soin, comme ceux de St-Dominique, de nous laisser la chronique de leur monastère.

Il est certain que les bons frères n'étaient pas sans études ni sans ressources pour s'y livrer. Il est plusieurs fois parlé des livres qui existaient dans leur maison. Celle-ci aurait dû en posséder davantage : Au mois de février 1687, les religieux adressent une requête au Lieutenant Général pour exposer que « feu frère Nicolas *Operarius*, vivant religieux cordellier et théologal de l'église collégialle de St Yrieys, » — massacré dans cette ville, s'il faut en croire les indications de la cote de cette pièce (Archives du Département, 4311), avait laissé à la maison « une belle bibliothèque et plusieurs beaux meubles ; mais que leurs livres avaient été bruslés et perdus par l'incendie advenu a icelle durant les derniers troubles ».

XXVII

Les bâtiments du couvent des Cordeliers

L'église des Cordeliers avait pour patrons saint François, St-Antoine de Padoue et sainte Claire : elle était, comme nous l'avons dit, très fréquentée par la population de Limoges, qui, à certaines fêtes, s'y pressait pour gagner les indulgences attachées, dès le treizième siècle, aux dévotions spéciales répandues par les disciples de St-François. Construite entre 1243 et 1260, réparée en 1442, elle menaçait ruine vers 1520 ; l'état du chevet surtout inspirait de sérieuses inquiétudes, on y pourvut ; certaines parties furent même rebâties.

L'édifice, au dix-huitième siècle, s'étendait de l'Ouest à l'Est, sur une longueur d'environ cent cinq pieds 1/2 ; le chœur des religieux était large de 34 pieds ; la nef, dont la porte s'ouvrait sur la place Tourny, avait une largeur sensiblement supérieure. Quatre gros contreforts soutenaient le mur septentrional. La façade étaient ornée de statues, de celles notamment de la Sainte-Vierge et du fondateur de l'ordre. Ces pieuses images, qu'on y voyait déjà au seizième siècle, furent abattues par quelques adhérents de la religion réformée dans la nuit même (4 au 5 juillet 1560), durant laquelle des mains inconnues enlevèrent la statue de Notre Dame de la Place, à St-Michel des Lions, la décapitèrent et la portèrent au pilori du Vieux Marché, où on la trouva le lendemain.

Le clocher, dont nous ne connaissons pas de dessin exact, était, paraît-il, fort joli. Un plan des dernières années du seizième siècle ou des premières années du siècle suivant qui est conservé dans le fonds de l'abbaye de St-Augustin, aux archives de la Haute-Vienne, montre la tour de ce clocher surmontée d'une pyramide.

Une des principales curiosités de l'église était un grand crucifix de bois placé à main gauche en entrant. Le peuple voulait absolument reconnaître, dans ce Christ, la figure d'Amaury, roi de Jérusalem, qu'on prétendait avoir été mis en croix par les Sarrasins. On ignorait l'origine de cette tradition, qui ne s'appuie sur aucun fait historique.

L'auteur des *Annales* énumère, sous la date de 1666, les reliques conservées aux Cordeliers : « l'escuelle de St François, estant de bois »; la tunique de St Louis, archevêque; des ossements de St Hilaire, de Ste Agathe, de Ste Marthe, de St Romain ; un os du doigt de Ste Madeleine, dans un reliquaire à pied d'argent. L'abbé Legros, au dernier siècle, y ajoute le chef et d'autres reliques de St Boniface, martyr ; des restes de Ste Fauste et, semble-t-il, de St François.

La sacristie des Franciscains de Palvézy possédait d'assez belle argenterie et quelques ornements de prix, entr'autres deux chasubles d'étoffes de soie à fleurs d'or. Lorsque les religieux durent quitter le couvent, en 1790, et faire préalablement la déclaration des objets qui s'y trouvaient, ils cherchèrent, paraît-il, à soustraire une partie de leurs effets précieux au fisc. Tout au moins un confrère, le P. Puynesge, ancien supérieur de la maison de Boisféru, porta-t-il contre eux cette accusation devant la municipalité.

La prédilection que beaucoup de gens gardaient encore au dix-huitième siècle pour l'église des Cordeliers, fit qu'après la dispersion de la communauté, on s'en disputa la possession. Elle avait été fermée le 12 juin 1791 et les bâtiments vendus peu après. Des personnes pieuses louèrent alors la chapelle, et les exercices du culte y furent continués ; mais le clergé assermenté et ses amis en chassèrent à plusieurs reprises les fidèles, et le sanctuaire, comme les autres parties du couvent, fut utilisé pour d'autres usages.

Cette église formait un des côtés du quadrilatère de bâtiments qui constituaient le monastère. Les plans de l'Intendance du dix-huitième siècle nous montrent le principal corps de logis, perpendiculaire à cette église, allant se souder, au sud, à une construction dont nous ne connaissons pas l'usage, et présentant, à l'extrémité septentrionale, une aile en retour d'équerre, longeant le chœur de l'église. Le développement total de la façade Est atteignait 225 pieds.

Le cloître, carré, ne mesurait pas moins de 95 pieds de côté. Il s'étendait en arrière du grand corps de bâtiment dont nous venons de parler, le long de la nef de la chapelle. Une partie des anciennes constructions qui l'entouraient furent démolies en 1784, ainsi que l'aile parallèle à l'église. Cette aile, réédifiée la même année tout à côté, était toute neuve lorsque éclata la Révolution.

Dans le cloître s'était tenu, en 1316, un chapitre général de l'ordre de Grandmont, convoqué par les définiteurs de l'institut, qui venaient de déposer le prieur général Jourdain de Rapistang et de lui donner un successeur. Plusieurs autres assemblées furent convoquées dans les bâtiments des Cordeliers, au cours du moyen âge. Nous ne parlons pas des chapitres de la province franciscaine, qui s'y réunirent souvent. Le couvent de Limoges était, dès 1260, le chef-lieu d'une « custodie » assez étendue. Cette custodie paraît avoir eté supprimée durant un temps ; elle fut rétablie en 1673 sous le titre de Saint-Martial.

Le couvent des Cordeliers de Palvézy resta, jusqu'à la fin du seizième siècle, la seule maison que possédât à Limoges l'institut Franciscain. En 1596, une autre branche de l'ordre s'établit dans notre ville. L'église de Ste Valérie (au-dessous la caserne actuelle des Dragons) qui avait été occupée par les protestants et d'où une confrérie de bourgeoises avait réussi à les expulser, fut donnée aux Récollets. Ceux-ci déployèrent beaucoup de zèle et paraissent avoir remplacé les Cordeliers dans les préférences de la population. Leur succès fut tel qu'en 1615 (ou plutôt dès 1614), une seconde maison de Récollets se fonda, celle-ci au milieu de la ville, entre la rue de Gain et la petite rue de Jaumard, dans la vieille « Bayarderie » qu'on appelait aussi « le Bâtiment » et où Charles VII avait logé en 1438. Ce fut « l'Hospice St-François ». Les disciples du « pauvre » d'Assise ne se bornèrent pas à prêcher des missions et à mettre tout en œuvre pour combattre le calvinisme qui, s'il n'avait pu réussir à pousser de profondes racines à Limoges, comptait encore, dans le premier tiers du dix-septième siècle, des adhérents assez nombreux ; durant la terrible peste de 1631, ils se montrèrent d'un courage et d'un dévouement au-dessus de tout éloge. Beaucoup de membres du clergé paroissial, après avoir vu succomber plusieurs de leurs confrères, avaient quitté la ville, épouvantés des progrès et des ravages de l'épidémie ; aux Franciscains surtout les malades durent de ne pas manquer de secours religieux. La plupart de ces vaillants, il est vrai, payèrent de leur vie leur charité pour nos ancêtres Du couvent de St François, quand s'apaisa le fléau, il ne restait qu'un seul frère ; tous les autres, atteint de la contagion, avaient succombé dans l'exercice de leur admirable ministère. Ils reposent sans doute auprès de ceux dont ils consolèrent les derniers instants, dans le cimetière de St Cessateur. Les municipalités et les conseils municipaux peuvent ignorer ces choses-là : ces élus du peuple sont si peu de Limoges et si indifférents au passé de la cité qu'ils ont charge d'administrer !... Il faut pourtant que nos concitoyens sachent quels titres ces modestes religieux de St François ont à la reconnaissance de notre ville. C'est à nous de rappeler ces souvenirs, à nous qui gardons dans nos veines un peu du sang des pauvres gens qui durent aux religieux d'avoir une mort un peu moins affreuse et d'entendre, à leurs derniers moments, la voix d'un prêtre leur rappelant que le Christ était mort pour leur ouvrir le ciel.

Dix-sept ans plus tard, au mois d'avril 1648, une autre famille franciscaine, les Capucins, s'avisa de vouloir établir une maison à Limoges. Beaucoup de personnes pieuses portaient intérêt à cette fondation et se montraient disposées à y aider; M. Benoist de Compreignac avait même laissé 10,000 livres à cet effet. Mais notre ville possédait déjà trois communautés de Franciscains, deux de Carmes, une d'Augustins et une de Frères Prêcheurs, pour ne parler que des ordres dits « mendiants ». On jugea que c'était suffisant. Malgré les efforts d'un religieux de cette observance, le P. Martial Dumas, plus connu sous le nom de Martial de Brive, poète original et véhément orateur, extrêmement aimé et populaire à Limoges, et la recommandation de l'Intendant de Chaulnes, une assemblée de ville décida qu'il n'y avait pas lieu de donner suite à ce projet, et les Capucins furent invités à ne plus y songer. Il convient de noter que deux membres de chacune des communautés religieuses assistaient à cette réunion et que, par l'organe d'un Carme, ils s'opposèrent à la prise en considération de la requête de leurs confrères.

Pour en revenir à nos Cordeliers, rappelons que, si leurs frères les Récollets se signalèrent par leur courage dans les épidémies, ils se firent remarquer, eux, comme les religieux du Carmel du reste, par leur dévouement dans les incendies : encore un titre à notre reconnaissance. Ils ont été, à Limoges, nos premiers sapeurs-pompiers. Il n'en fut pas autrement à Paris.

Le couvent de Palvézy ne fut démoli qu'en partie au cours de la Révolution. Il en subsistait encore, il y a cinquante ans, deux grands corps de logis perpendiculaires l'un à l'autre et faisant exactement un T. Un de ces bâtiments, dont l'extrémité se voit encore et forme l'encoignure de la rue des Tanneries et de la rue du 71e Mobiles (autrefois rue de l'Evêché), s'étendait le long de cette dernière voie. Du milieu à peu près de cette ligne partait, à angle droit, une construction se prolongeant, en ligne droite, entre la place Tourny et la rue des Tanneries, jusqu'à peu de distance du boulevard du Collège. Ces bâtiments, dont le plan de Limoges de Grignard, daté de 1851, permet de dégager très exactement l'ensemble, n'étaient élevés que d'un étage sur rez-de chaussée. Toutefois la partie la plus rapprochée du boulevard du Collège avait deux étages et offrait l'aspect confortable de nos grandes maisons bourgeoises du dix-huitième siècle. Elle était habitée par la famille Barbou des Courières, et un jardin la séparait de la rue des Tanneries. Tout le reste du vieux couvent se trouvait occupé par l'établissement de roulage de MM. Pouyat et ses dépendances. On avait respecté, dans une partie au moins de l'immeuble, l'ancien aménagement, et un certain nombre de cellules étaient encore intactes. Tout fut démoli au cours de l'année 1860 et des suivantes, à l'exception d'une portion de bâtiment bordant la rue de l'Evêché.

XXVIII

Les grands travaux. — La statue de Jourdan. Le monument des Enfants de la Haute-Vienne

Après le percement de l'avenue du Crucifix et la démolition de la fontaine des Fantaisies, les habitants de Limoges ont assisté à l'exécution d'une série de travaux qui ont achevé la métamorphose du quartier Tourny. C'est ainsi que nous avons vu successivement, de 1854 à 56, la construction de la gare du chemin de fer ; en 1860, le morcellement de l'immeuble des Feuillants, acquis des héritiers de Brettes, et la création de tout un nouveau réseau de voies, de toute une agglomération de maisons au nord de la place ; en 1861 et 1862, l'édification de l'hôtel destiné à l'installation du quartier général de la 21e division militaire, puis du 12e corps d'armée ; la disparition de ce qui restait encore du couvent des Cordeliers et l'ouverture, sur son emplacement même, du boulevard de Fleurus. Au bord de toutes les voies nouvelles, ont surgi de belles constructions, avec façades en pierres de taille, offrant tout le confort que comporte aujourd'hui le *home* du plus modeste bourgeois.

Car les changements d'ordre matériel ne sont rien auprès de ceux qui se sont opérés dans les mœurs, et le précieux livre publié au début du siècle par M. Juge, appelle depuis longtemps une suite. Après un siècle d'intervalle quelle métamorphose l'auteur de ce nouveau volume aurait à signaler. Si cet ouvrage était écrit par un homme sincère et perspicace, il n'offrirait certainement pas moins d'interêt que le premier.

Nous avons toujours pensé qu'il prendrait quelque jour, à notre poëte Limousin Cholet l'envie de composer ce livre. Nul ne serait mieux préparé et plus qualifié que lui pour entreprendre cette étude et l'offrir à ses concitoyens.

Limoges, moins bien partagée que Périgueux, Clermont et autres villes de moindre importance, ne possédait pas encore de statue, lorsque, le 30 septembre 1860, fut inaugurée sur la place Tourny — elle l'attendait depuis plus d'un quart de siècle — une assez belle image en bronze du maréchal Jourdan, œuvre de M. Elias Robert. Cette statue, qui a trois mètres de haut, a coûté 20.000 fr. seulement, le métal ayant été fourni par l'Etat. Le socle, en beau granit rose, y ajouta une dépense de 5.000 francs. L'artiste a représenté le vainqueur de Fleurus au moment où il tire son épée et engage la célèbre bataille restée le plus brillant épisode d'une série d'opérations constamment couronnées par le succès, jusqu'au jour où une faute de Moreau compromit le résultat de deux ans de combats héroïques.

Nous nous rappelons la cérémonie de

l'inauguration. Le général La Font de Villiers, commandant la division, présidait. Debout sur le devant de l'estrade, en face de la statue, il était arrivé à la péroraison de son discours. Se cambrant comme c'était son habitude, et enflant sa voix pour l'effet final, il s'écriait : « Paraissez ! brave général, digne enfant de la Haute-Vienne ! » A ce moment précis, une averse torrentielle se met à tomber. La toile qui cache la statue et qui doit, à cette apostrophe, glisser à terre pour laisser apparaître la glorieuse image, se colle sur le bronze et refuse obstinément de céder aux cordes qui la sollicitent Il se passe bien dix minutes avant que Jourdan, débarrassé de son voile, apparaisse enfin à la foule, derrière plusieurs rangs de parapluies ouverts.

Notre bon ami Louis Larue — un fidèle de notre petit groupe de l'*Essor*, — publia à cette occasion quelques strophes vibrantes, qui ne sont pas sorties de notre mémoire :

Te voilà donc debout ! maintenant ta grande ombre
Peut sourire en voyant fuir en son antre sombre
L'oubli vaincu devant ton nom.

. . . .

J'aime à te voir campé, la main sur ton épée,
Si redoutable alors que la grande épopée
S'enrichissait de tes exploits...

Bien que certaines critiques puissent être adressées à cette statue et que le geste du héros ne soit pas irréprochable, l'œuvre d'Elias Robert n'en est pas moins supérieure à la plupart des monuments analogues qui peuplent les places et les boulevards de nos villes. A Limoges même, nous avons un assez fâcheux exemple de l'insuffisance artistique qu'offre, en province, et même à Paris, un trop grand nombre de ces hâtives apothéoses. Le monument élevé, au rond point Garibaldi, à la mémoire du président Carnot, est vraiment indigne de lui et de la cité qui l'a vu naître, et semble un défi jeté aux lois de la proportion comme à celles de la perspective. Ernest Renan, le sceptique philosophe, a-t-il raisonné juste dans la thèse formulée d'une si façon si originale et si frappante par son *Caliban* ? La démocratie moderne, fille de l'envie, de la haine, et de la négation de toutes les supériorités, est elle incompatible non seulement avec les hautes aspirations vers l'idéal qui sont l'honneur de l'esprit humain, mais même avec le sentiment de l'harmonie, avec l'entente de l'ordonnance, avec le goût ? Bien des faits, bien des observations, bien des aveux ne tendraient-ils pas à prouver l'exactitude de ce fâcheux pronostic.

Ce n'est pas sans motif qu'on a choisi la place Tourny pour y élever la statue de Jourdan. C'est sur cette place que, le 9 novembre 1791, s'étaient assemblés les volontaires des trois bataillons de la Haute-Vienne, pour nommer leurs chefs. Jourdan, qui avait servi un certain nombre d'années et qui avait pris part à la guerre de l'indépendance américaine, mais qui n'avait pas dépassé le grade de sergent, et qui était alors lieutenant des chasseurs de la garde nationale, fut désigné pour commander le second bataillon avec Dalesme ; le commandement du premier échut à Arbonneau et à Bardet, qui devaient tous les deux devenir généraux ; celui du troisième, à Masfrand et à Thamoineau ; celui du quatrième à Muret et à Lanusse ; celui du cinquième à Lanusse et à Lelong.

Non loin de l'image du vainqueur de Fleurus, au débouché du cours Jourdan et de l'avenue de la Gare, à quelques mètres de l'emplacement de l'ancienne église St-Paul et sur le terrain même occupé jadis par un temple protestant, se dresse depuis peu un autre monument, évoquant des souvenirs plus tristes, mais non moins glorieux, et s'imposant par son caractère, sa silhouette élancée et l'intensité de vie du groupe qui le décore, à l'attention du passant affairé. C'est le monument élevé par souscriptions à la mémoire des Enfants de la Haute Vienne morts pour la France au cours de la funeste guerre de 1870-71. Le Limousin a fourni son contingent au nécrologe de l'Année Terrible et bien des noms viennent à l'esprit en présence de cet obélisque funèbre, au devant duquel quelques figures énergiques et vivantes représentent la patrie Limousine, la petite patrie, encourageant ses fils à combattre jusqu'à la mort pour la grande patrie française : ceux d'Ardant-du Picq, de Deffuas, de Blondy, de Poncet des Nouailles, Bardinet, Guillemot, Langle, Vignaud de St-Florent, Laporte, Beaune Beaurie, Cholet, Baignol, Jude Lacombe, Teillet, Larue du Barry et de tant d'autres que la mort a fauchés dans la fleur de la vie, à l'âge de toutes les ardeurs juvéniles, de toutes les illusions charmantes, de tous les enthousiasmes généreux...

Le monument a été inauguré le 18 août

1899. Singulière ironie de la destinée : c'est un ministre socialiste et internationaliste, M. Millerand, qui présidait cette fête patriotique. Son discours, il faut le reconnaître, n'eut rien d'inconvenant. Mais, en vérité, est-ce à une telle voix qu'il appartenait de louer ces soldats tombés autour du drapeau ?

L'artiste de talent et de cœur à qui nous devons cette œuvre remarquable, M. Thabard, est, lui aussi, un enfant de Limoges. Il a sollicité, comme un honneur, la mission d'élever ce monument à ses compatriotes, et a cru remplir un devoir sacré envers son pays en s'en acquittant de son mieux. Le statuaire a voulu que le bronze des fils du Limousin fût à la fois un hommage aux morts et une leçon pour les vivants, leçon de patriotisme, de dévouement, de courage, de résignation et de sacrifice. Puissent tous ceux qui s'arrêteront devant son groupe, comprendre cette leçon, la méditer et s'en souvenir..

FIN

www.ingramcontent.com/pod-product-compliance
Ingram Content Group UK Ltd.
Pitfield, Milton Keynes, MK11 3LW, UK
UKHW022226120726
13694UKWH00002B/718

9 782013 67122

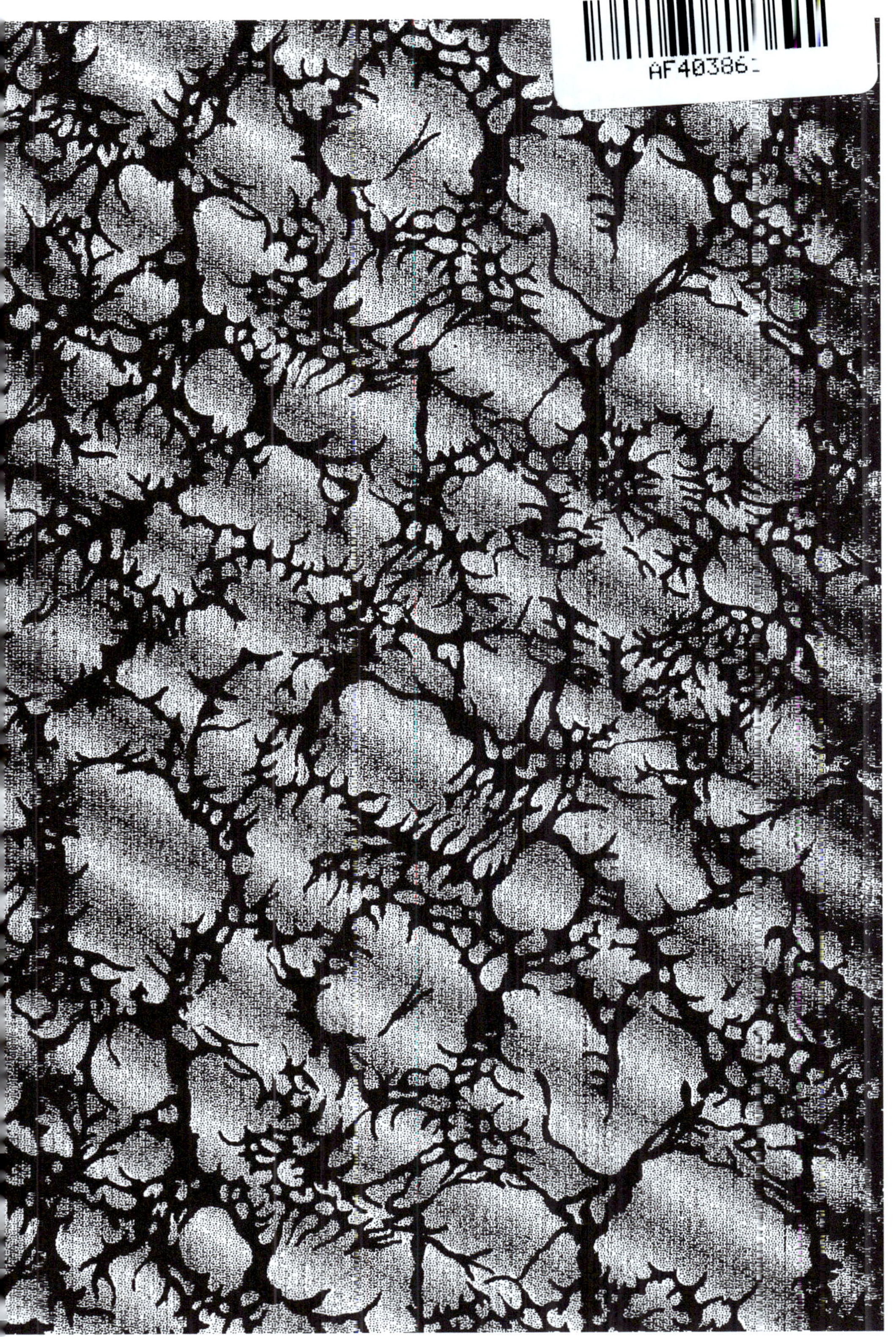

LES VERS

ET

LES ZOOPHYTES

DE LA MÊME COLLECTION

déjà publié :

Les Mollusques. 1 vol. in-8, avec 36 pl., contenant 520 fig. — fig. noires, 15 fig. coloriées, 25 francs.

En préparation :

Les Mammifères. 1 vol. in-8, avec 52 pl.
Les Oiseaux. 1 vol. in-8, avec 70 pl.
Les Reptiles. 1 vol. in-8, avec 30 pl.
Les Poissons. 1 vol. in-8, avec 70 pl.
Les Arachnides et les Crustacés. 1 vol. in-8, avec 42 pl.

CORBEIL, typ. et stér. de CRÉTÉ et FILS.

LES VERS

ET

LES ZOOPHYTES

DÉCRITS ET FIGURÉS D'APRÈS LA CLASSIFICATION

DE

GEORGES CUVIER

MISE AU COURANT DES PROGRÈS DE LA SCIENCE

XXXVII planches représentant en 550 figures

Dessinées d'après nature et gravées sur cuivre

LES ESPÈCES LES PLUS REMARQUABLES DE CES ANIMAUX

AVEC UN TEXTE DESCRIPTIF

PARIS

J. B. BAILLIÈRE ET FILS

LIBRAIRES DE L'ACADÉMIE IMPÉRIALE DE MÉDECINE

19, rue Hautefeuille, près le boulevard Saint-Germain.

1869

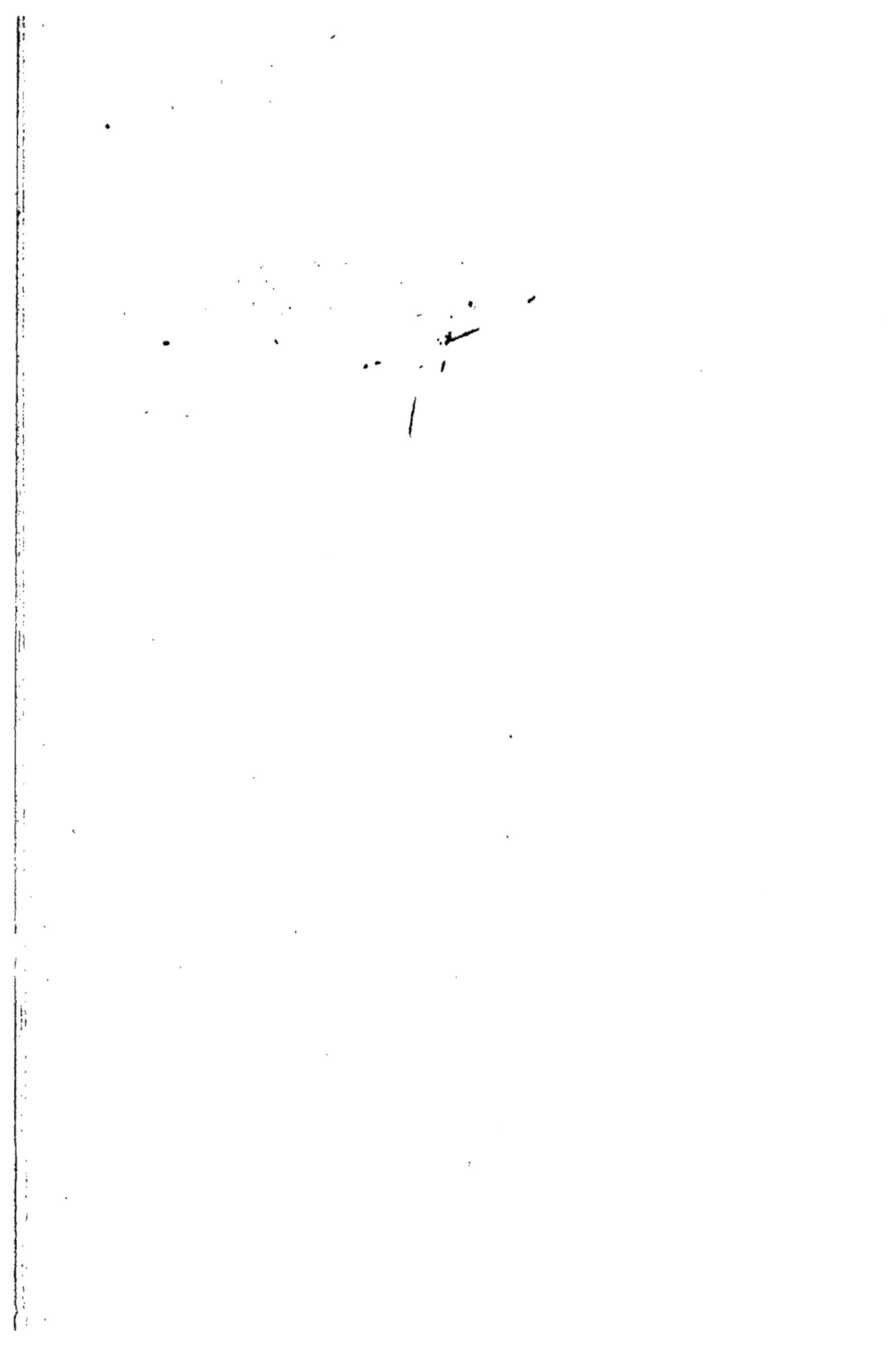

LES VERS

ANNÉLIDES ET ENTOZOAIRES

I — VERS SÉTIGÈRES (ANNÉLIDES CHÉTOPODES)

PLANCHE I

[GEN]RE SERPULA, Lamarck.

SERPULA CONTORTUPLICATA, Linné. De la Manche.

Fig. 1. Animal entier, retiré de son tube.
Fig. 1 *a.* Variété de la même espèce, partie antérieure du corps.
Fig. 1 *b.* Partie antérieure, montrant l'insertion de l'opercule.
Fig. 1 *c. Id.*, montrant quelques faisceaux de soies.
Fig. 1 *d.* Un des rameaux branchiaux avec ses ramuscules.
Fig. 1 *e.* Un ramuscule branchial très-grossi.
Figures copiées de G. Cuvier (manuscrits).

SERPULA COSTALIS, Lamk. Patrie ?

Fig. 2. Tube calcaire.

SERPULA STELLATA, Cuv. Des Mers d'Europe.

Fig. 3. Opercule triparti.

SERPULA BICORNIS, Cuv. Des mers d'Europe.

Fig. 4. L'opercule.

PROTULA RUDOLPHII, Risso de la Méditerranée.

Fig. 5. L'animal entier, retiré de son tube. Dessin fait à Nice, par Laurillard.
Fig. 5 *a.* Un des faisceaux de soie de la partie thoracique.
Fig. 5 *b.* Portion de l'abdomen, vue en dessus.
Fig. 5 *c.* Quatre de ses pieds.
Fig. 5 *d.* Portion antérieure de l'abdomen, vue en dessous.
Fig. 5 *e.* Portion postérieure de l'abdomen, vue en dessous.
Fig. 5 *d.* Un des pieds de la même région.

GENRE SPIRORBIS, Lamk.

SPIRORBIS COMMUNIS, Lamk. Des côtes occide de l'Europe.

Fig. 6. Plusieurs individus sur une fronde de *Fucus culosus*. Grand. nat.

Fig. 6 *a*. Grossi; le panache branchial et l'opercule sortis du tube.

Fig. 6 *b*. Grossi; l'opercule et le tube sont seuls représe

PLANCHE II

RE TEREBELLA, Linné.

TEREBELLA VARIABILIS, Risso. De la Méditerranée.

Fig. 1. Animal entier, retiré de son tube. Dessin fait à Nice, par Laurillard.

TEREBELLA MEDUSA, Savigny. De la Mer Rouge.

Fig. 2. L'animal dans son tube, les cirrhes buccaux sont seuls apparents.
Fig. 2 *a*. Tête et ses cirrhes, branchies et premiers anneaux thoraciques.
Fig. 2 *b*. Partie antérieure du corps, vue en dessus, après l'enlèvement des barbillons.
Fig. 2 *c*. Un des pieds thoraciques.
Fig. 2 *d*. Un des pieds abdominaux.
Fig. 2 *e*. Une des soies de ce pied; vue séparément.
Fig. 2 *f*. Un des cirrhes buccaux, pour montrer la rainure de sa face inférieure.

Figures copiées de Savigny, *Description de l'Égypte, Annélides*, pl. 1, fig. 3.

AMPHITRITE, Cuv.

AMPHITRITE (*AMPHICTENE*) *ÆGYPTIA*, Sav. De la Mer Rouge.

Fig. 3. Retiré de son tube.
Fig. 3 *a*. Tube.
Fig. 3 *b*. Partie antérieure du corps; vue en dessous.
Fig. 3 *c*. Un des cirrhes buccaux; grossi.

Figures copiées de Savigny, *Description de l'Égypte, Annélides*, pl. 1, fig. 4.

PLANCHE III

[GE]NRE ARENICOLA, Lamk.

ARENICOLA PISCATORUM, Lamk. De la Manche, et des parties européennes de l'Océan Atlantique.

Fig. 1. L'animal entier; dessin de Laurillard.

Fig. 1 *a*. La tête.

Fig. 1 *b*. Plusieurs segments abdominaux; l'un d'eux est pourvu de sa branchie, de son faisceau de soies et de sa rame.

AMPHINOME, Bruguières.

AMPHINOME ALCYONIA, Blainv. De la Mer Rouge.

Fig. 2. L'animal entier.

Fig. 2 *a*. L'extrémité antérieure; vue en dessous.

Fig. 2 *b*. L'extrémité antérieure; vue en dessus.

Fig. 2 *c*. Moitié d'un des anneaux, montrant les rames supérieure et inférieure avec leurs faisceaux de soies, ainsi que la branchie placée à la base de la rame supérieure.

Figures copiées de Savigny, *Description de l'Égypte*, *Annélides*, pl. 2, fig. 3 (*Plione alcyonia*).

PLANCHE IV

GENRE EUPHROSYNE, Sav.

EUPHROSYNE LAUREATA, Sav. De la Mer Rouge.

Fig. 1. Entier, vu par sa face inférieure.
Fig. 1 *a*. Un appendice grossi, montrant les cirrhes, les faisceaux de soies et les branchies.
Fig. 1 *b*. La partie antérieure de l'animal, vue en dessous.
Figures copiées de Savigny, *Description de l'Égypte, Annélides*, pl. 2, fig. 1.

EUPHROSYNE MYRTOSA, Sav. De la Mer Rouge.

Fig. 2. Un des appendices isolé, montrant les mêmes parties que la figure 1, *a*.

HIPPONOE, Audouin et Milne Edwards.

HIPPONOE GAUDICHAUDI, Audouin et Edw. De Port-Jackson (Nouvelle-Hollande).

Fig. 3. L'animal entier; de grandeur naturelle.
Fig. 3 *a*. Grossi; vu en dessus.
Fig. 3 *b*. Grossi; vu en dessous.
Fig. 3 *c*. Un des pieds; montrant la rame sétigère unique, le cirrhe et la branchie.
Fig. 3 *d*. La tête; vue en dessus.

PLANCHE V

GENRE EUNICE, Cuv.

EUNICE ANTENNATA, Sav. De la Mer Rouge.

Fig. 1. L'animal entier.
Fig. 1 *a*. Extrémité antérieure grossie; vue en dessus.
Fig. 1 *b*. La tête; vue en dessus.
Fig. 1 *c*. La tête; vue en dessous.
Fig. 1 *d*. La bouche; vue en dessous, pour montrer les mâchoires.
Fig. 1 *e*. La bouche; vue de côté.
Fig. 1 *f*. L'extrémité postérieure du corps.
Fig. 1 *g*. Un des anneaux de la partie moyenne du corps.
Fig. 1 *h*. Les mâchoires.
Fig. 1 *i*. Un des pieds de la région antérieure.
Fig. 1 *j*. Un pied de la région postérieure.

Figures copiées de Savigny, *Description de l'Égypte*, *Annélides*, pl. 5, fig. 1 (*Leodice antennata*).

EUNICE LAURILLARDI, Quatrefages. De la Méditerranée.

Fig. 2. L'animal entier; de grandeur naturelle. Dessin fait à Nice, par Laurillard.

EUNICE TUBICOLA (*NEREIS*, *id*). Müller. De la Mer du Nord.

Fig. 3. L'animal entier.
Fig. 3 *a*. Son tube.
Fig. 3 *b*. Un de ses pieds.

PLANCHE VI

GENRE ŒNONE, Sav.

ŒNONE LUCIDA, Sav. De la Mer Rouge.

Fig. 1. L'animal entier ; de grandeur naturelle.
Fig. 1 *a*. Le même; grossi.
Fig. 1 *b*. Tête ; vue en dessus.
Fig. 1 *c*. Tête ; vue en dessous.
Fig. 1 *d*. Tête; vue de côté.
Fig. 1 *e* et 1 *f*. Dents.
Fig. 1 *g*. Partie postérieure du corps; vue en dessus.
Fig. 1 *h*. Un des appendices locomoteurs.

Figures copiées de Savigny, *Description de l'Égypte*, *Annélides*, pl. 5, fig. 3.

AGLAURA, Savigny.

AGLAURA FULGIDA, Sav. De la Mer Rouge.

Fig. 2. Tête; vue en dessus.
Fig. 2 *a* et 2 *b*. Tête; vue en dessous et de côté.
Fig. 2 *d*. Un des appendices locomoteurs.
Fig. 2 *e*. Les dents.

Figures copiées de Savigny, *Description de l'Égypte*, *Annélides*, pl. 5, fig. 2.

PLANCHE VII

ENRE NEREIS, Cuvier.

NEREIS NUNTIA, Sav. De la Mer Rouge.

Fig. 1. L'animal entier.
Fig. 1 *a*. Tête et partie antérieure du corps; vues en dessous.
Fig. 1 *b*. Tête; vue en dessus.
Fig. 1 *c*. Tête; vue en dessous.
Fig. 1 *d*. Tête; vue de côté.
Fig. 1 *e*. Un des anneaux de la partie moyenne du corps.
Fig. 1 *f*. La partie postérieure du corps.
Fig. 1 *g*, *h*, *i*. Appendices locomoteurs pris sur différents points de la longueur du corps.

Figures copiées de Savigny, *Description de l'Égypte*, *Annélides*, pl. 4, fig. 2 (*Lycoris nuntia*).

PLANCHE VIII

GENRE SYLLIS, Savigny.

SYLLIS MONILARIS, Sav. De la Mer Rouge.

Fig. 1. L'animal entier.
Fig. 1 *a*. Partie antérieure du corps.
Fig. 1 *b*. La tête; vue en dessus.
Fig. 1 *c*. La tête; vue en dessous.
Fig. 1 *d*. Un des appendices locomoteurs, montrant les deux cirrhes et le faisceau de soies.
Fig. 1 *e*. Un des anneaux de la partie moyenne du corps.
Fig. 1 *f*. La partie postérieure du corps.

Figures copiées de Savigny, *Description de l'Égypte*, *Annélides*, pl. 4, fig. 3.

LUMBRINERIS, Blainville.

LUMBRINERIS ORBIGNYI, Aud. et Edw. De l'Océan européen.

Fig. 2. Partie antérieure du corps.
Fig. 2 *a*. Un des pieds.

Figures copiées d'Audouin et Milne Edwards, *Littoral de la France*, t. II, pl. 3 *b*. Espèce du genre Œnone pour M. de Quatrefages.

HESIONE, Savigny.

HESIONE SPLENDIDA, Sav. De l'Ile de France et de la Mer Rouge.

Fig. 3. L'animal entier.
Fig. 3 *a*. La tête; vue en dessus.
Fig. 3 *b*. La tête; vue en dessous.
Fig. 3 *c* et *d*. Deux des pieds.

Figures copiées de Savigny, *Description de l'Égypte*, *Annélides*, pl. 3, fig. 3.

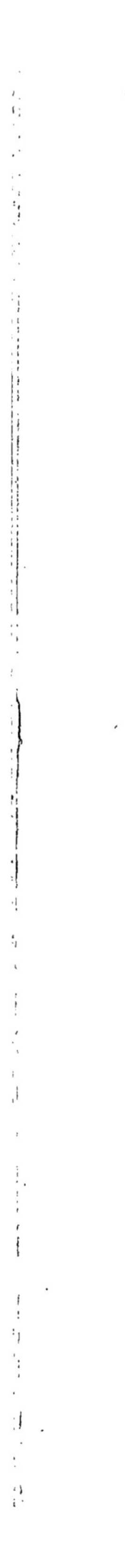

PLANCHE IX

GENRE APHRODITEA, Linné.

APHRODITEA ACULEATA, Linné. De l'Océan européen.

Fig. 1. L'animal entier; à moitié de la grandeur naturelle.
Fig. 1 *a*. Un des pieds portant son élytre.

HERMIONE, Savigny.

HERMIONE HYSTRIX, Blainv. De la Méditerranée.

Fig. 2. Tète et premier anneau.
Fig. 2 *a*. Un des pieds antérieurs portant son élytre.
Fig. 2 *b*. Un des pieds postérieurs.

POLYNOE, Savigny.

POLYNOE IMPATIENS, Sav. De la Mer Rouge.

Fig. 3. L'animal entier; vu en dessus.
Fig. 3 *a*. Tête et partie antérieure du corps; vues en dessus.
Fig. 3 *b*. Tête et partie buccale; vues en dessous.
Fig. 3 *c*. Deux des pieds.
Figures copiées de Savigny, *Description de l'Égypte*, pl. 3, fig. 2.

POLYNOE LÆVIS, Aud. et Edw. De l'Océan européen.

Fig. 4. L'animal entier.
Fig. 4 *a*. Partie antérieure du corps ; vue en dessous.
Fig. 4 *b*. Tête; vue en dessus.
Figures copiées d'Audouin et Milne Edwards, *Littoral de la France*, t. II, pl. 2, fig. 11-13.

PLANCHE X

GENRE CLYMENE, Savigny.

CLYMENE AMPHISTOMA, Sav. De la Mer Rouge.

Fig. 1. L'animal en grande partie sorti de son tube.
Fig. 1 *a.* Son extrémité postérieure.
Fig. 1 *b* et 1 *c.* L'extrémité antérieure.
Fig. 1 *d.* Un des pieds.
Figures copiées de Savigny, *Description de l'Égypte, Annélides*, pl. I, fig. 1.

II — VERS APODES (HIRUDINÉES)

HIRUDO, Linné.

HIRUDO OFFICINALIS, Linné. Des eaux douces de l'Europe.

Fig. 2. L'animal entier; vu en dessus.
Fig. 2 *a.* L'animal entier; vu en dessous.
Fig. 3. L'animal; vu dans une autre position.
Fig. 3 *a.* Partie antérieure du corps.

BDELLA, Savigny.

BDELLA NILOTICA, Sav. Du Nil.

Fig. 4. L'animal entier.
Fig. 4 *a.* Partie antérieure du corps et bouche; vues en dessous.
Fig. 4 *b.* Tête, montrant les yeux.
Fig. 4 *c.* Bouche, montrant les mâchoires.
Fig. 5. La bouche ouverte.
Fig. 5 *a.* Une des mâchoires.
Figures copiées de Savigny, *Description de l'Égypte, Annélides*, pl. V, fig. 4.

HÆMOPIS, Savigny.

HÆMOPIS NIGRA, Savigny. Europe.

III — VERS GÉPHYRIENS

PLANCHE XI

\NRE SIPUNCULUS, Linné.

SIPUNCULUS BALANOPHORUS, Delle Chiaje. De la Méditerranée.

Fig. 1. L'animal entier.
Fig. 2. Collerette buccale.

SIPUNCULUS EDULIS, Cuv. Côtes de Java.

Fig. 2. L'animal entier.

SIPUNCULUS TIGRINUS, Risso. De la Méditerranée.
Fig. 3. L'animal entier.

PRIAPULUS, Lamarck.

PRIAPULUS CAUDATUS, Lamk. Des mers du Nord.

Fig. 4. L'animal entier, d'après O. F. Müller.

PLANCHE XII

GENRE BONELLIA, Rolando.

BONELLIA VIRIDIS, Rol. De la Méditerranée.

Fig. 1. L'animal entier.

THALASSEMA, Cuvier.

THALASSEMA ECHIURUS, Blainv. De la Manche.

Fig. 2. L'animal entier et contracté (*Thalassema Neptuni* de Gaertner.)

Fig. 3. Le même allongé (*Th. Echiurus*, Cuv.).

STERNASPIS, Otto.

STERNASPIS THALASSEMOIDES, Otto. De l'Adriatique.

Fig. 4. L'animal entier ; vu en dessus.

Fig. 4 *a*. Le même; vu en dessous.

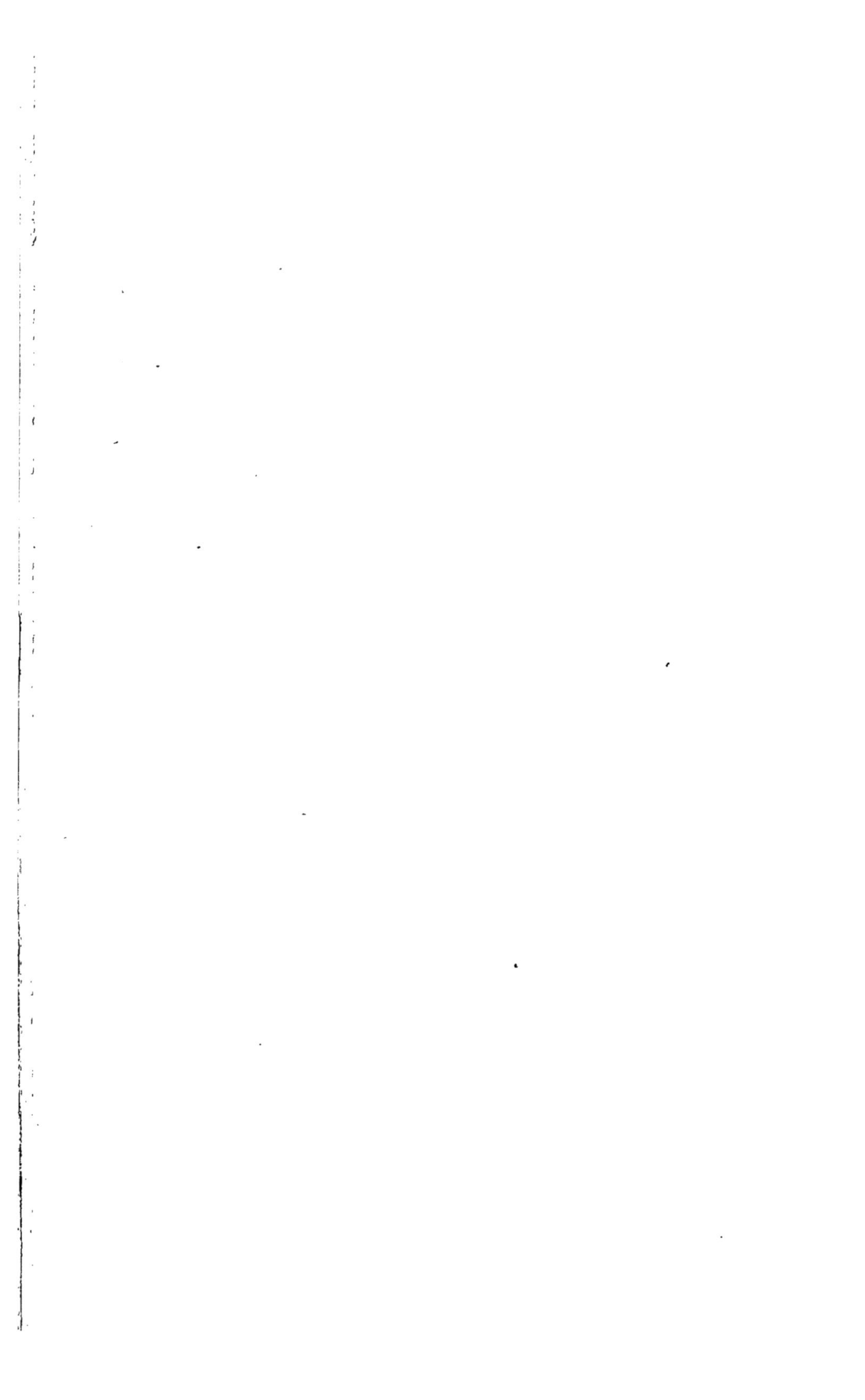

IV — VERS NÉMATOÏDES

PLANCHE XIII

GENRE FILARIA, O. F. Müller.

FILARIA MEDINENSIS, Bremser. Des régions intertropicales, espèce parasite de l'homme; se développe dans des abcès sous-cutanés.

Fig. 1. L'animal entier.
Fig. 1 *a*. Partie antérieure du corps.
Fig. 1 *b*. Partie postérieure.

Voir la figure du jeune : pl. XV, fig. 4.

THRICHOCEPHALUS, Goetze.

THRICHOCEPHALUS DISPAR, Bremser. Parasite de l'homme; vit principalement dans le duodénum.

Fig. 2. Individu femelle.
Fig. 2 *a*. Le même ; grossi.
Fig. 2 *b*. Individu mâle.

OXYURIS, Rudolphi.

OXYURIS CURVULA, Rud. Parasite du cheval.

Fig. 3. L'animal entier.

CUCULLANUS, O. F. Müller.

CUCULLANUS ELEGANS, Zeder. Parasite de la perche.

Fig. 4. De grandeur naturelle.
Fig. 4 *a*. Grossi.
Fig. 4 *b*. La tête.

OPHIOSTOMA, Rudolphi.

OPHIOSTOMA SPHÆROCEPHALA, Rud. Parasite de l'esturgeon.

GENRE ASCARIS, Linné.

ASCARIS LUMBRICOIDES, Linné. Parasite de l'hom
et de plusieurs espèces d'animaux domestiques.

PLANCHE XIV

[GE]NRE STRONGYLUS, O. F. Müller.

STRONGYLUS GIGAS, Rud. Parasite de l'homme et de plusieurs espèces de mammifères.

Fig. 1. Exemplaire mâle.
Fig. 1 *a*. Partie postérieure du corps et spicule génital.
Fig. 1 *b*. Partie antérieure ou buccale.

SPIROPTERA, Rudolphi.

SPIROPTERA STRONGYLIFORMIS, Rud. Parasite du sanglier.

Fig. 2. L'animal de grandeur naturelle.
Fig. 2 *a*. Mâle; grossi.

PHYSALOPTERA, Rudolphi.

PHYSALOPTERA CLAUSA, Rud. Parasite du hérisson.

Fig. 3. De grandeur naturelle.
Fig. 3 *a*. Grossi.
Fig. 3 *b*. Partie postérieure du corps.

LIORYNCHUS, Rudolphi.

LIORYNCHUS DENTICULATUS, Rud. Parasite de l'anguille.

Fig. 4. De grandeur naturelle.
Fig. 4 *a*. Grossi.

LINGUATULA, Frœlick.

LINGUATULA TÆNIOIDES, Chabert.

Fig. 5. L'animal entier.
Fig. 5 *a*. Montrant la bouche et les deux paires de crochets pris pour des orifices qui ont fait donner à ce genre le nom de *Pentastoma* par Rudolphi.

Les Linguatules ont des pattes rudimentaires lorsqu'el éclosent. Ce caractère les a fait classer parmi les crustac Des parasites de ce genre ont été observés chez des a maux vertébrés appartenant aux différentes classes mammifères, des reptiles et des poissons. On en trou aussi sur l'homme.

Fig. 6 et 6 *a*. Pentastome trouvé dans la rate du rat.

GENRE PRIONODERMA, Rudolphi.

PRIONODERMA ASCAROIDES, Rud. Parasite silure.

Fig. 7. Individu mâle.

PLANCHE XV

GENRE RHABDITIS, Dujardin (*Anguillula*, Oken).

RHABDITIS TRITICI, Duj. (*Vibrio tritici*, Bauer).

Fig. 1. Individu mâle ; très-grossi.
Fig. 1 *a*. La femelle.
C'est l'Anguillule du blé niellé.

RHABDITIS TERRICOLA, Duj. (*Anguillula terricola*).

Fig. 2. Mâle ; très-grossi.
Fig. 2 *a*. Femelle.
Fig. 2 *b*. Appareil génital de la femelle, renfermant des œufs et des jeunes.

Ces figures sont tirées du mémoire de M. Perez sur l'Anguillule terrestre (*Annales des sciences naturelles*, 1866).

RHABDITIS BIOCULATA, Max Schultze.

Fig. 3. Individu femelle ; très-grossi.

FILARIA, O. Müll.

FILARIA MEDINENSIS, Bremser (Voir pl. XIII, fig. 1).

Fig. 4. Jeune Filaire, retiré du corps de la femelle ; déroulé et très-grossi.
Fig. 4 *a*. Le même, enroulé comme il l'est naturellement.
Fig. 4 *b*. Partie antérieure et bouche.
Fig. 4 *c*. Origine de la queue et anus.
Figures copiées de M. Robin.

TRICHINA, Owen.

TRICHINA SPIRALIS, Owen. Parasite de l'homme, du porc, etc.

Fig. 5. Muscle humain renfermant des kystes à Trichines.
Fig. 5 *a*. Un de ces kystes isolé.
Fig. 5 *b*. Un de ces kystes ouvert pour en extraire le ver qu'il renferme.
Fig. 5 *c*. Le ver isolé.

Fig. 5 *d.* Préparation microscopique montrant un muscle à fibres striées qui renferme des Trichines à l'éta libre.

Fig. 5 *e.* Préparation microscopique d'un muscle renferman des Trichines enkystées.

Les figures 5 à 5 *c* sont tirées du mémoire de M. Owe (*Transactions de la Société zoologique de Londres*, t. I, 1835) les figures 5 *d* et 5 *e* sont empruntées à la brochure d M. H. Rodet (in-8°, Paris, 1866).

V — VERS ACANTHOCÉPHALÉS (1)

PLANCHE XVI

NRE ECHINORHYNCHUS, O. F. Müller.

ECHINORHYNCHUS GIGAS, Goetze. Parasite du porc.

Fig. 1. L'animal entier.
Fig. 1 *a*. Sa tête.

VI — VERS TRÉMATODES (2)

AMPHISTOMA, Rudolphi.

AMPHISTOMA LONGICOLLE, Rud. Parasite du héron.

Fig. 3. L'animal entier ; de grandeur naturelle.
Fig. 3 *a*. Grossi.

CARYOPHYLLÆUS MUTABILIS, Rud. Parasite de plusieurs espèces de Cyprinoïdes européens.

Fig. 4. L'animal entier ; de grandeur naturelle.
Fig. 4 *a*. Le même; grossi.
Fig. 4 *b*. Autre forme.
Fig. 4 *c*. Même forme ; grossie.

MONOSTOMA, Schrank.

MONOSTOMA OCREATUM, Rud. Parasite de la taupe.

Fig. 5. Entier ; de grandeur naturelle.
Fig. 5 *a*. Grossi.

1) L'*HŒRUCA MURIS* (Atlas, pl. XVI, fig. 2), a été quelquefois associé aux anthocéphales, mais il repose sur la partie coronaire du Cysticerque du rat et doit e rayé comme genre de la liste des Entozoaires. (*Voir* Dujardin, *Helminthes*, 502.)
.a figure citée en représente la tête.

2) Les figures 4 et 4 *a* n'appartiennent pas aux Trématodes, mais aux Cestoïdes, upe d'Entozoaires auquel sont consacrées les planches XVIII et XIX.

GENRE DISTOMA, Retzius.

DISTOMA HEPATICUM, Abilgaard (la *Douve du f*
Parasite de l'homme et des ruminants domestiques ;
dans le foie.

Fig. 6. Vu en dessus.
Fig. 6 *a* et 6 *b*. Vu en dessous.

POLYSTOMA, Rudolphi.

POLYSTOMA INTEGERRIMUM, Rud. Parasite
grenouilles.

Fig. 7. L'animal entier ; grossi.

POLYSTOMA PINGUICOLA, Zeder. Parasite du c
humain. Espèce très-douteuse ; observée une fois s
lement.

Fig. 8. Le ver enfermé dans une masse tuberculeuse
l'ovaire d'une femme, où Treuttler dit l'a
trouvé.

AXINE, Oken.

AXINE BELLONES, Oken. Parasite de l'aiguille (*L*
Bellone).

Fig. 9. Vue en dessous.
Fig. 9 *a*. Vue en dessus.

CAPSALA, Bosc.

CAPSALA COCCINEA (*Tristoma cocc.*, Cuv.). Parasite
l'espadon.

Fig. 10. Vue en dessous.
Fig. 10 *a*. Sa ventouse postérieure; isolée et grossie.

PLANCHE XVII

NRE HECTOCOTYLUS, Cuvier.

HECTOCOTYLUS OCTOPODIS, Cuv.

Fig. 1, 1 *a* et 1 *b*. Trois figures du même, vu sous des aspects différents.
Fig. 1 *c*. Deux des ventouses.

Le genre Hectocotyle n'a pas été admis. Il repose sur l'examen d'un des bras de l'*Octopus Carenæ*, approprié à la fécondation et que le mâle laisse habituellement avec les spermatophores dont il est chargé dans le sac ventral de la femelle. Aristote connaissait déjà ce fait dont l'étude a été reprise dans ces derniers temps par M. Verany et par d'autres naturalistes.

ASPIDOGASTER, Baer.

ASPIDOGASTER CONCHICOLA, Baer. Parasite des mulettes et des anodontes (genre Unio).

Fig. 2. Vu en dessus ; grossi.
Fig. 2 *a*. Vu en dessous.
Fig. 2 *b*. Replié sur lui-même.

PLANARIA, O. F. Müller.

PLANARIA AURANTIACA, Risso. Méditerranée.

Fig. 3. L'animal de grandeur naturelle.

PLANARIA CORNUTA, O. F. Müller. Des eaux douces de l'Europe.

Fig. 4. De grandeur naturelle.
Fig. 4 *a*. Grossi.

PLANARIA LACTEA, O. F. Müller. Des eaux douces de l'Europe.

Fig. 5. De grandeur naturelle.
Fig. 5 *a*. Grossi.

GENRE PROSTOMA, Dugès.

PROSTOMA CLEPSINOIDES, Dug. Des eaux douces midi de la France.

Fig. 6. Vu en dessus.

DEROSTOMA, Dugès.

DEROSTOMA NOTOPS, Dug. Des eaux douces du m de la France.

Fig. 7. Grossi.

VERTUMNUS, Otto.

VERTUMNUS THETIDICOLA, Méditerranée.

Vit sur la Théthye (*Thethys leporina*), espèce de mollus nudibranche dont il n'est peut-être qu'un des appendi dorsaux détachés et continuant à jouir d'une certa vitalité.

Fig. 8 et 8 *a*. Deux spécimens différents.

VII — VERS CESTOÏDES

PLANCHE XVIII

NRE BOTHRIOCEPHALUS, Rudolphi.

BOTHRIOCEPHALUS LATUS, Bremser. Parasite de l'homme.

Fig. 1. L'animal entier; moindre que la grandeur naturelle.
Fig. 1 *a*. La tête; grossie.

TŒNIA, Linné.

TŒNIA SOLIUM, Linné. (*Le ver solitaire.*) Parasite l'homme.

Fig. 1. Entier; moins grand que nature.
Fig. 1 *b*. Sa tête grossie.

TŒNIA MEDIO-CANELLATA. Parasite de l'homme.

Fig. 1 *c*. Tête grossie. Elle n'a pas de couronne de crochets.

BOTHRIOCEPHALUS, Rudolphi.

BOTHRIOCEPHALUS CORONATUS, Rud. Parasite des raies et des squales.

Fig. 3. Tête et partie antérieure du corps.

DIBOTHRYORHYNCHUS, Blainville.

DIBOTHRYORHYNCHUS LEPIDOPI, Blainv. Parasite du Lépidope de Gouan.

Fig. 4. L'animal entier.

PLANCHE XIX

ENRE RHYNCHOBOTHRIUM, Blainville.

RHYNCHOBOTHRIUM COROLLATUM, Blainv. Parasite des raies et des squales.

Fig. 1. L'animal presque entier ; grossi.

TETRARHYNCHUS, Rudolphi.

TETRARHYNCHUS LINGUALIS, Cuv. Parasite des pleuronectes.

Fig. 2. Grossi.

TETRARHYNCHUS CORYPHENÆ, Bosc. Parasite du coryphène.

Fig. 3. De grandeur naturelle.
Fig. 3 *a*. Grossi ; vu de côté.
Fig. 3 *b*. Grossi ; vu en dessus.

CYSTICERCUS, Leder.

CYSTICERCUS PISIFORMIS, Rud. Parasite du lapin.

Fig. 4. Un individu isolé.
Fig. 4 *a*. Plusieurs individus, fixés au foie du lapin.

On a démontré que les Cysticerques ne forment pas un genre à part, mais sont un premier état des ténias, l'état hydatique ou agame de ces helminthes. Ils se transforment en ténias véritables en passant dans le canal intestinal des carnivores et des omnivores avec le parenchyme des organes au milieu desquels ils vivent dans les herbivores (1) ; c'est ainsi que le *Cysticercus pisiformis* devient le *Tœnia serrata*, qui est commun dans le chien.

CYSTICERCUS CELLULOSÆ, Rud. Parasite du porc, occasionne la ladrerie de cette espèce.

Fig. 5. De grandeur naturelle.

(1) Voir P. Gervais et van Beneden, *Zoologie médicale*. Paris, 1859, t. II, p. 247.

Fig. 5. L'animal dans son kyste.
Fig. 5 *a.* Grossi.
Fig. 5 *b.* La couronne de crochets et les ventouses.
Fig. 5 *d.* Le même sorti de son kyste.

Cette figure et la précédente sont faites sur des Cysticerq parasites de l'espèce humaine. (Voir P. Gervais, *Mém. A de Montpellier,* t. I, p. 30.)

GENRE CŒNURUS, Rudolphi.

CŒNURUS CEREBRALIS, Rud. Parasite des agnea occasionne le tournis.

Fig. 7. Une vésicule de Cénure avec l'indication de quelq unes des têtes qui s'y développent.
Fig. 7 *a.* Une de ces têtes isolée de la membrane et grossi

Les Cénures, sont comme les Cysticerques, un état ag des Ténias, et leur transformation s'opère de la même nière. On a donné au Ténia qui en provient le nom de *T. cœnurus.*

ECHINOCOCCUS, Rudolphi.

ECHINOCOCCUS VETERINORUM, Rud. Parasit l'homme, du porc, etc.

Fig. 8. Une vésicule hydatique renfermant plusieurs tête

Le genre des Échinocoques doit également être suppr puisque la transformation en ténias des têtes multiples p vues de crochets et de ventouses qui le caractérise été constatée par les helminthologistes.

Fig. 9. *TŒNIA ECHINOCOCCUS,* obtenu par la trans mation des Échinocoques.
Fig. 10. *TŒNIA NANA,* également dû à la transforma des Échinocoques.

LIGULA, Bloch.

LIGULA SIMPLICISSIMA, Rud. Parasite des Cy noïdes d'Europe, ainsi que des oiseaux d'eau.

Fig. 9. L'animal entier.
Fig. 9 *a.* La partie antérieure.

ZOOPHYTES

ANIMAUX RAYONNÉS ET PROTOZOAIRES

I — LES ÉCHINODERMES

PLANCHE I

GENRE CIDARIS, Lamarck.

CIDARIS VERTICILLATA, Lamk. Des mers australes.

Fig. 1. Vu en dessous.

ECHINONEUS, Van Phels.

ECHINONEUS SEMI-LUNARIS, Lamk. De la mer des Antilles.

Fig. 2. Vu en dessous.

GALERITES, Lamk.

GALERITES SEX-FASCIATUS, Lamk. Espèce fossile.

Fig. 3. Vu de profil.
Fig. 3 *a*. Vu en dessous.

SCUTELLA, Lamk.

SCUTELLA (*Mellita*) *SEXFORIS*, Lamk. De la mer des Antilles et du golfe du Mexique.

Fig. 4. Vu en dessus.

FIBULARIA, Lamk.

FIBULARIA OVULUM, Lamk. Des mers du Nord.

Fig. 5. Vu en dessus.
Fig. 5 *a*. Vu en dessous.

SPATANGUS, Lamk.

SPATANGUS PILOSUS, Valenciennes. Patrie?

Fig. 6. Vu en dessus; la moitié gauche a été dépouillée, type de l'espèce ainsi nommée par Valenciennes (Coll. Mus. Paris).

PLANCHE II

ENRE ASTERIAS, Linné.

ASTERIAS (*Asteracanthion*) *RUBENS*, Linné. Des mers d'Europe.

Fig. 1. L'animal entier.
Fig. 1 *a*. Portion médiane de l'un des bras ; vue en dessus.
Fig. 1 *b*. La même ; vue en dessous, après la dessiccation.
Fig. 1 *c*. Coupe verticale.
Fig. 1 *d*. Epines inférieures.
Fig. 1 *e* et 1 *f*. Épines latérales.

COMATULA, Lamarck.

COMATULA CARINATA, Lamk. De l'Océan Indien : Ile de France.

Fig. 2. L'animal entier, étendu ; vu par la face ventrale.
Fig. 2 *a*. Contracté et vu de profil, pour montrer les bras accessoires insérés à la base dorsale des rayons ordinaires.

PLANCHE III

[GE]NRE ENCRINUS, Miller.

PENTACRINUS CAPUT MEDUSÆ, Miller. De la mer des Antilles.

Fig. 1. L'animal entier.

APIOCRINUS, Miller.

APIOCRINUS PARKINSONII, Bronn. Fossile dans la grande oolithe, en France et en Angleterre.

Fig. 2. Le calice.

ENCRINUS.

ENCRINUS LILIIFORMIS, Lamk. Du fossile dans le Muschelkalk.

POTERIOCRINUS, Miller.

POTERIOCRINUS TENUIS, Miller. Fossile dans le calcaire carbonifère d'Angleterre.

Fig. 4. Le calice et la base des bras.

ACTINOCRINUS, Miller.

ACTINOCRINUS POLYDACTYLUS, Lhwyd. Fossile dans le terrain carbonifère.

Fig. 5. L'animal entier.

CYATHOCRINUS, Miller.

CYATHOCRINUS QUINQUEANGULARIS, Miller. Fossile dans le terrain silurien.

Fig. 6. Le calice avec la base des bras et la partie supérieure de la tige.

EUGENIACRINUS, Miller.

EUGENIACRINUS CARYOPHYLLATUS, Goldfuss. Fossile dans le terrain oxfordien.

Fig. 7. Le calice.
Fig. 7 *a* et *b*. Détails.

PLANCHE IV

ENRE HOLOTHURIA, Linné.

HOLOTHURIA (*Psolus*) *PHANTOPUS*, Linné. Des mers du Nord.

Fig. 1. L'animal entier.

HOLOTHURIA (*Psolus*) *SQUAMATA*, O. F. Müller. Des mers du Nord.

Fig. 2. L'animal entier.

HOLOTHURIA ELEGANS, O. F. Müller. Des mers du Nord.

Fig. 3. L'animal entier.

HOLOTHURIA (*Thyone*) *FUSUS*, O. F. Müller. Des mers du Nord.

Fig. 4. L'animal entier, dont les viscères commencent à faire hernie sur le côté.

HOLOTHURIA (*Cucumaria*) *CUCUMIS*, Risso. De la Méditerranée.

Fig. 5. L'animal entier.

HOLOTHURIA (*Thyone*) *EAOUARI*, Lesson. De l'archipel des Amis.

Fig. 6. L'animal entier, dont les viscères font en partie hernie.

HOLOTHURIA EDULIS, Lesson. Des îles Moluques.

Fig. 7. L'animal entier.
Fig. 7 *a*. Un des tentacules buccaux.

II — LES MÉDUSES

PLANCHE V

ENRE PELAGIA, Péron et Lesueur.

PELAGIA PANOPYRA, Péron et Lesueur. Des mers intertropicales.

Fig. 1. L'animal entier.

CYANEA, Péron.

CYANEA LABICHEI, Quoy et Gaimard. De la mer des Indes.

Fig. 2. L'animal entier.

ÆQUOREA, Péron.

ÆQUOREA CYANOGRAMMA, Quoy et Gaimard. Des mers australes.

Fig. 3. L'animal vu de profil.
Fig. 3 *a*. Le même; vu en dessous.

PLANCHE VI

GENRE RHIZOSTOMA, Cuvier.

RHIZOSTOMA ALDROVANDI, Blainville. De la Méditerranée.

Fig. 1. L'animal entier ; renversé pour montrer le dessous.
Fig. 1 *a*. Un tentacule ou bras.
Fig. 1 *b*. Sa partie terminale.

CASSIOPEA, Péron.

CASSIOPEA BORBONICA, Delle Chiaje. De la Méditerranée.

Fig. 2. L'animal entier.
Fig. 2 *a*. Un des tentacules ou bras.

PLANCHE VII

ENRE BERENIX, Péron.

BERENIX CUVIERI, Péron. Des mers australes.

Fig. 1. L'animal entier.

GERYONIA.

GERYONIA HEXAPHYLLA, Péron (*Medusa proboscidalis*, Forskhal). De la Méditerranée.

Fig. 2. L'animal, vu de profil.
Fig. 2 *a*. Le même; en dessus.

CEPHEA, Péron.

CEPHEA PAPUENSIS, Lesson. Des côtes de la Nouvelle-Guinée.

Fig. 3. L'animal vu de profil.

III — LES CTÉNOPHORES

PLANCHE VIII

GENRE BEROE, Brown.

BEROE PILEUS, Gmelin. Des mers d'Europe.

Fig. 1. L'animal entier; vu de profil.

BEROE (*Idya*) *ELONGATUS*, Risso. De la Méditerranée.

Fig. 2. L'animal entier ; vu de profil.
Fig. 2 *a*. Sa partie supérieure; également de profil.
Fig. 2 *b*. La même; en dessus.
Fig. 2 *c*. La partie inférieure; vue en dessous.

EUCHARIS, Eschscholtz.

EUCHARIS NOVEM-COSTATA, Lesson. Des côtes de Ceylan.

Fig. 3. Le *Beroe costata*, Reynaud, *in* Lesson, *Centurie zoologique*, pl. LXXXV, *fig.* 28, *fig. c*.

CALLIANIRA, Péron.

CALLIANIRA BUCEPHALON, Reynaud (Le *Bucephalon Reynaudii*, Lesson). Des côtes de Ceylan.

Fig. 4. Copiée de M. Reynaud, *loco cit.*

ALCINOE, Rang.

ALCINOE VERMICULATA, Rang. De la baie de Rio de Janeiro.

Fig. 5 et 5 *a*. De profil.
Fig. 5 *b*. En dessus.
Fig. 5 *c*. En dessous.

OCYROE, Rang.

OCYROE MACULATA, Rang. De la mer des Antilles.

Fig. 6. Vu en dessus.
Fig. 6 *a*. Vu de face.

PLANCHE IX

ENRE CESTUM, Lesueur.

CESTUM VENERIS, Lesueur. De la Méditerranée.

Fig. 1. L'animal ; vu de face.
Fig. 1 *a*. La partie centrale; grossie.
Fig. 1 *b*, *c* et *d*. Détails du même.

IV — LES SIPHONOPHORES

PORPITA, Lamarck.

PORPITA CHRYSOCOMA, Lesson. Du Pacifique.

Fig. 2. La colonie; vue en dessous.
Fig. 2 *a*. Vue en dessus.
Fig. 2 *b*. Tentacules du disque (polypes reproducteurs, Vogt).
Fig. 2 *c*. Un des tentacules marginaux.

VELELLA, Lamarck.

VELELLA LIMBOSA, Lamk. De la Méditerranée.

Fig. 3. L'animal ; vu en dessous.
Fig. 3 *a*. Vu en dessus pour montrer le bouclier et sa carène.
Fig. 3 *b*. Le tentacule stomacal (polype central de M. Vogt).
Fig. 3 *c*. Un des tentacules qui l'entourent (polypes reproducteurs, Vogt).
Fig. 3 *d*. Un des tentacules marginaux.

PLANCHE X

ENRE PHYSALIA, Lamarck.

PHYSALIA PELAGICA, Lamk. De l'Océan Atlantique.

Fig. 1. L'animal entier (colonie d'animaux, suivant les auteurs actuels); d'après Lesson, Voyage de la corvette *la Coquille*, sous le nom de *Physalia atlantica.*

PHYSOPHORA.

PHYSOPHORA DISTICHA, Lesson. De la mer du Sud.

Fig. 2. Colonie en voie de développement.

PHYSOPHORA NICEA, Guérin, d'après Laurillard. De la Méditerranée.

Fig. 3. Exemplaire incomplet; d'après un dessin fait à Nice par Laurillard, et communiqué par lui à M. Guérin sous ce nom. Peut-être un fragment d'un Siphonophore du genre Praia ?

Fig. 3 *a.* Une des cloches natatoires, avec son fil pêcheur.

HIPPOPODIUS, Quoy et Gaimard.

HIPPOPODIUS LUTEUS, Quoy et Gaim. Du détroit de Gibraltar.

Fig. 4. Colonie.
Fig. 4 *a.* Cloches natatoires, avec leurs fils pêcheurs.
Fig. 4 *b.* Une des cloches isolée.

ATHORYBIA, Eschscholtz.

ATHORYBIA HELIANTHA, Eschsch. De la Méditerranée.

Fig. 5. Colonie.

GENRE DIPHYES, Cuvier.

DIPHYES DISPAR, Chamisso. De l'Océan Atlantique du Grand Océan.

Fig. 6. Colonie.

CALPE, Quoy et Gaimard.

CALPE PENTAGONA, Quoy et Gaim. De la Médit ranée.

Fig. 7. D'après Quoy et Gaimard.

ABYLA, Quoy et Gaimard.

ABYLA TRIGONA, Quoy et Gaim. Du détroit Gibraltar.

Fig. 8. D'après Quoy et Gaimard.

CYMBA, Quoy et Gaimard.

CYMBA SAGITTA, Quoy et Gaim. Du détroit Gibraltar.

Fig. 9. D'après MM. Quoy et Gaimard.

CUBOIDES, Quoy et Gaimard.

CUBOIDES VITREUS, Quoy et Gaim. Du détroit Gibraltar.

Fig. 10 et 10 *a*. D'après MM. Quoy et Gaimard.

Ce genre et plusieurs des précédents ne reposent que s des portions détachées de physophores, particulièrem des individus flotteurs de ces animaux et ne représentant des colonies entières. Les espèces dont ils sont des démem brements restent à décrire (Voir au sujet de ces anima les travaux récents de MM. Leuckart, Gegenbauer, Köllik Vogt, etc.)

V — LES ZOANTHAIRES

PLANCHE XI

NRE ACTINIA, Linné.

ACTINIA CORALLINA, Risso. De la Méditerranée.

Fig. 1. De profil.
Fig. 1 *a*. En dessus.

Ces deux figures ont été dessinées à Nice par Laurillard.

THALASSIANTHUS, Leuckart.

THALASSIANTHUS ASTER, Leuck. De la Mer Rouge.

Fig. 2. L'animal entier; vu en dessus.
Fig. 2 *a*. Un de ses tentacules pinnés.

DISCOSOMA, Leuckart.

DISCOSOMA NUMMIFORME, Leuck. De la Mer Rouge.
Fig. 3. Vu en dessus.

ZOANTHUS, Cuvier.

ZOANTHUS SOCIATUS (*Actinia sociata*, Ellis), des côtes de la Guadeloupe.

Fig. 4. Individus réunis par une base commune.

LUCERNARIA, O. F. Müller.

LUCERNARIA CAMPANULA, Lamouroux. Des côtes de la Manche.

Fig. 5. L'animal entier, ayant ses tentacules rapprochés.
Fig. 5 *a*. Le même en dessus, avec les tentacules écartés.
Fig. 5 *b*. De profil ; tentacules écartés.
Fig. 5 *c*. Fermé ; vu en dessus.
Fig. 5 *d*. Appendice terminal.
Fig. 5 *e*. *Idem*.

Ce genre appartient à la série des Polypoméduses.

VI — LES POLYPES BRYOZOAIRES (1)

PLANCHE XII

GENRE FREDERICELLA, P. Gervais.

FREDERICELLA SULTANA, P. Gerv. Des eaux douces de la France.

Fig. 1. Une colonie, composée de quatre individus, dont on voit les tubes et les panaches ; grossie.
Fig. 1 *a*. Un exemplaire plus grossi ; montrant le panache tentaculaire et la partie supérieure du corps.
Fig. 1 *b*. Un œuf ; grossi.

PALUDICELLA, P. Gervais.

PALUDICELLA ARTICULATA, P. Gerv. Des eaux douces de la France.

Fig. 2. Deux exemplaires, très-grossis, pour montrer leurs différents organes ; l'un d'eux est épanoui et l'autre rétracté.
Fig. 2 *a*. Tubes de plusieurs individus articulés les uns au bout des autres ; grossis.

CRISTATELLA, Cuvier.

CRISTATELLA MUCEDO, Cuv. Des eaux douces de la France.

Fig. 3. Jeune colonie, composée de trois individus ; figure grossie.
Fig. 3 *a*. Œuf.

Figures tirées du mémoire de M. Paul Gervais sur les *Polypes des eaux douces*.

(1) Les Bryozoaires doivent être regardés comme étant des Mollusques inférieurs.

VII — LES POLYPES HYDRAIRES

GENRE HYDRA, Linné.

HYDRA VIRIDIS, Linné. Des eaux douces de l'Europ

Fig. 4. Individu grossi.
Fig. 4 *a.* De grandeur naturelle.

HYDRA FUSCA, Linné. Des eaux douces de l'Europe.

Fig. 5. Deux individus; de grandeur naturelle. L'un d'e porte un jeune sujet.
Fig. 5 *a.* Exemplaire grossi.
Fig. 5 *b.* Autre exemplaire grossi, montrant les corps ur cants des tentacules et deux œufs prêts à se dét cher. Figure copiée de M. Ehrenberg.

CORYNA, Gaertner.

CORYNA MULTICORNIS (*Hydra*, Muller, Forskal, etc.

Fig. 3. Quatre individus ; de grandeur naturelle.
Fig. 3 *a.* Grossis.

Les Corynes sont au nombre des polypes qui donnent nai sance à des Méduses par génération alternante.

PLANCHE XIII

ENRE TUBIPORA, Linné.

TUBIPORA RUBIOLA, Quoy et Gaimard. Des parages de la Nouvelle-Irlande.

Fig. 1. Portion de polypier avec ses polypes.
Fig. 1 *a*. Un polype invaginé sur lui-même et coupé verticalement.
Fig. 1 *b*. Le même non ouvert.
Fig. 1 *c*. La couronne tentaculaire.

Ce genre appartient à la division des Coralliaires ou Polypes cténocères de Blainville.

TUBULARIA, Linné.

TUBULARIA INDIVISA, Lamk. Des mers d'Europe.

Fig. 2. Plusieurs exemplaires réunis.

Ces polypes et ceux des deux genres suivants sont du nombre de ceux qui fournissent des Méduses.

SERTULARIA, Linné.

SERTULARIA TAMARINDUS, Ellis. Des mers d'Europe.

Fig. 3. Un rameau.
Fig. 3 *a*. Partie du même grossi.

EUCRATEA, Lamouroux.

EUCRATEA CORNUTA, Lamk. Des mers d'Europe.

Fig. 4. Plusieurs polypiers de cette espèce.
Fig. 4 *a*. Un rameau grossi.

FLUSTRA, Linné.

FLUSTRA ARAGOÏ, Audouin. De la Mer Rouge.

Fig. 5. Appliqué sur une coquille.
Fig. 5 *a*. Cinq cellules, grossies; vues en dessus.
Fig. 5 *b*. Une cellule grossie ; vue de profil.

Figures d'après de Savigny, *Description de l'Égypte*, Zoo

Les Flustres sont des Bryozoaires de même que les Cr telles, les Eschares, etc. Elles doivent par conséquent reportées dans cette classe de Mollusques, quoiqu'on les longtemps placées parmi les Polypes.

GENRE CAMPANULARIA, Lamarck.

CAMPANULARIA GELATINOSA, Lamarck. Des m d'Europe.

Fig. 6. Un rameau du polypier avec ses polypes.
Fig. 6 *a*. Le capitule polypiforme détaché et se transform en méduse; vu en dessus.
Fig. 6 *b*. Le même; vu en dessous.
Fig. 6 *c*. Vu de profil.

TUBULARIA, Linné.

TUBULARIA DUMORTIERI, Van Beneden. De la m du Nord.

Fig. 7. Exemplaire entier; grossi.
Fig. 7 *a*. Méduse qui vient de se détacher.

Ces détails et ceux relatifs à l'espèce précédente sont ti du mémoire de M. Van Beneden sur les Campanulaires leur transformation en Méduses.

III — LES POLYPES ZOANTHAIRES ET CTÉNOCÈRES

PLANCHE XIV

GENRE ANTIPATHES, Pallas.

ANTIPATHES MYRIOPHYLLA, Pallas. De l'Océan Indien.

Fig. 1. Le polypier.
Fig. 1 *a*. Rameau grossi.

GORGONIA, Linné.

GORGONIA VERRUCOSA, Pallas. Des mers d'Europe.

Fig. 2. Le polypier.
Fig. 2 *a*. Tentacules buccaux du polype.

EUNICEA, Lamouroux.

EUNICEA MAMMOSA, Lamk. Des mers d'Europe.

Fig. 3. Un rameau.

CORALLIUM, Bauhin.

CORALLIUM RUBRUM, Bauhin. De la Méditerranée.

Fig. 4. Polypier dont quelques rameaux portent des polypes.
Fig. 4 *a*. Rameau avec polypes ; plus grossi.

ISIS, Linné.

ISIS HIPPURIS, Linné. Archipel des Moluques.

FUNGIA, Lamarck.

FUNGIA CRASSITENTACULATA, Quoy et Gaimard. De l'île Vanikoro.

Fig. 6. Fragment du polypier.
Fig. 6 *a*. L'animal, avec ses tentacules.

GENRE TURBINOLIA, Lamarck.

TURBINOLIA (*Flabellum*) *RUBRA*, Quoy et Gaimard. D côtes de la Nouvelle-Zélande.

Fig. 7. L'animal avec ses tentacules épanouis.

GALAXEA, Oken.

GALAXEA LAPEROUSEANA, Milne Edwards et Hain De l'île Vanikoro.

Fig. 8. Groupe de polypes avec leur polypier.
Fig. 8 *a*. Un des individus isolé.
Figures copiées de MM. Quoy et Gaimard.

ASTREA, Linné.

ASTREA (*Astroides*) *CALYCULARIS*, Lamk. De la Mé terranée.

Fig. 9. La surface extérieure de la colonie.
Fig. 9 *a*. Un des polypes isolé.

MADREPORA.

MADREPORA ABROTANOIDES, Lamk. De la mer Indes.

Fig. 10. Une branche du polypier.
Fig. 10 *a*. Rameau avec ses polypes.
Du même.

MILLEPORA, Linné.

MILLEPORA (*Palmipora*) *ALCICORNIS*, Linné. Antilles.

Fig. 11. Le polypier.

PLANCHE XV

GENRE PENNATULA, Linné.

PENNATULA GRISEA, Espér. De la Méditerranée

Fig. 1. La colonie entière.
Fig. 1 *a*. Un des polypes isolé.

VIRGULARIA, Lamarck.

VIRGULARIA JUNCEA, Lamk. De l'Océan Indien.

Fig. 2. La colonie entière.
Fig. 2 *a*. Fragment grossi.
Fig. 2 *b* et 2 *c*. Coupe verticale du même.

VIRGULARIA MIRABILIS, Lamk. Des mers du Nord.

Fig. 3. Partie d'une colonie.

RENILLA, Lamarck.

RENILLA AMERICANA, Lamk. Des côtes de l'Amérique.

Fig. 4. Colonie entière.
Fig. 4 *a*. Un des polypes isolé.
Figures d'après MM. Quoy et Gaimard (*Renilla violacea*).

UMBELLULARIA, Lamarck.

UMBELLULARIA ENCRINUS, Blainv. Des côtes du Groënland.

Fig. 5. La colonie et sa tige ou support.

ALCYONIUM, Linné.

ALCYONIUM (*Nephthya*) *AURANTIACUM*, Quoy et Gaimard. Des côtes de la Nouvelle-Zélande.

Fig. 6. Une colonie de cette espèce de polypes; d'après MM. Quoy et Gaimard.

ALCYONIUM (*Ammothea*) *RAMOSUM*, Quoy et Gaim Des côtes de la Nouvelle-Guinée, Port-Dorey.

Fig. 6 *a*. Rameau grossi.

IX — LES SPONGIAIRES

GENRE TETHYA, Lamarck.

TETHYA LYNCURIUM, Lamk. De la Méditerranée.

Fig. 8. Entier.

SPONGIA, Linné.

SPONGIA OCULATA, Pallas. Des mers d'Europe.

Fig. 9. L'éponge entière.
Fig. 9 *a*. Son réticule chitineux.
Fig. 9 *b*. Feutrage formé par les spicules.
Fig. 9 *c* et *d*. Embryon cilié.
Fig. 9 *e*, *f*, *g*, *h*, *i*. Spicules de différentes formes.

SPONGIA MANUS, Blainv. De la Méditerranée.

Fig. 10. L'éponge entière.

X — LES GRÉGARINES

PLANCHE XVI

NRE GREGARINA, L. Dufour.

GREGARINA POLYMORPHA, Stein. Vit dans le canal intestinal du *Tenebrio molitor*.

Fig. 1. Très-grossi.

GREGARINA (*Stylorhynchus*) *OLIGACANTHA*, V. Siebold. Vit dans le canal intestinal du *Callopteryx virgo*.

Fig. 2. Très-grossie.

GREGARINA (*Didymophyes*) *GIGANTEA*, Stein. Du canal intestinal de l'*Oryctes nasicornis*.

Fig. 3. Très-grossie.

XI — LES NOCTILUQUES

NRE NOCTILUCA, Surriray.

NOCTILUCA MILIARIS, Surr. Des mers d'Europe, particulièrement de la Manche.

Fig. 4. Très-grossie.

Cette espèce est une des causes les plus fréquentes de la phosphorescence de la mer.

XII — LES EOZOONS

NRE EOZOON, Dawson.

EOZOON CANADENSE, Dawson. Du terrain laurentien du Canada.

Fig. 5. Fragment de la substance ainsi appelée par M. Dawson, et que l'on regarde comme le plus ancien être organisé connu. M. Carpenter, qui en a étudié la structure au microscope, appuie l'opinion que c'est un animal voisin des Foraminifères; d'autres auteurs croient que c'est un minéral.

XIII — LES FORAMINIFÈRES

GENRE NUMMULINA.

NUMMULINA DISCOIDALIS, d'Orbigny. De la mer Sud; archipel Rawack.

Fig. 6. De grandeur naturelle.
Fig. 6 *a*. Exemplaire grossi; vu de côté.
Fig. 6 *b*. Vu de face.

NONIONINA, d'Orbigny.

NONIONINA LÆVIGATA, d'Orb. De l'Adriatique.

Fig. 7. Grossi; vu de face.
Fig. 7 *a*. Vu de côté.

SIDEROLINA, d'Orbigny.

SIDEROLINA CALCITRAPOIDES, d'Orb. Fossile de la craie de Maëstricht.

Fig. 8. Coupe montrant les loges.
Fig. 8 *a* et *b*. Entier; vu de côté et de face.

GENRE PENEROPLIS, d'Orbigny.

PENEROPLIS PLANULATUS, d'Orb. De la Méditerranée.

Fig. 9. De grandeur naturelle.
Fig. 9 *a* et *b*. Grossi; vu de côté et de face.
Fig. 9 *c*. Coupe du même.

PLANULINA, d'Orbigny.

PLANULINA DUBIA, d'Orb. Des côtes françaises l'Océan.

Fig. 10. De grandeur naturelle.
Fig. 10 *a*. De côté; grossi.
Fig. 10 *b*. De face; grossi.

GIROIDINA, d'Orbigny.

GIROIDINA CARINATA, d'Orb. Vivant aux Antilles fossile dans le bassin de Paris.

Fig. 11. De grandeur naturelle.
Fig. 11 *a*. Grossi ; vu de côté.
Fig. 11 *b*. Grossi; vu de face.

GIROIDINA BULLOIDES, d'Orb. Vivant dans l'Adriatique et aux Canaries ; fossile à Nusdorf.

Fig. 12. De grandeur naturelle.
Fig. 12 *a*. Grossi ; vu de côté.
Fig. 12 *b*. Grossi ; vu de face.

NRE ROTALIA, Lamarck.

ROTALIA ROSEA, d'Orb. De la mer des Antilles.

Fig. 13. De grandeur naturelle.
Fig. 13 *a*. Grossi ; vu de côté.
Fig. 13 *b*. Grossi ; vu de face.

VALVULINA, d'Orbigny.

VALVULINA (*Columnatortilis*), d'Orb. Fossile à Mouchy-le-Châtel, bassin de Paris.

Fig. 14. De grandeur naturelle.
Fig. 14 *a*. Grossi.

VALVULINA TRIANGULARIS, d'Orb. Fossile dans le bassin de Paris.

Fig. 15. De grandeur naturelle.
Fig. 15 *a*. Grossi.

BULIMINA, d'Orbigny.

BULIMINA STRIATA, d'Orb. De la mer Adriatique.

Fig. 16. De grandeur naturelle.
Fig. 16 *a*. Grossi.

MILIOLA, Lamarck.

MILIOLA VULGARIS, Lamk. De la Méditerranée.

Fig. 17. L'animal avec son test, d'après Dujardin.

PLANCHE XVII

GENRE NODOSARIA, d'Orbigny.

NODOSARIA FERUSSACII, d'Orb. De la mer Adriatique.

Fig. 1. De grandeur naturelle.
Fig. 1 *a*. Grossi; vu dans sa longueur.
Fig. 1 *b*. Loge terminale et son ouverture.

TEXTULARIA, d'Orb.

TEXTULARIA PYGMÆA, d'Orb. De l'Adriatique.

Fig. 2. De grandeur naturelle.
Fig. 2 *a* et 2 *b*. Grossi.

POLYMORPHINA, d'Orb.

POLYMORPHINA (*Gemmulina*) *DIGITATA*, d'Orb. De la Méditerranée.

Fig. 3. De grandeur naturelle.
Fig. 3 *a*. Grossi.
Fig. 3 *b*. Loge terminale et son ouverture.

TRILOCULINA, d'Orbigny.

TRILOCULINA DEFORMIS, d'Orb. Fossile dans le bassin de Paris.

Fig. 4. De grandeur naturelle.
Fig. 4 *a*. La dernière loge ; grossie.
Fig. 4 *b*. Entier ; grossi ; vu de côté.

TRILOCULINA TRICARINATA, d'Orb. De la mer Rouge.

Fig. 5. De grandeur naturelle.
Fig. 5 *a*. Grossi ; vu de côté.
Fig. 5 *b*. Vu de face.

SPIRILOCULINA, d'Orbigny.

SPIRILOCULINA PERFORATA, d'Orb. Fossile dans le bassin de Paris.

Fig. 6. De grandeur naturelle.
Fig. 6 *a*. Grossi ; vu de côté.
Fig. 6 *b*. Vu en avant.

SPIRILOCULINA DEPRESSA, d'Orb. Vivant dans Méditerranée; fossile à Castel Arquato.

Fig. 7. De grandeur naturelle.
Fig. 7 *a*. Grossi ; vu de côté.
Fig. 7 *b*. Vu de face.

GENRE ARTICULINA, d'Orbigny.

ARTICULINA NITIDA, d'Orb. Fossile à Grignon.

Fig. 8. De grandeur naturelle.
Fig. 8 *a*. Grossi ; vu de côté.
Fig. 8 *b*. Vu en avant.

ARTICULINA.

Fig. 9. De grandeur naturelle.
Fig. 9 *a*. Grossi ; vu par la tranche.
Fig. 9 *b*. Coupe du même.
Fig. 9 *c*. Orifice de la dernière loge.

QUINQUELOCULINA, d'Orbigny.

QUINQUELOCULINA STRIATA, d'Orb. Fossile dans bassin de Paris.

Fig. 10. De grandeur naturelle.
Fig. 10 *a*. Grossi ; vu de côté.
Fig. 10 *b*. En avant, montrant l'ouverture de la derni loge.

AMPHISTEGINA, d'Orb.

AMPHISTEGINA LESSONII, d'Orb. De la mer des Ind Ile de France.

Fig. 11. De grandeur naturelle.
Fig. 11 *a*. Grossi ; vu de côté.
Fig. 11 *b*. Vu de face.

ALVEOLINA, d'Orbigny.

ALVEOLINA BULLOIDES, d'Orb. Fossile à Dax.

Fig. 12. De grandeur naturelle.
Fig. 12 *a*. Grossi ; vu de face.
Fig. 12 *b*. Vu de profil.

XIV — LES SYSTOLIDES

PLANCHE XVIII

GENRE ROTIFER, Fontana.

ROTIFER REDIVIVUS, Cuvier.

Fig. 1 Grossi ; vu en dessus.
Fig. 1 *a*. Vu en dessous.
Fig. 2. Mâchoires et intestin.

VAGINICOLA, Lamarck.

VAGINICOLA INQUINULA, O. F. Müller.

Fig. 3. Grossi.

VAGINICOLA INNATA, O. F. Müller.

Fig. 4. Grossi.

TUBICOLARIA, Lamarck.

TUBICOLARIA QUADRILOBA, Lamk.

Fig. 5. Plusieurs sujets fixés sur une branche.
Fig. 5 *a*. Partie antérieure grossie.
Fig. 5 *b*. Loge.
Fig. 5 *c*. L'animal entier ; grossi.

BRACHIONUS, O. F. Müller.

BRACHIONUS URCEOLARIS, O. F. Müller.

Fig. 6. L'animal entier ; grossi.
Fig. 6 *a*. Le même en dessous, montrant les mâchoires, le tube digestif et quelques organes principaux.
Fig. 6 *b*. Les mâchoires et le tube digestif isolés.

Les Systolides sont généralement classés par les auteurs actuels à la fin des Articulés condylopodes ; leurs petites dimensions les faisaient autrefois placer auprès des infusoires.

Les espèces figurées sur cette planche sont au nombre des plus communes en Europe.

XV — LES INFUSOIRES

GENRE URCEOLARIA, Lamarck.

URCEOLARIA SCYPHINA, O. F. Müller.

Fig. 7. Vu sous différents aspects.

TRICHODA, O. F. Müller.

TRICHODA COMATA, O. F. Müller.

Fig. 8. De profil.

TRICHODA FŒTA, O. F. Müller.

Fig. 9. En dessus.

TRICHODA CARNIUM, Ehrenberg.

Fig. 10. Vu sous différents aspects.

LEUCOPHRYS, Ehrenberg.

LEUCOPHRYS PYRIFORMIS, Ehrenb.

Fig. 11. L'animal.
Fig. 11 *a*. Son intestin supposé polygastrique, c'est-à-d pourvu de plusieurs estomacs ; d'après M. Ehr berg.

KERONA, O. F. Müller.

KERONA SILURUS, O. F. Müller.

Fig. 12 et 12 *a*. Vu en dessus et en dessous.

HIMANTOPUS, O. F. Müller.

HIMANTOPUS SANNIO, O. F. Müller.

Fig. 13. De profil.

GENRE SPIROSTOMUM, Ehrenberg.

SPIROSTOMUM TERES, Claparède et Lachman.

Fig. 14. Accouplement de cet infusoire, d'après M. Balbia
Fig. 14 *a*. Individu chargé d'œufs fécondés.
Fig. 15 et 15 *a*. Organes génitaux.
Fig. 16. Capsule spermatique.

NRE STYLONYCHIA, Ehrenberg.

STYLONYCHIA MYTILUS.

Fig. 17. Vu en dessus.

KERONA, O. F. Müller.

KERONA POLYPORUM, Ehrenb.

Fig. 18. L'accouplement, d'après M. Balbiani.

TRACHELIUS, Schrank.

TRACHELIUS OVUM, Ehrenb.

Fig. 19. L'accouplement, d'après M. Balbiani.

STENTOR, Oken.

STENTOR CÆRULEUS Ehrenb.

Fig. 20. L'accouplement, d'après M. Balbiani.
Fig. 21. Après l'accouplement.

PARAMECIUM, Mull.

PARAMECIUM AURELIA, Müll.

Fig. 23 et 24. Paramécies sur lesquelles on voit des parasites du genre Acinète.

VORTICELLA, O. F. Müller.

VORTICELLA MICROSTOMA, Ehrenb.

Fig. 22. L'animal avec son pédicule.

ACINETA, Ehrenberg.

Fig. 25, 25 *a* et 25 *b*. Divers états de cette espèce de parasites, d'après M. Balbiani.

ENCHELYS, O. F. Müller.

ENCHELYS SEROTINA.

Fig. 26. Vu en dessus.

ENCHELYS PULVERIUSCULUS, Müll.

Fig. 27. Plusieurs exemplaires.

ENCHELYS PUPA, Müll.

Fig. 28 et 28 *a*. Différemment grossi.
Fig. 28 *b*. Son intestin polygastrique, d'après M. Ehre

GENRE PARAMECIUM, Mull.

PARAMECIUM AURELIA, Müll.

Fig. 29. En dessus.
Voir aussi *fig.* 23 et 24.

PARAMECIUM SOLEA, Müll.

Fig. 30. En dessus.

KOLPODA, O. F. Müller.

KOLPODA FASCIOLA, Müll.

Fig. 31. En dessus.

KOLPODA TRUNCATA, Müll.

Fig. 32. En dessus.

KOLPODA MELEAGRIS, Müll.

Fig. 33 et 33 *a*. Deux exemplaires.

GONIUM, O. F. Müller.

GONIUM CORRUGATUM, Müll.

Fig. 34. Plusieurs exemplaires.

GONIUM RECTANGULATUM, Müll.

Fig. 35. Individu isolé.

GONIUM OBTUSANGULUM, Müll.

Fig. 36. Individu isolé.

Le genre *Gonium* appartient aux algues et doit être des infusoires animaux.

BURSARIA, O. F. Müller.

BURSARIA VERNALIS, Ehrenb.

Fig. 37. Vu en dessus.

BURSARIA TRUNCATA, Müll.

Fig. 38. Plusieurs exemplaires.

ENRE AMŒBA, Ehrenberg.

AMŒBA DIFFLUENS (*Proteus diffluens*, Müll.).

Fig. 39. Différentes formes du même exemplaire.

AMŒBA TENAX (*Proteus tenax*, Müll.).

Fig. 40. Trois formes différentes.

Les Amibes, anciennement appelés Protées, forment une division à part dans l'embranchement des Protozoaires ; ce ne sont pas de véritables infusoires.

MONAS, O. F. Müller.

MONAS TERMO, Müll.

Fig. 41. Un grand nombre d'individus réunis.

MONAS GUTTULA, Müll.

Fig. 42. Deux exemplaires.

MONAS ATOMUS, Müll.

Fig. 43. Plusieurs exemplaires.

Fig. 43 *a*. Son canal intestinal polygastrique ; d'après M. Ehrenberg.

Les Monades sont des spores d'algues plutôt que des infusoires animaux.

VOLVOX, O. F. Müller.

VOLVOX PUNCTUM, Müll.

Fig. 44. Plusieurs exemplaires.

VOLVOX GLOBOSUS, Müll.

Fig. 45. Deux exemplaires.

VOLVOX SPHÆRULA, Müll.

Fig. 46. Son apparence extérieure.

FIN DES VERS ET ZOOPHYTES.

TABLE DES MATIÈRES

Corbeil, typ. et stér. de Crété.

Vers. Pl. 1.

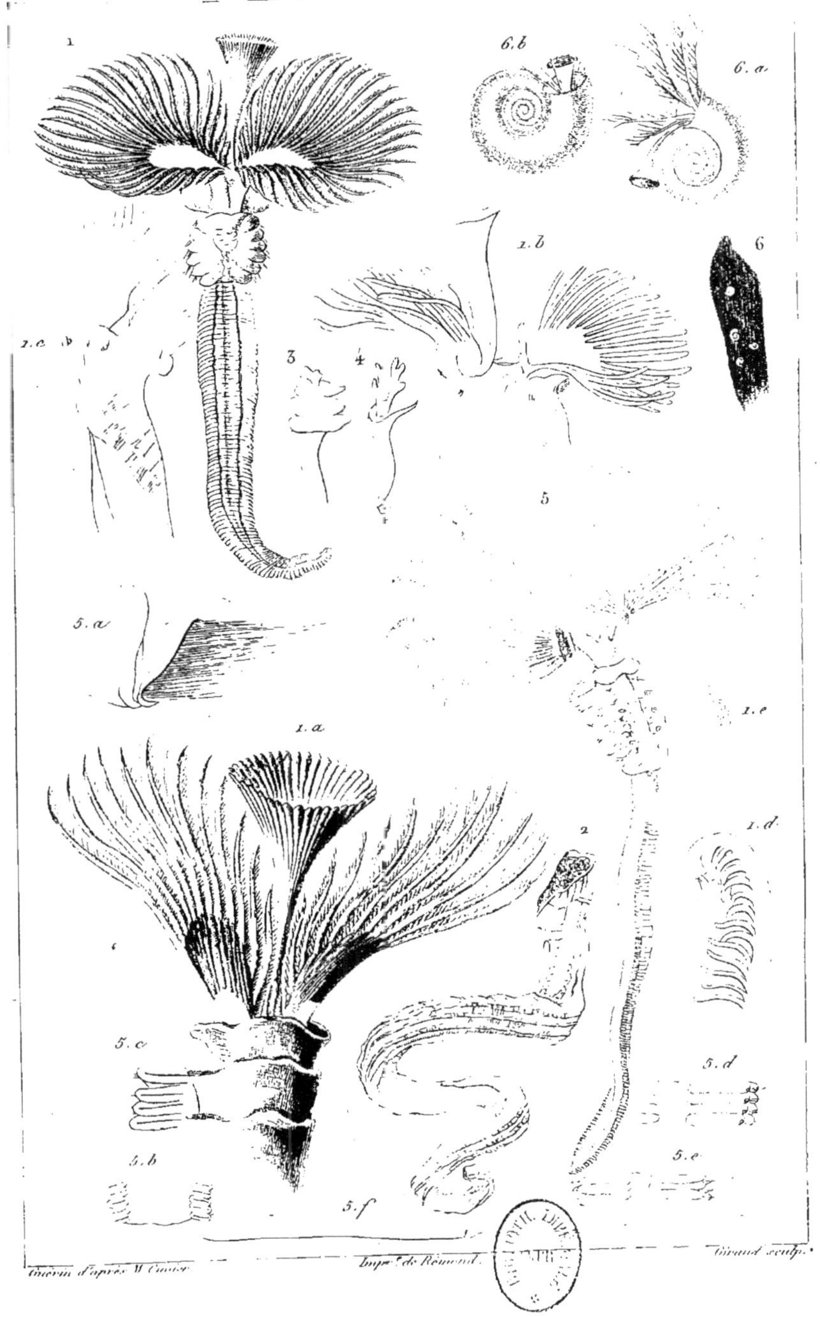

Guérin d'après M. Cuvier. Impr. de Rémond. Girard sculp.

Publié par J. B. Baillière et Fils, Paris

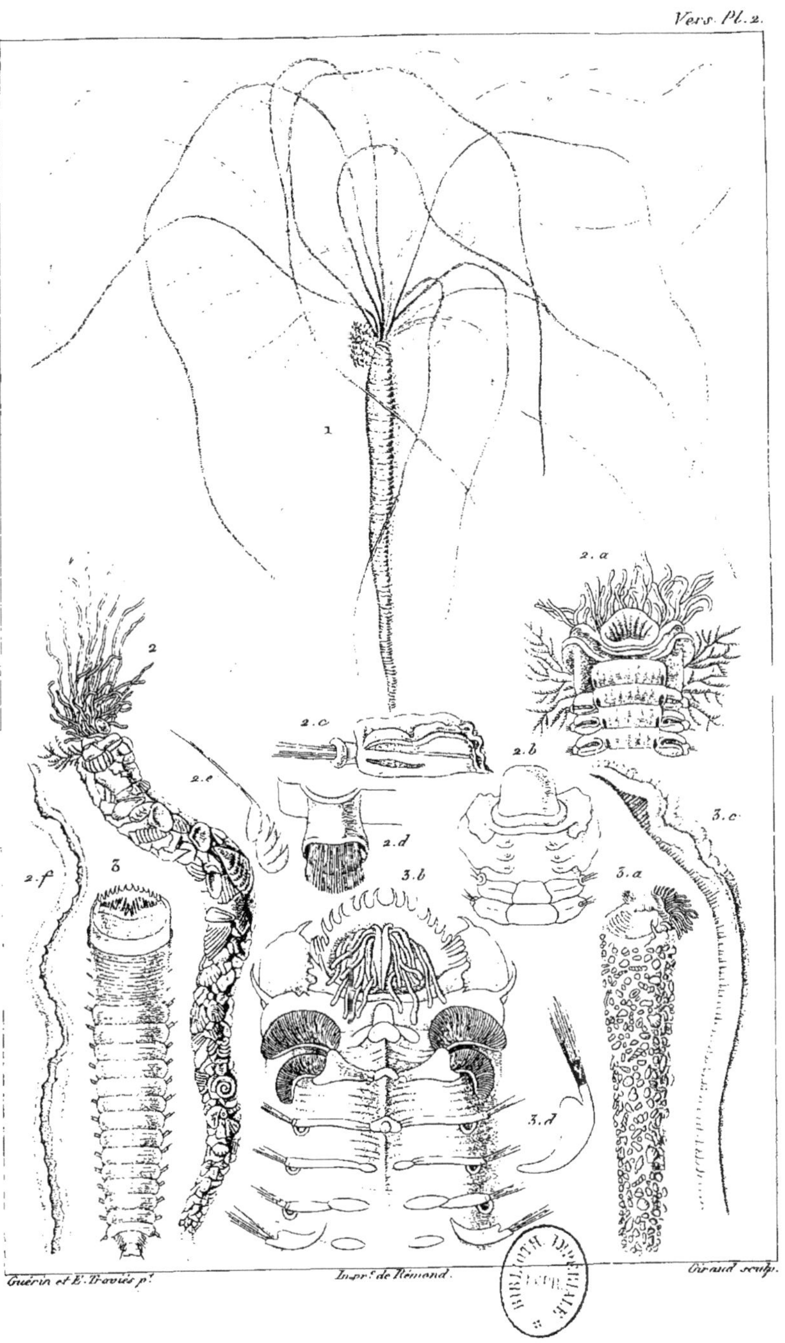

Guérin et E. Traviès p.t   Imp.r de Rémond.   Giraud sculp.

Publié par J. B. Baillière et Fils, Paris

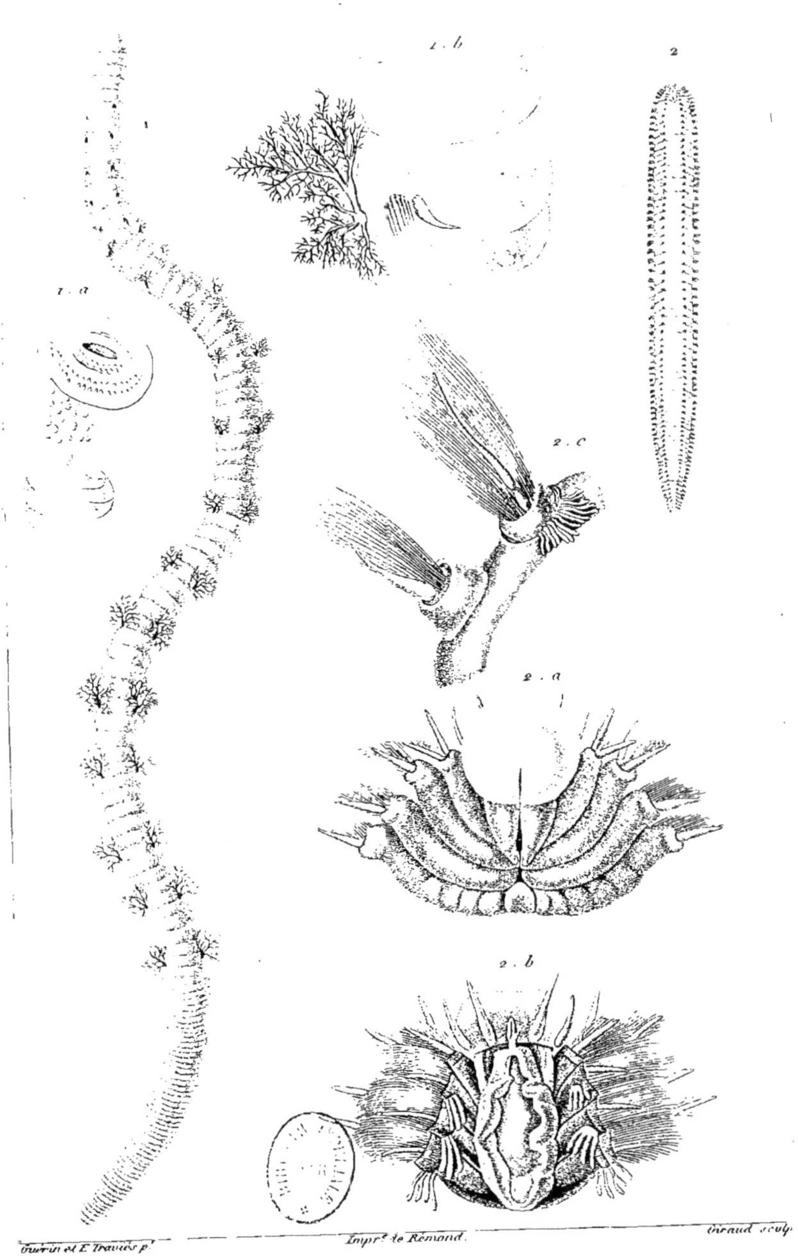

Guérin et E. Traviès p.
Impr. de Rémond.
Giraud sculp.

Publié par J. B. Baillière et Fils, Paris.

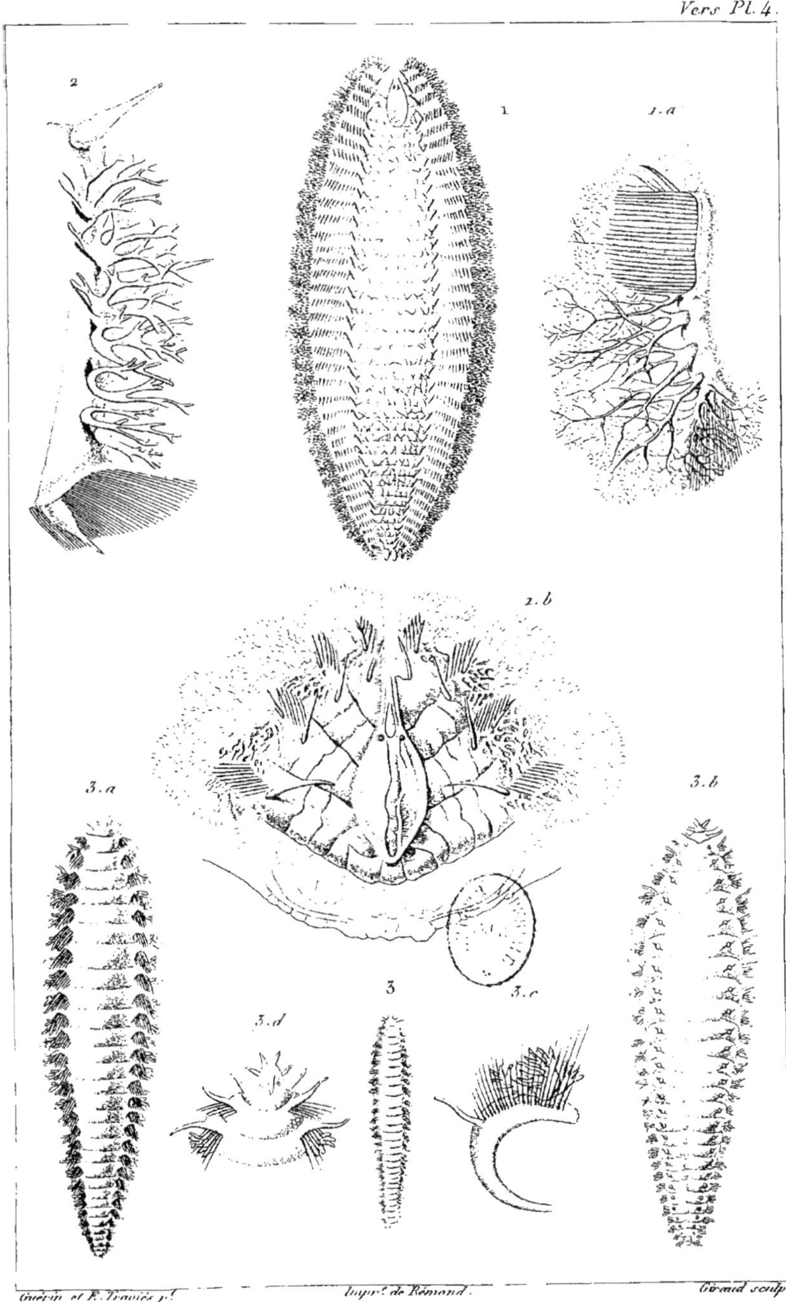

Guérin et E. Traviès p.t Impr.t de Rémond. Giraud sculp.

Publié par J.B. Baillière et Fils, Paris.

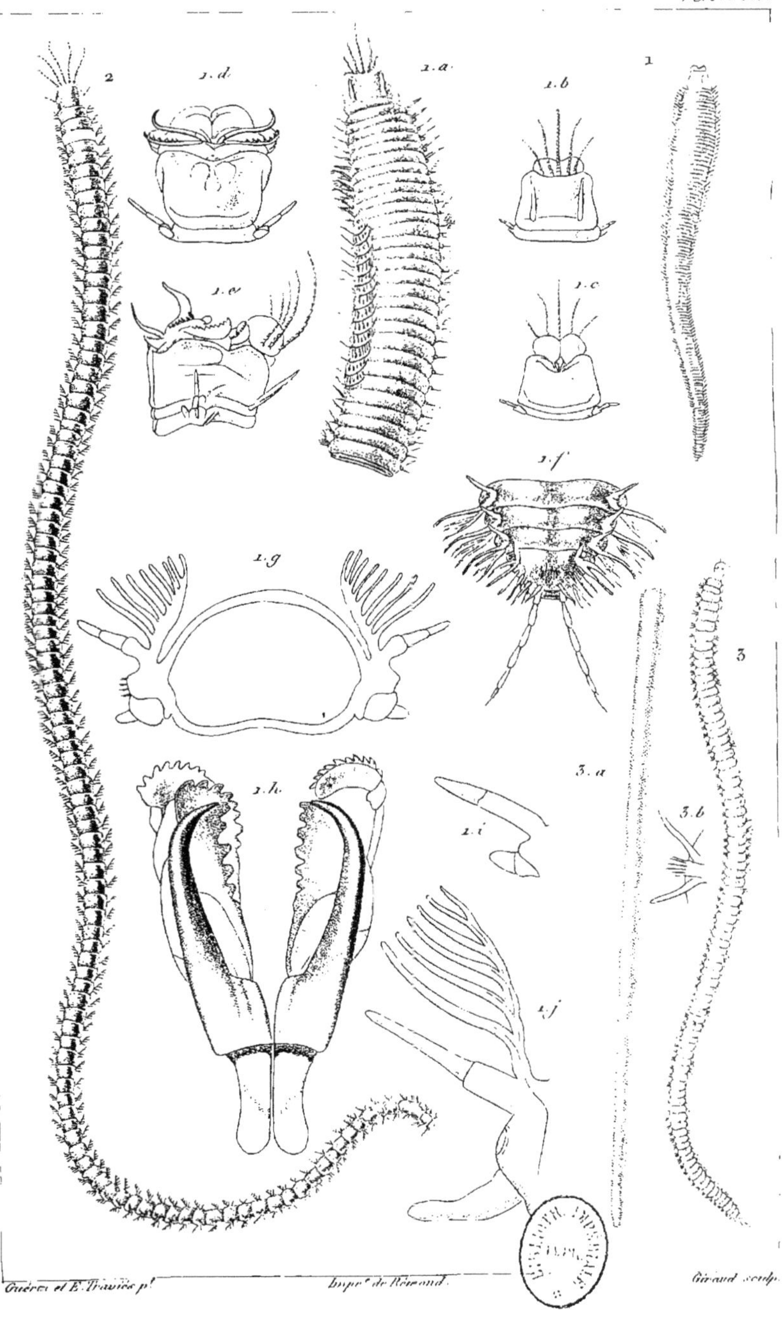

Guérin et E. Traviès p.t Impr. de Rémond. Giraud sculp.

Publié par J.B. Baillière et Fils, Paris.

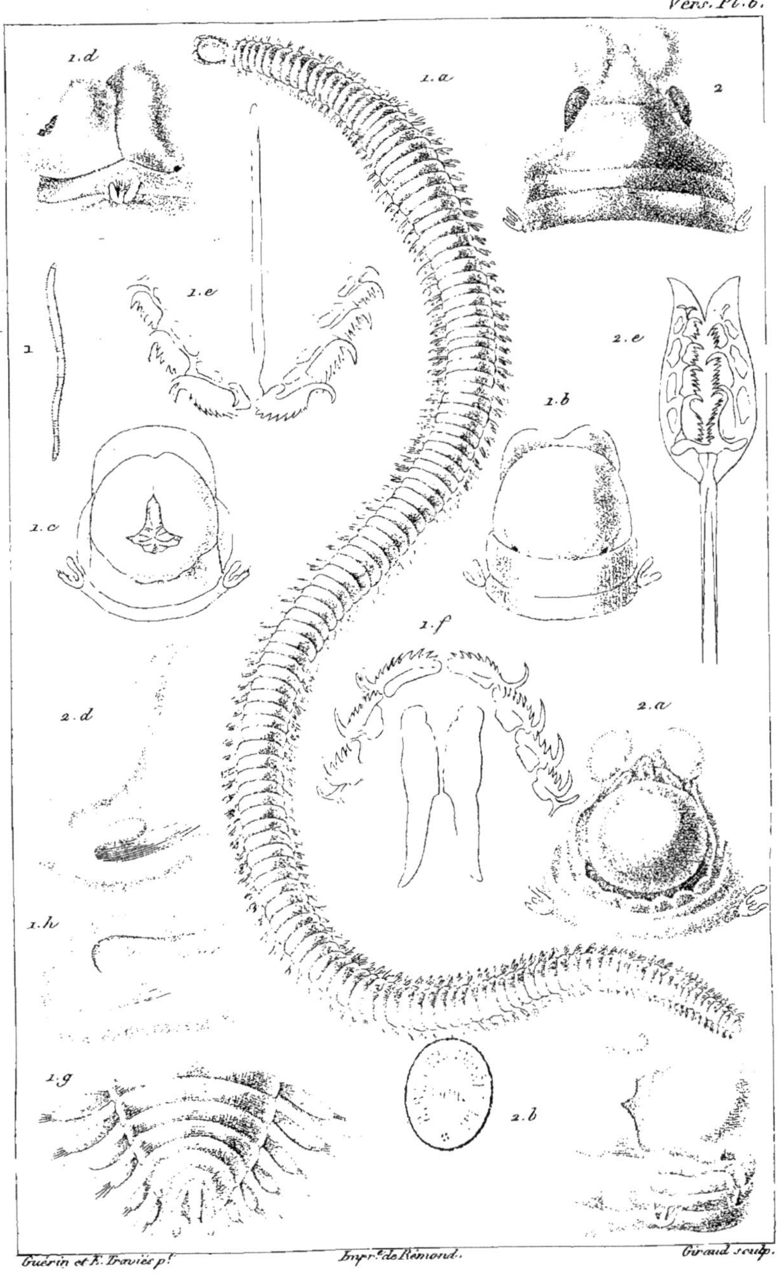

Guérin et E. Traviès p.t Impr.e de Rémond. Giraud sculp.

Publié par J. B. Baillière et Fils, Paris.

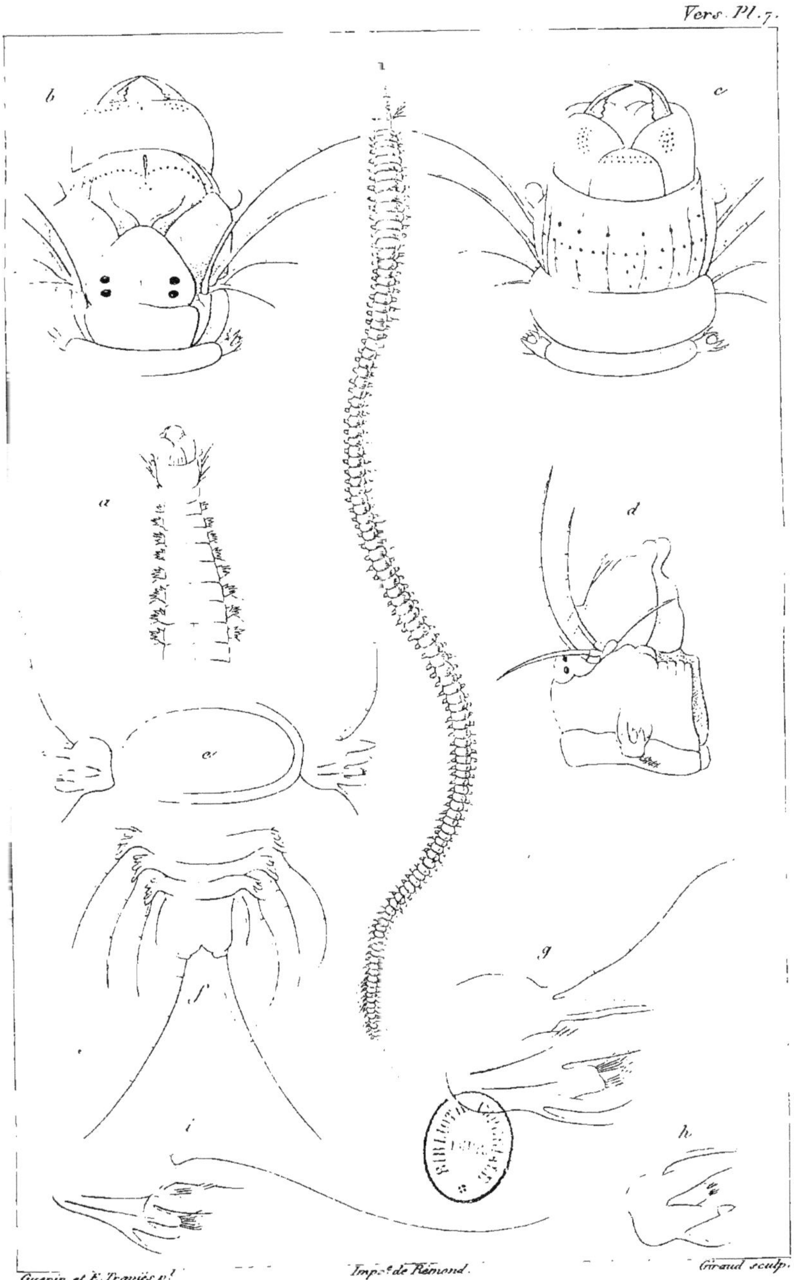

Guerin et E. Traviès p.t Impr.t de Rémond. Giraud sculp.

Publié par J.B Baillière et Fils. Paris.

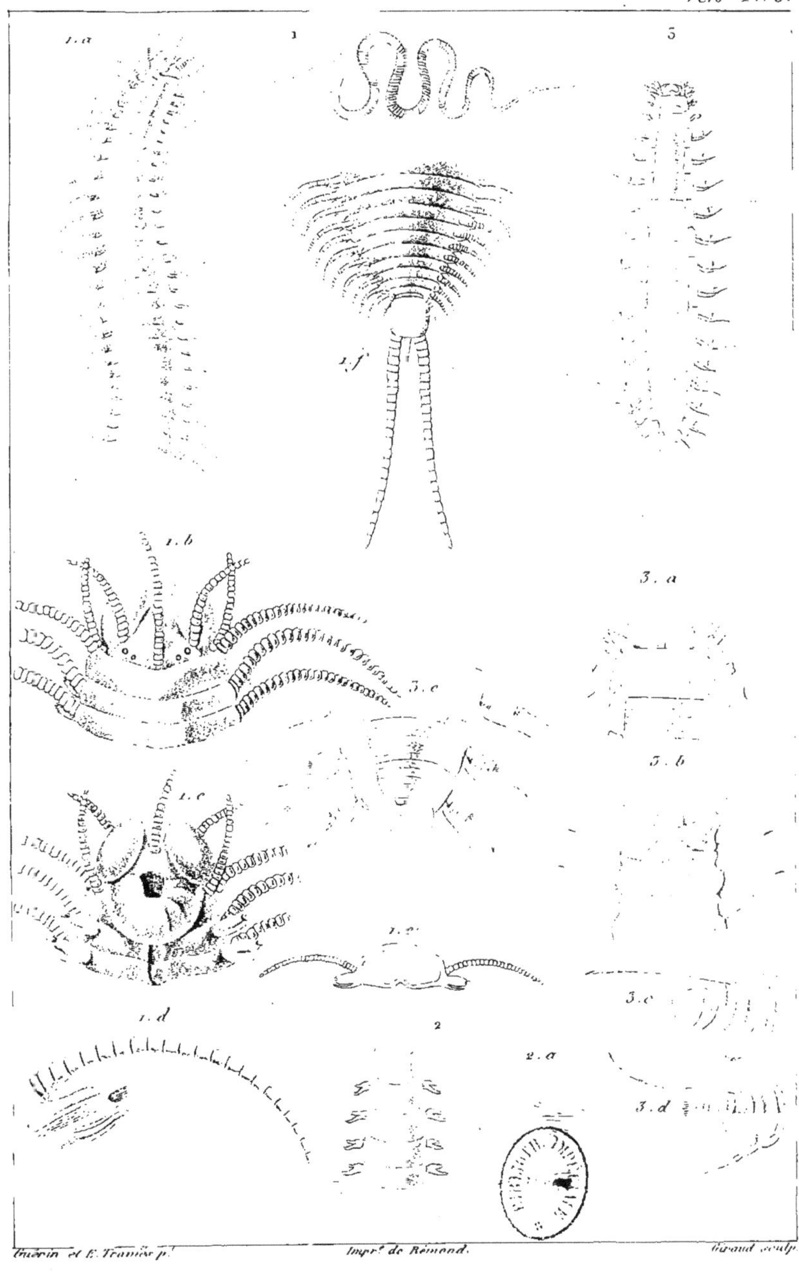

Guérin et E. Traviès p.t   Imp.r de Rémond.   Girard sculp.

Publié par J. B. Baillière et Fils, Paris.

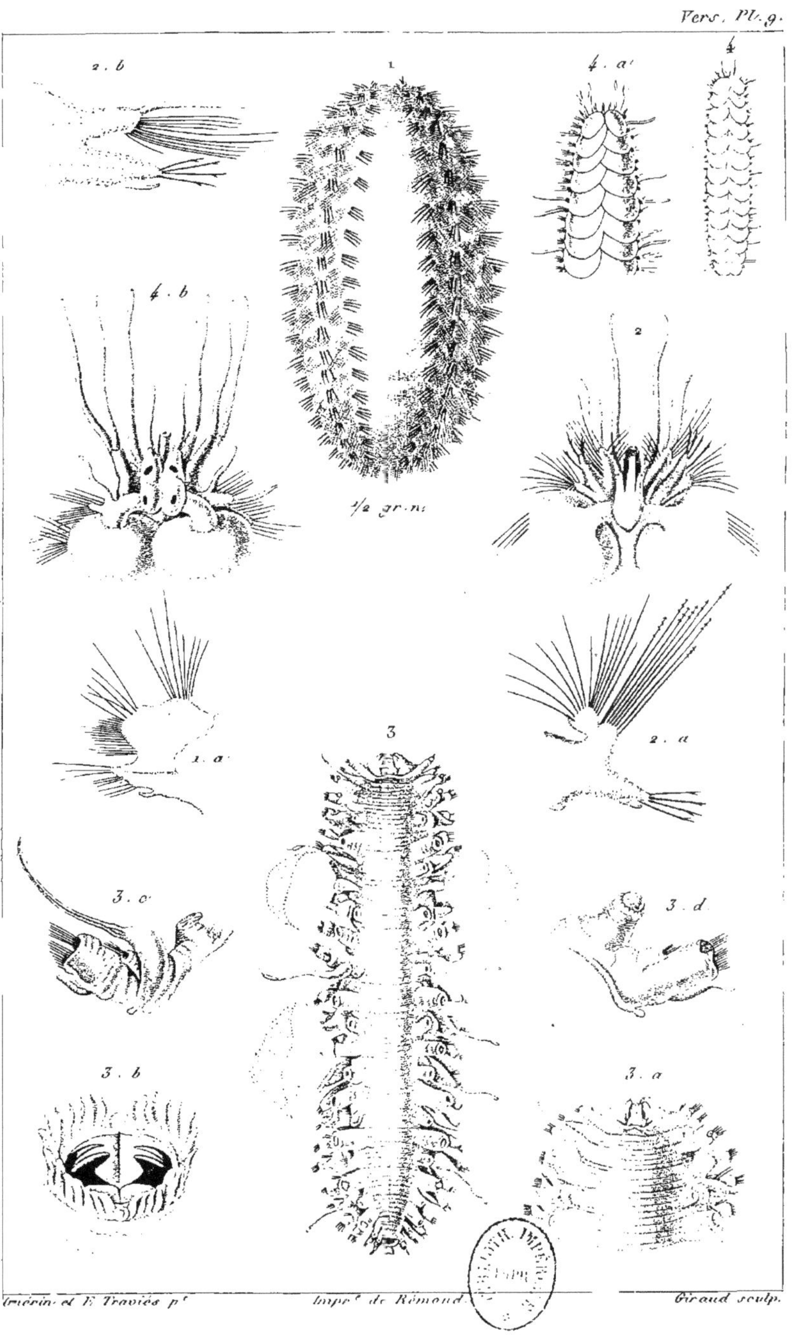

Guérin et E. Traviès p.t
Impr.e de Rémond
Giraud sculp.
Publié par J.B. Baillière et Fils, Paris.

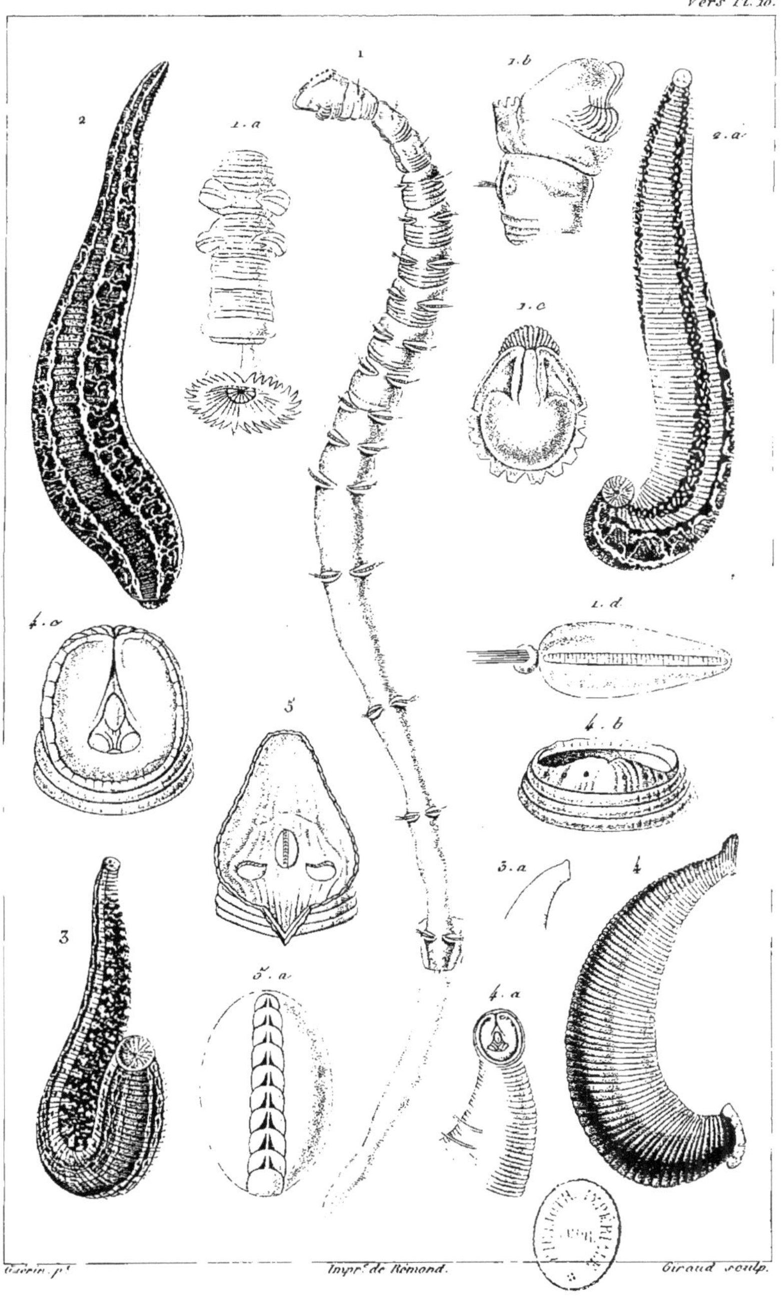

Guérin p.t Impr.ie de Rémond. Giraud sculp.

Publié par J.B. Baillière et Fils, Paris.

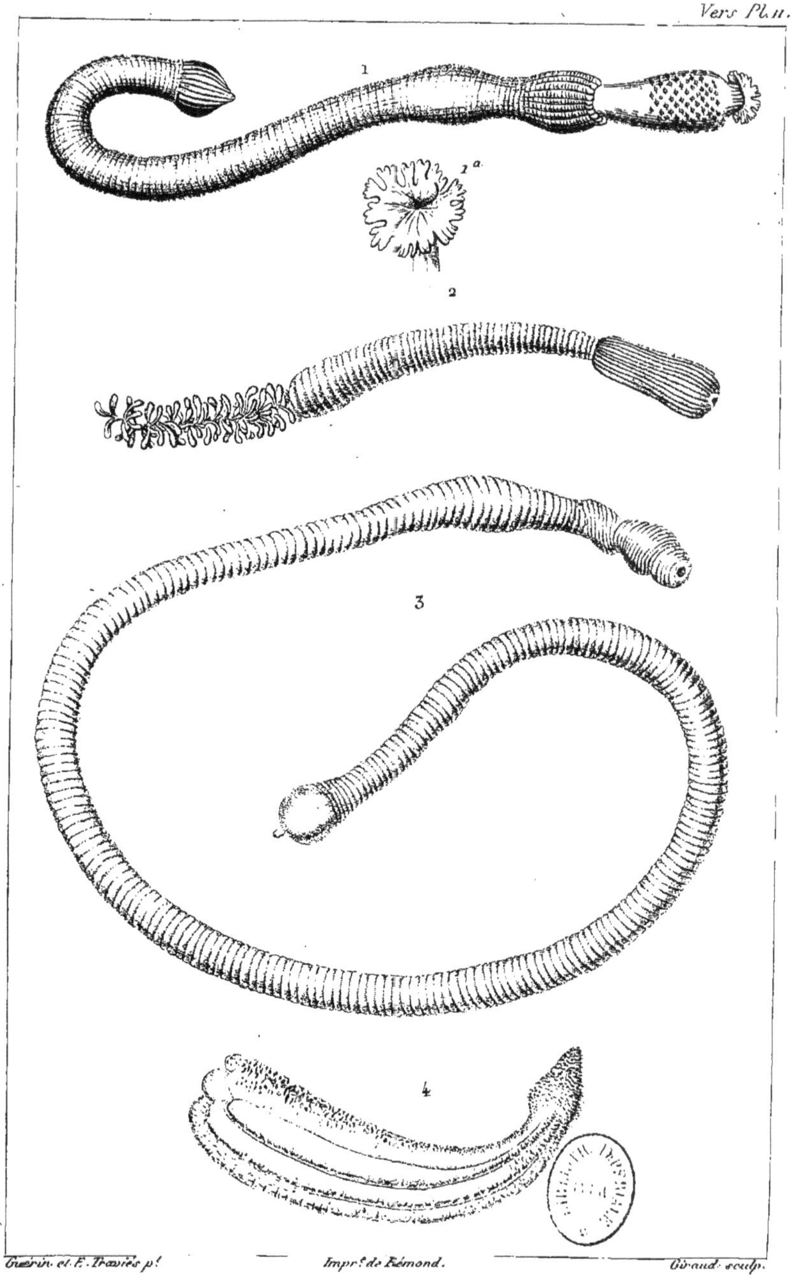

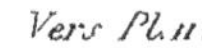

1

1 a

2

3

4

Guérin et E. Traviès p.t Impr.e de Rémond. Giraud sculp.

Publié par J. B. Baillière et Fils, Paris.

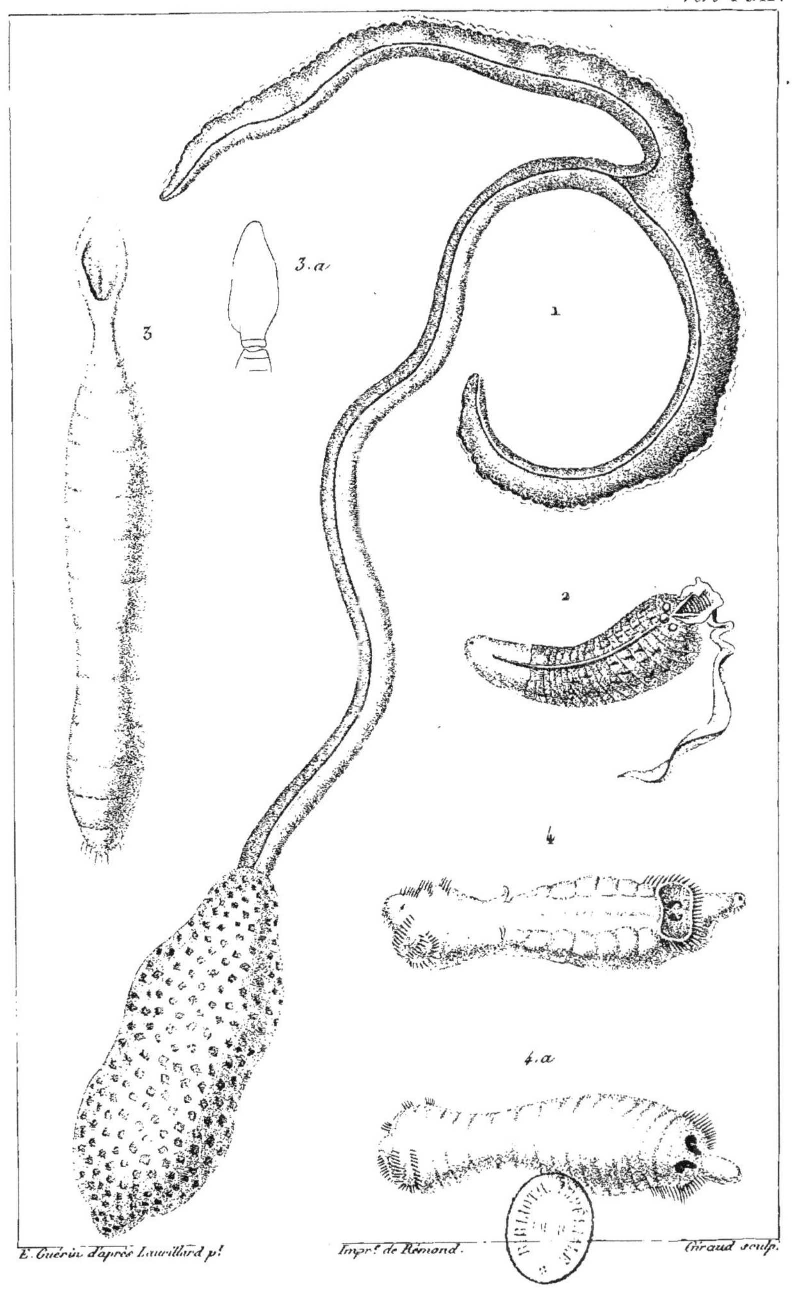

E. Guérin d'après Laurillard p.t   Imp.r de Rémond.   Giraud sculp.

Publié par J.B. Baillière et Fils. Paris.

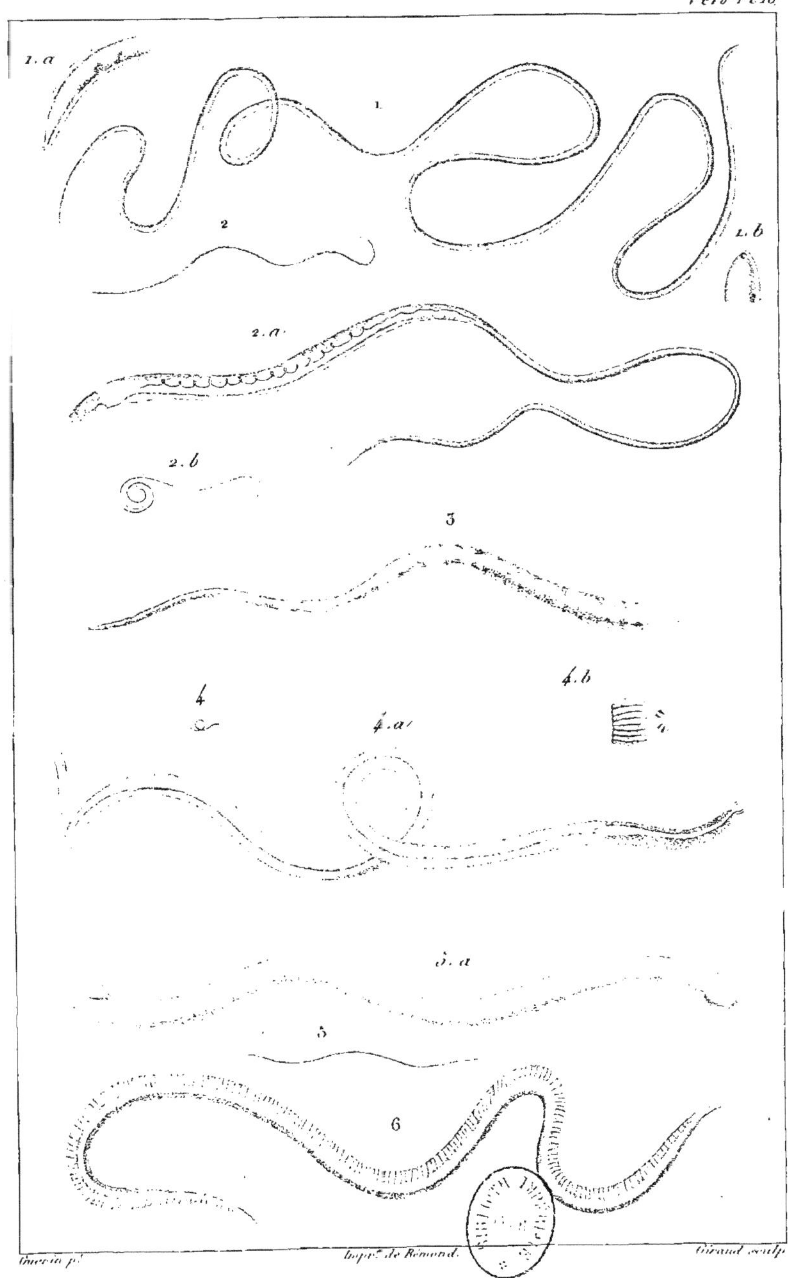

Guérin p.t Impr.ie de Rémond. Giraud sculp.

Publié par J. B. Baillière et Fils, Paris

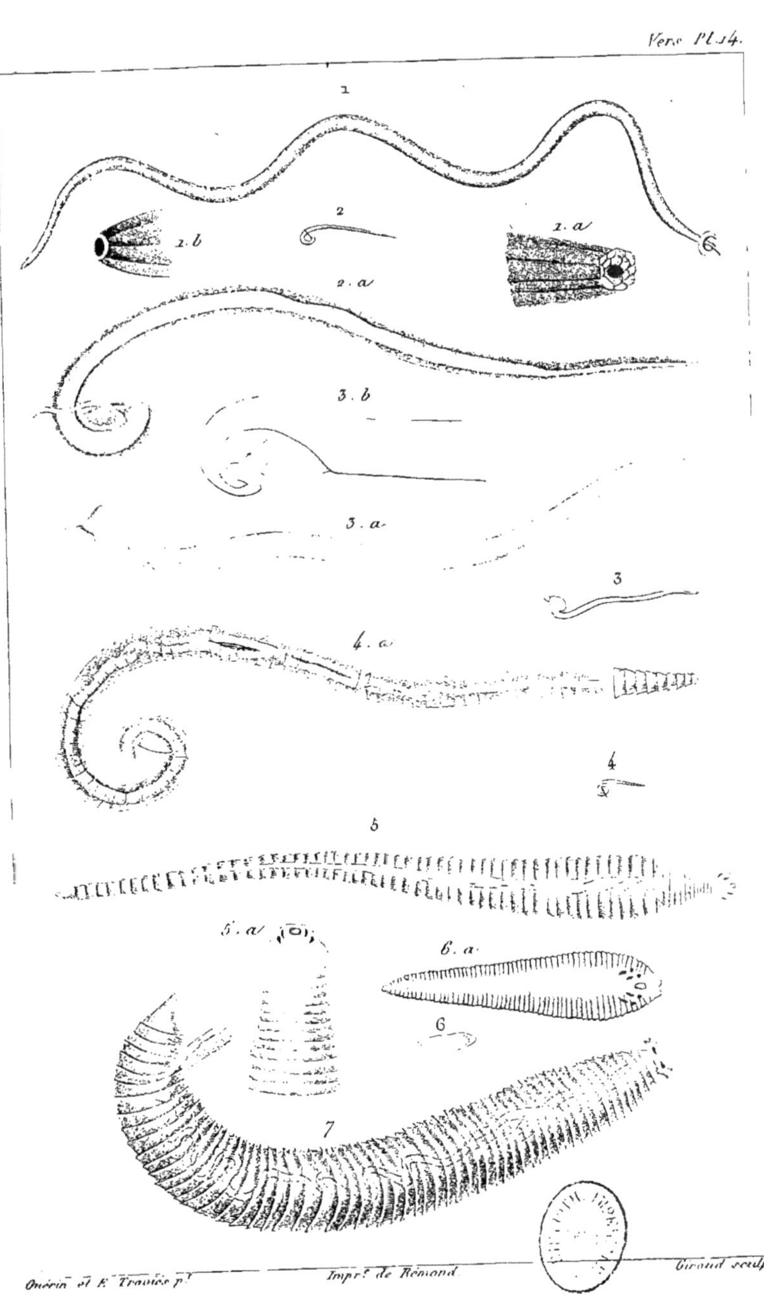

Guérin et E. Travies p.^t Impr.^e de Rémond Giraud sculp.

Publié par J.B. Baillière et Fils. Paris.

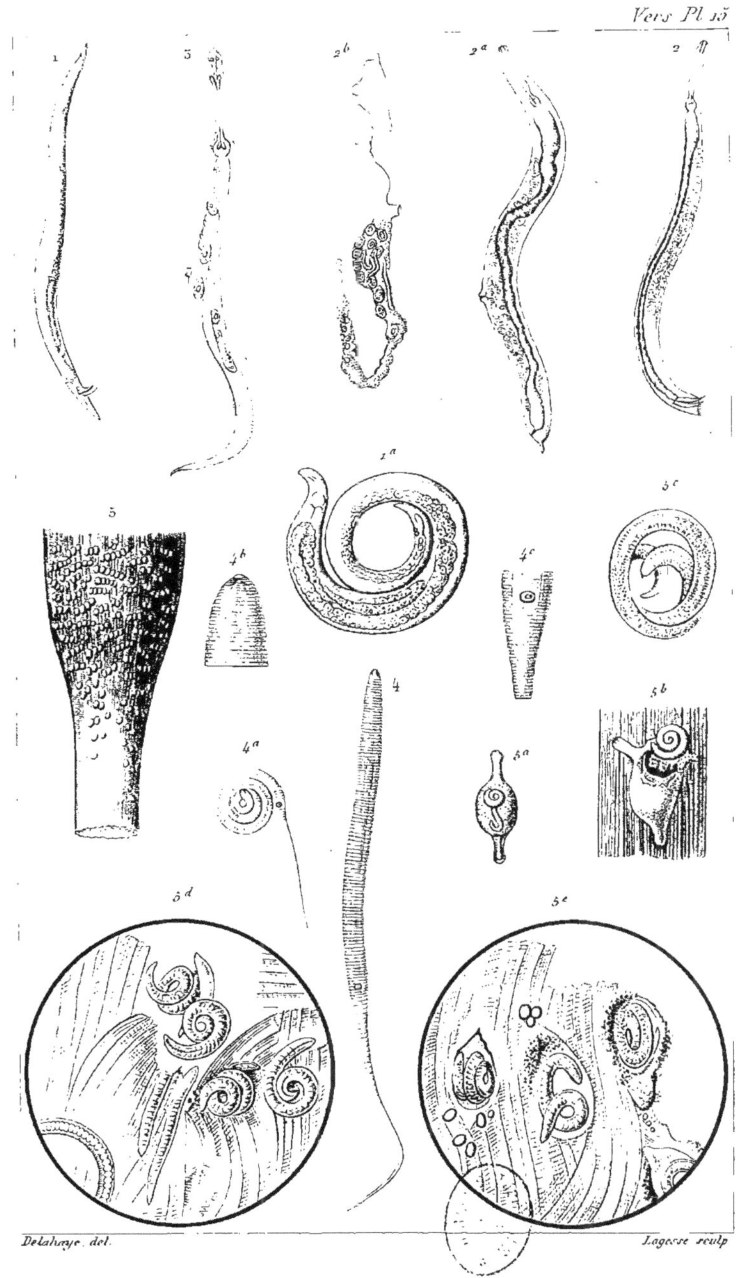

Delahaye del.

Lagesse sculp

Publié par J.B. Baillière et Fils, Paris.

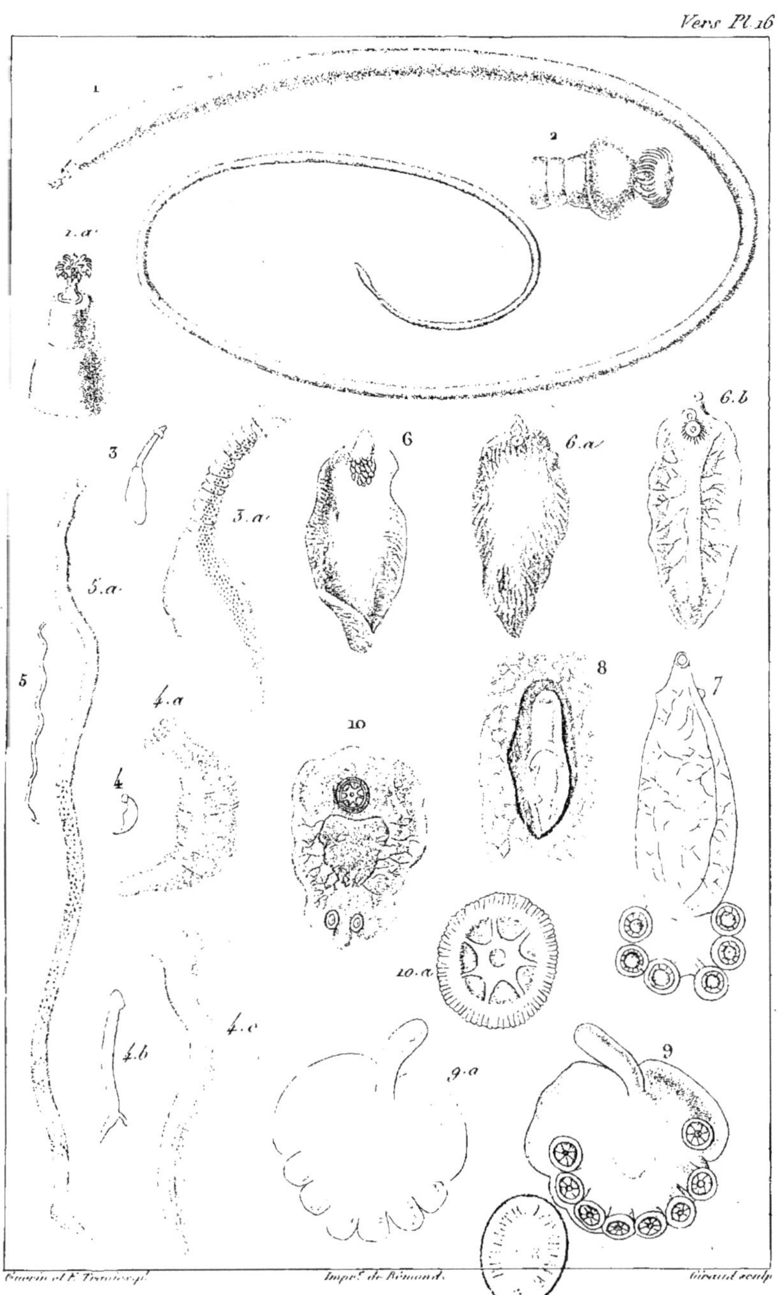

Guérin et E. Traviès pt.   Impr. de Rémond.   Giraud sculp.

J. B. Baillière et fils à Paris.

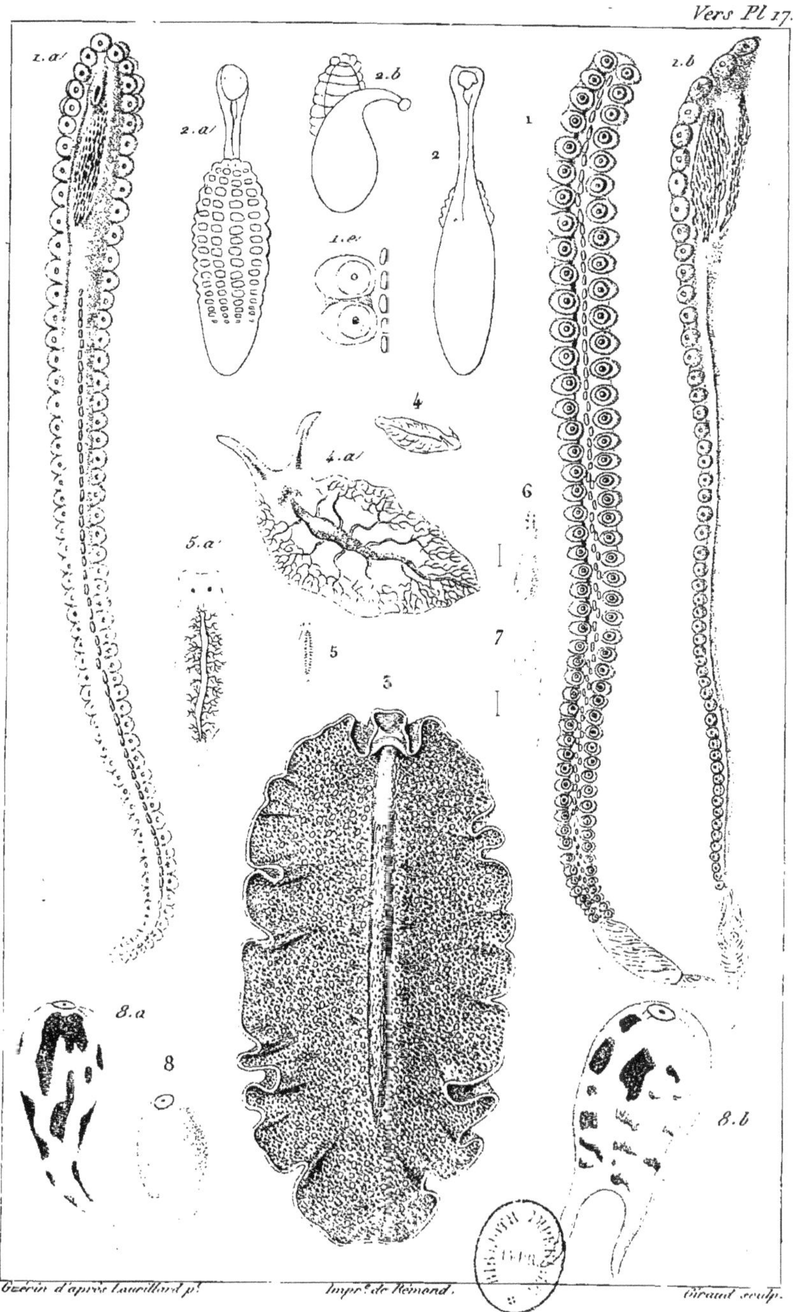

Guérin d'après Laurillard p.t Impr.e de Rémond. Giraud sculp.

J.B. Baillière et fils, à Paris.

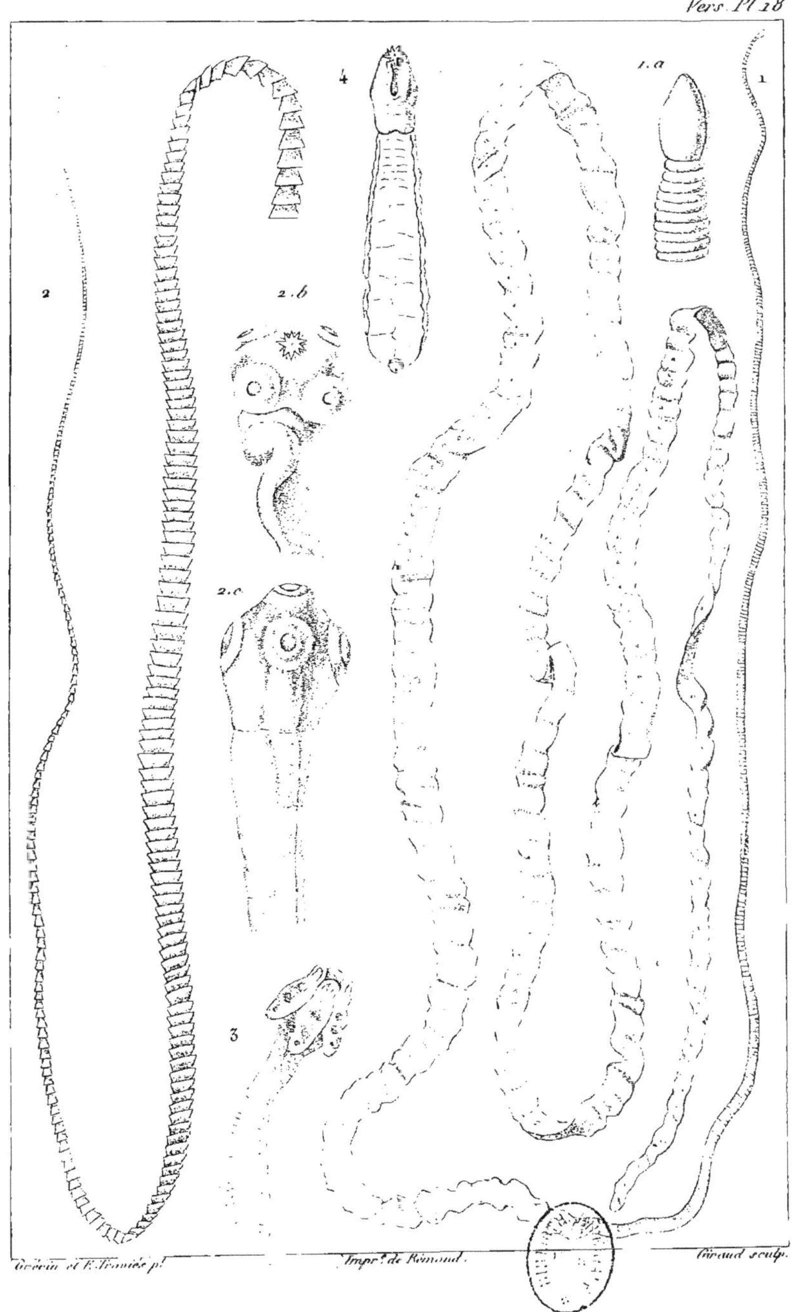

Guérin et E. Traviès p. Impr. de Rémond. Giraud sculp.

J.B. Baillière et fils à Paris.

Guérin et E. Travers p.t Impr.e de Rémond Giraud sculp.

J. B. Baillière et fils à Paris.

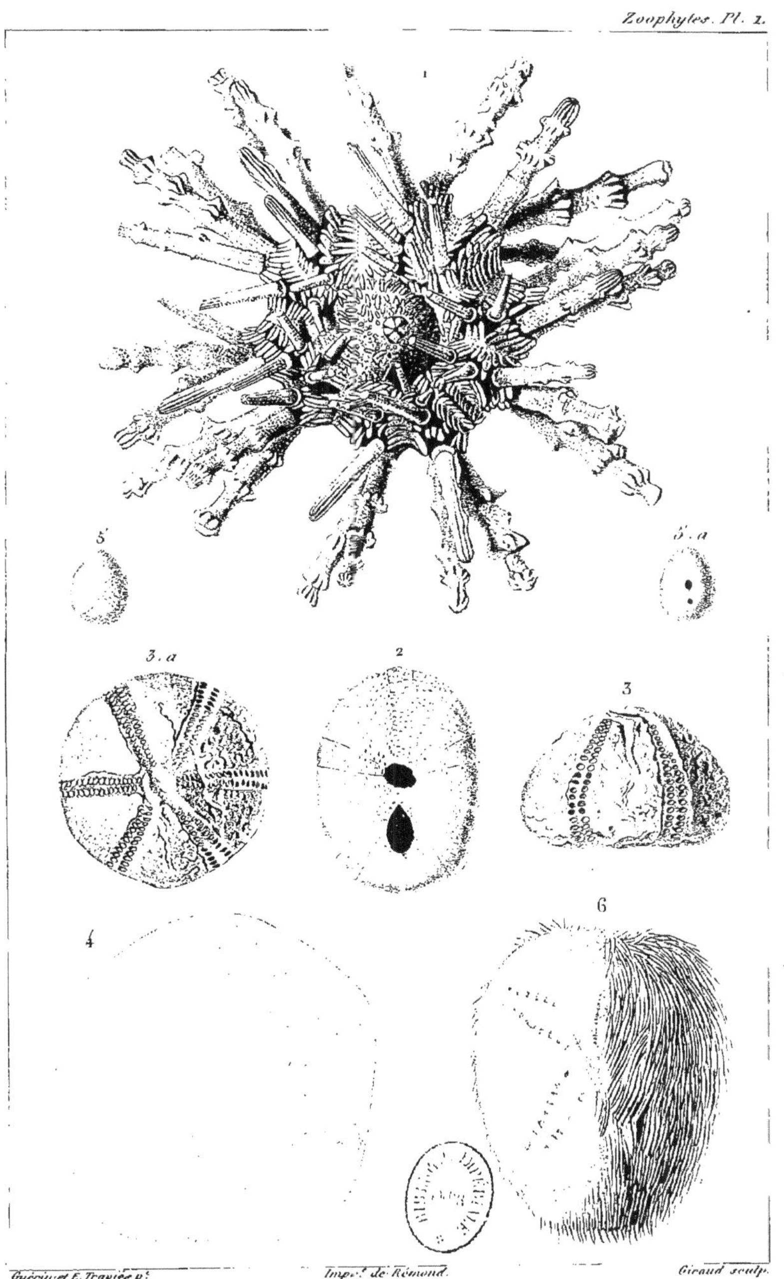

Guérin et E. Traviès p.t Impr.t de Rémond. Giraud sculp.

J.B. Baillière et fils à Paris

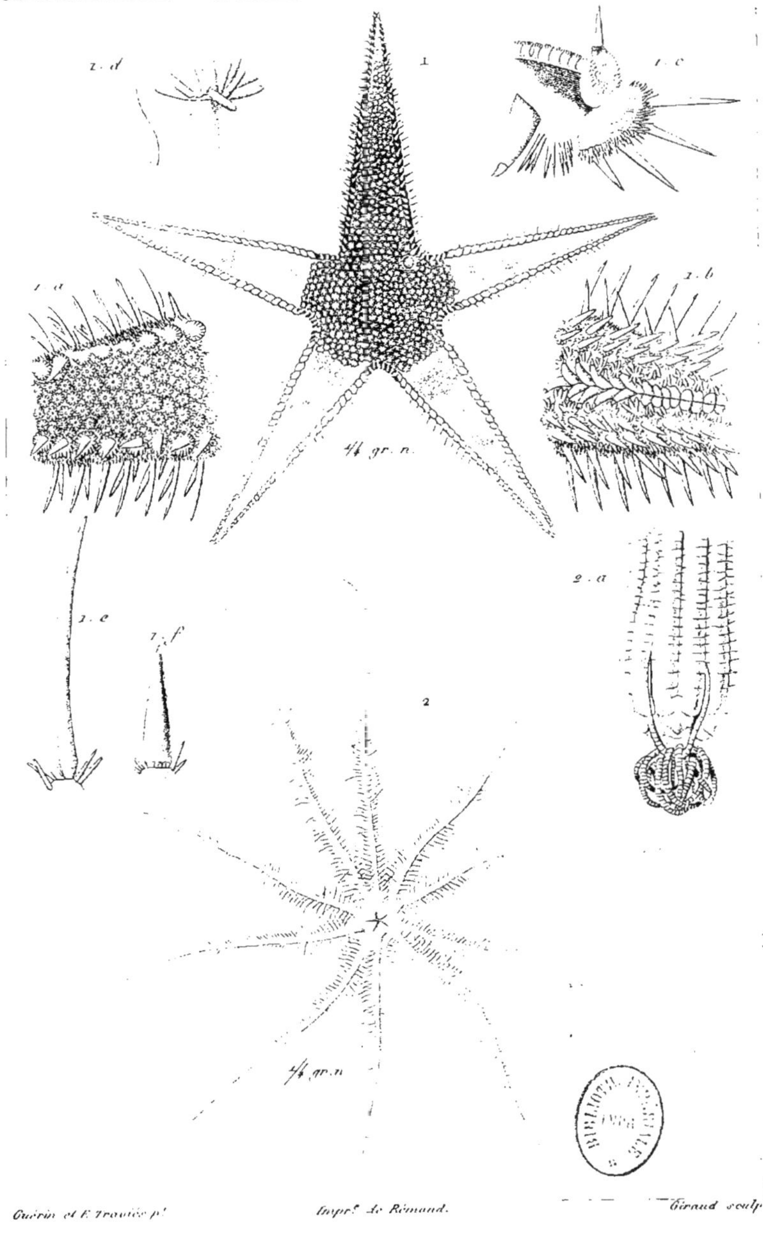

Guérin et E. Traviès p.t Impr.ie de Rémond. Giraud sculp.

J. B. Baillière et fils à Paris.

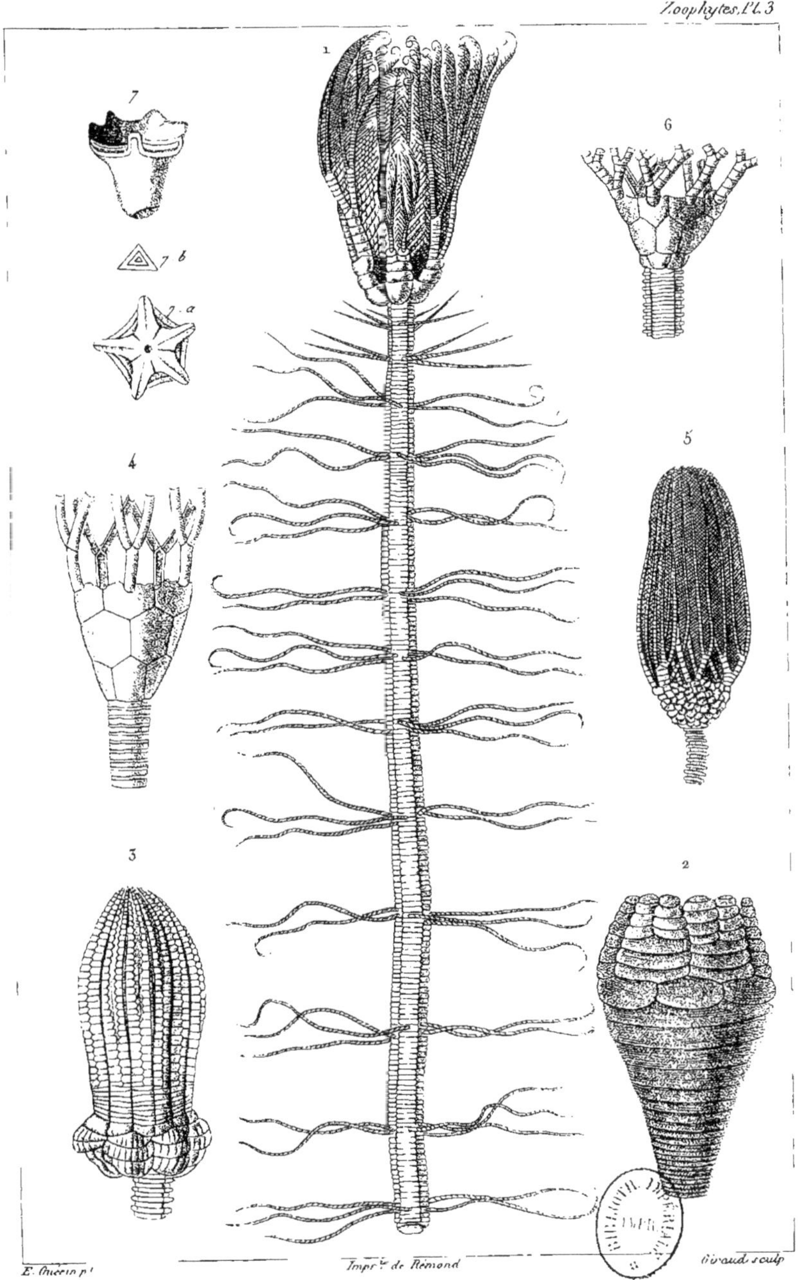

E. Guérin p.t Impr.ie de Rémond Giraud sculp.

J. B. Baillière et fils à Paris.

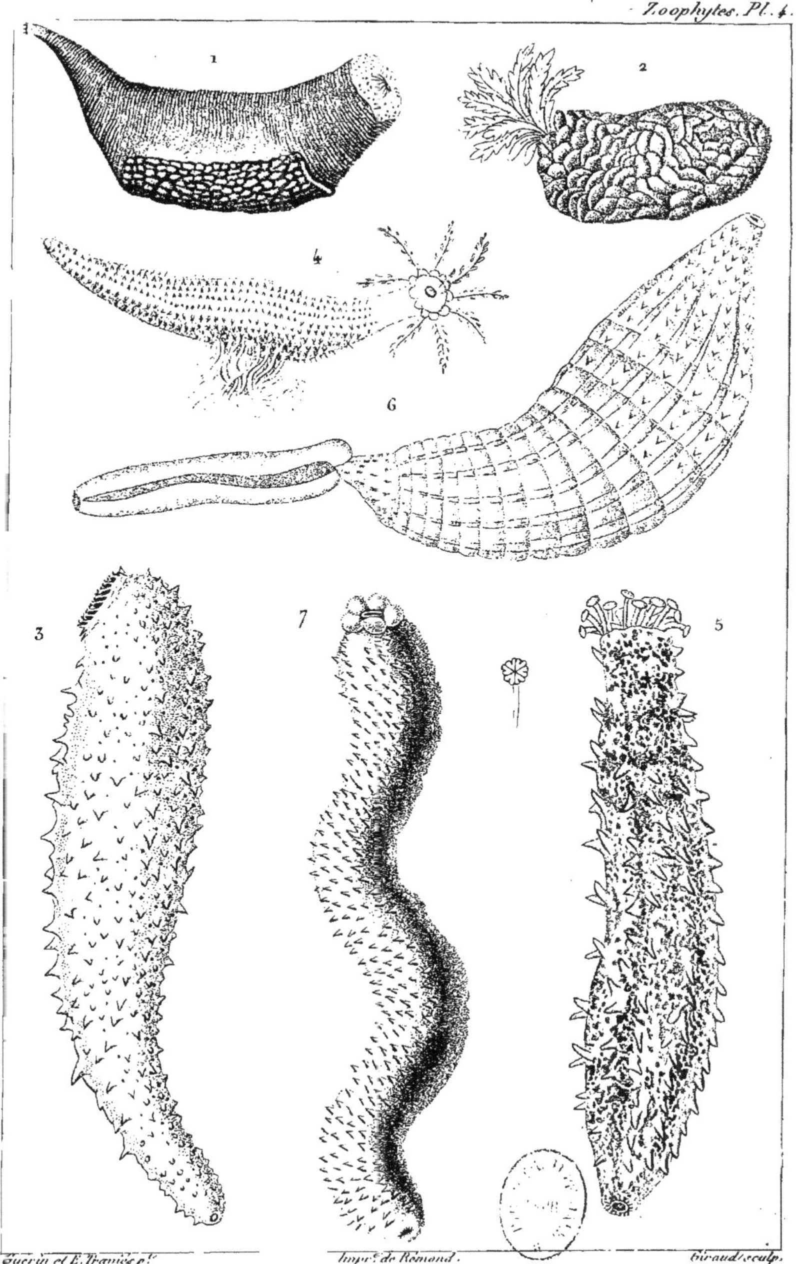

Guérin et E. Traviès p.t Impr. de Rémond. Giraud sculp.

J.B. Baillière et fils à Paris.

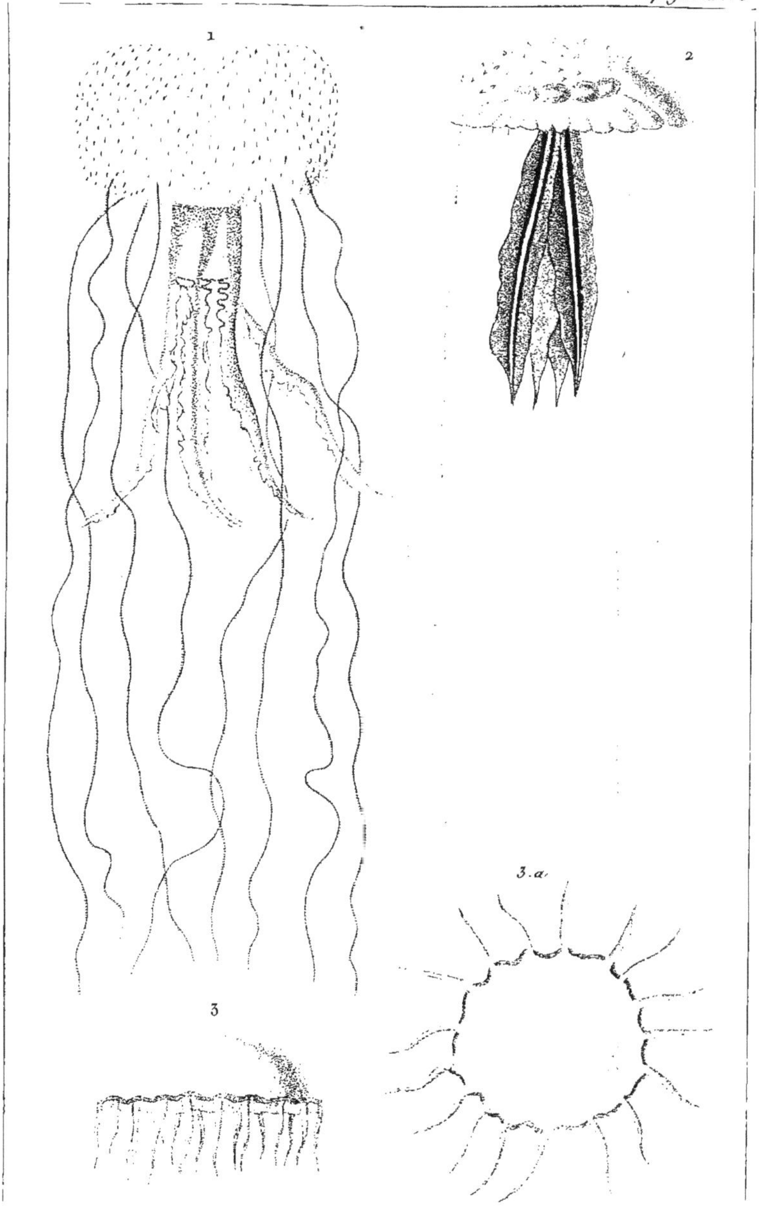

E. Guérin p.t Impr.ie de Rémond. Giraud sculp.

J.B. Baillière et fils à Paris

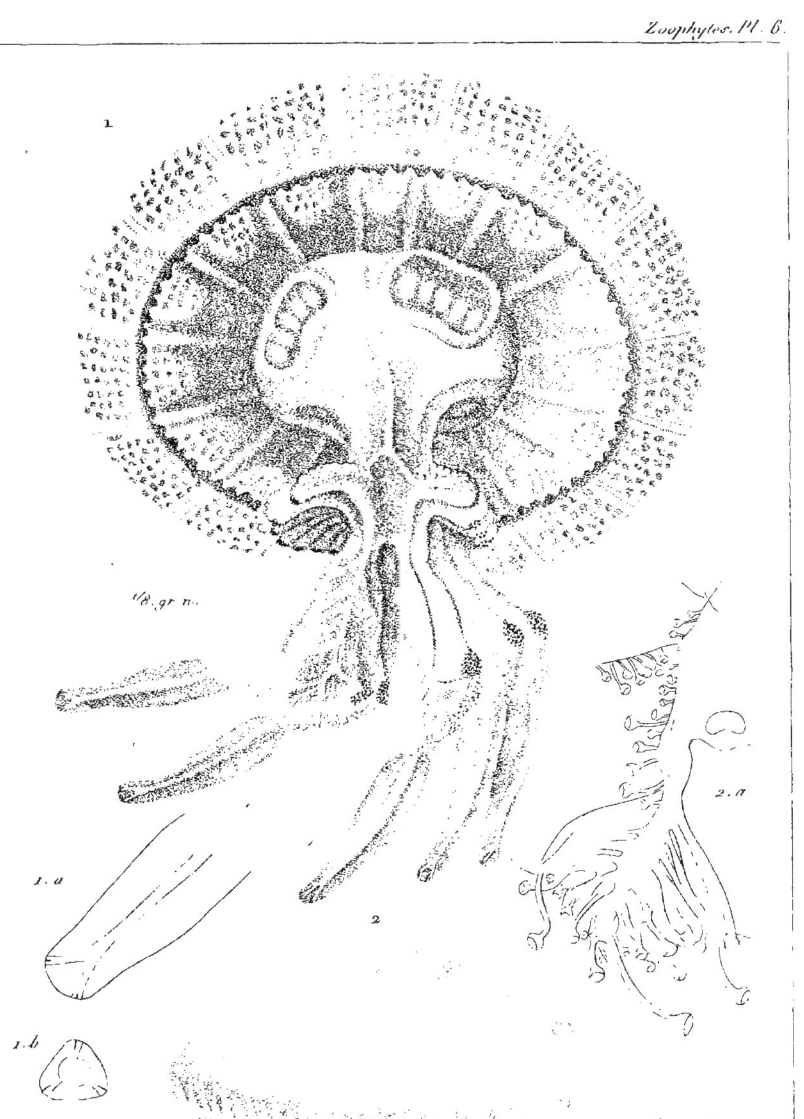

Guérin et E. Traviès p.t Impr. de Rémond. Giraud sculp.

J.B. Baillière et fils à Paris.

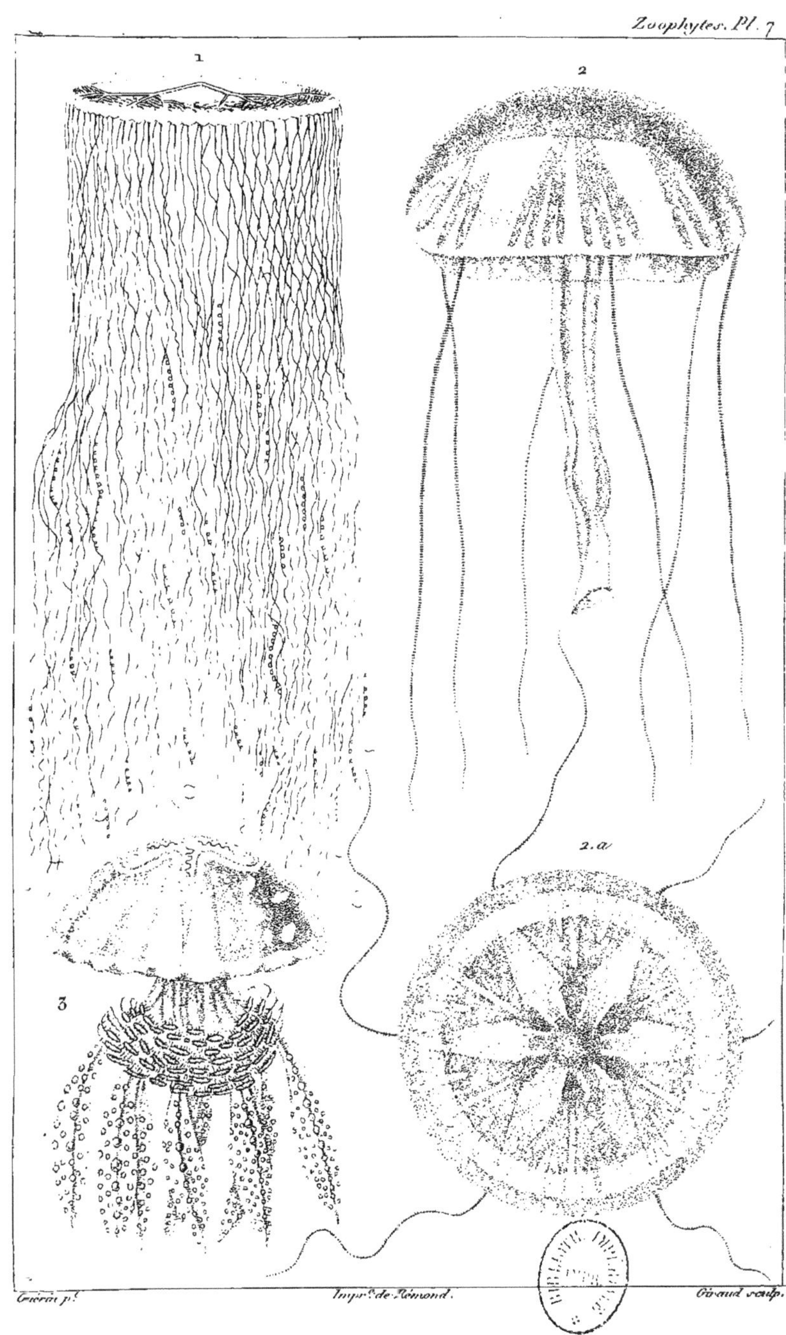

Guérin p.t Impr.e de Rémond. Giraud sculp.

J. B. Baillière et fils à Paris.

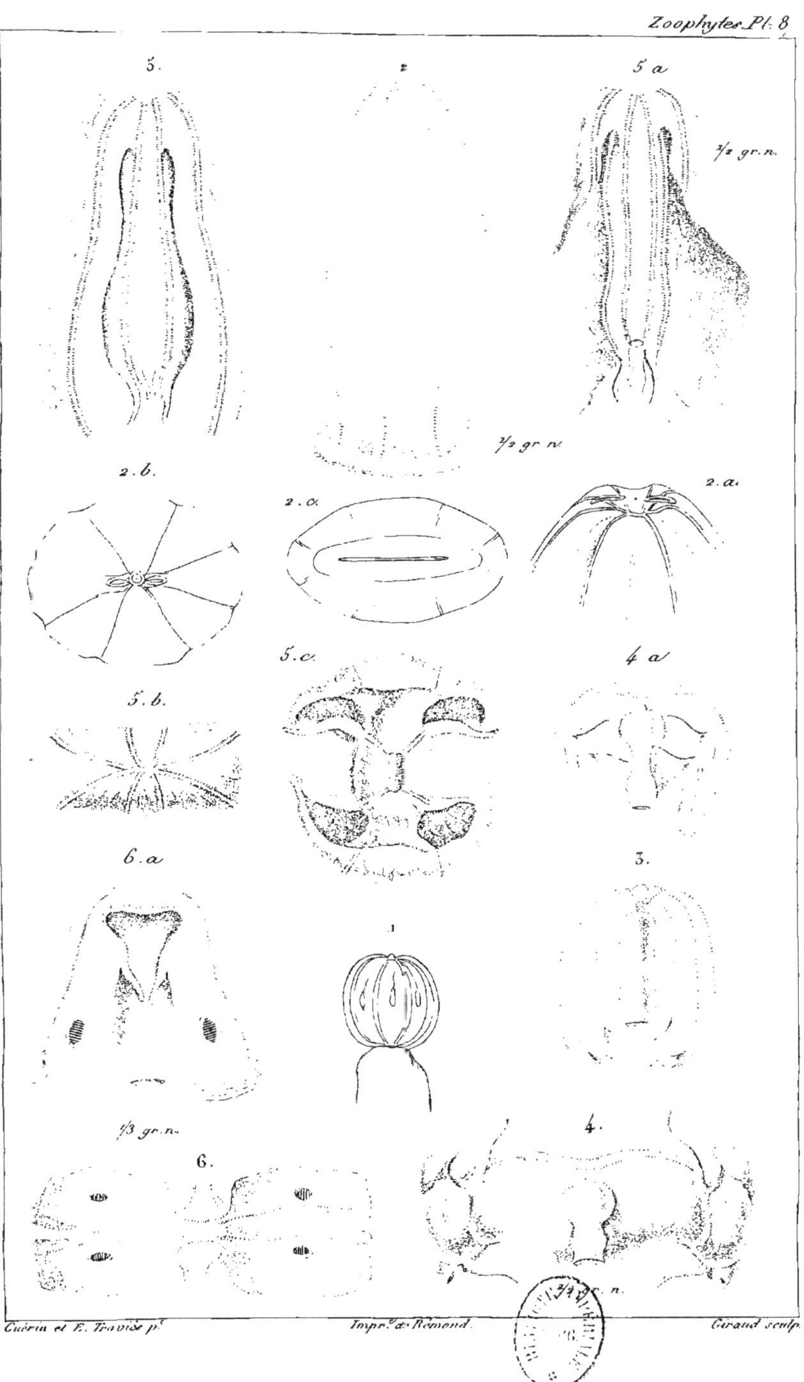

Guérin et E. Travès p.^t Impr.^e de Rémond. Giraud sculp.

J. B. Baillière et fils à Paris.

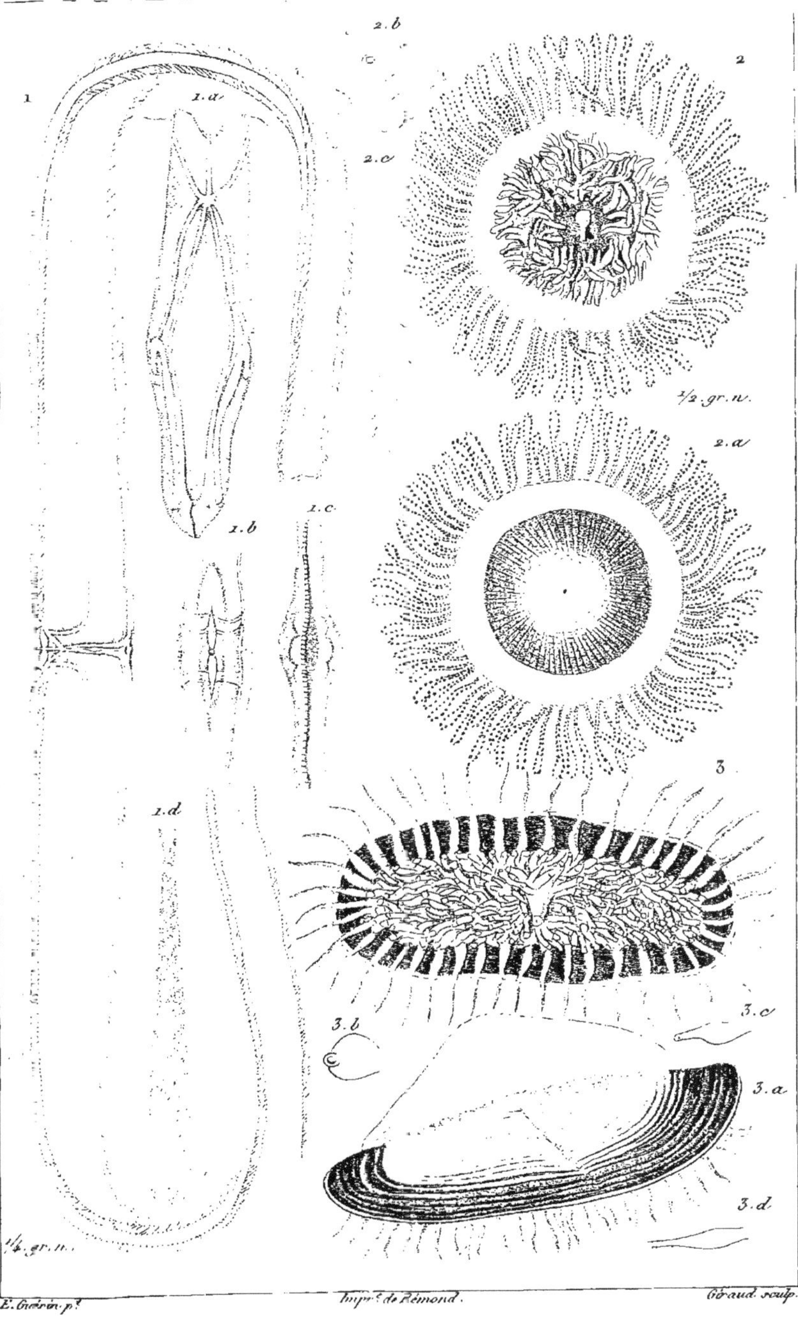

E. Guérin p.t Impr.ᵉ de Rémond. Giraud sculp.

J. B. Baillière et fils à Paris

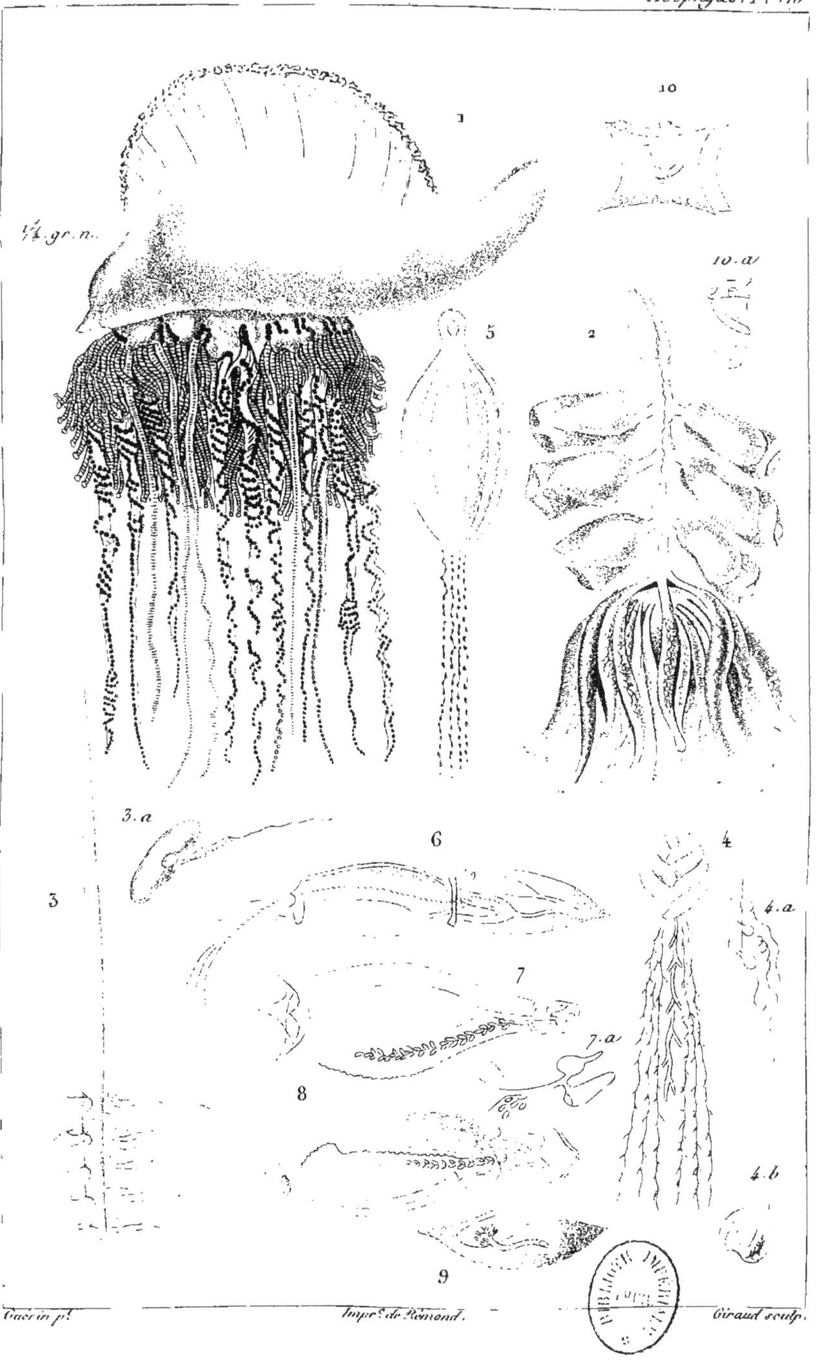

J. B. Baillière et fils à Paris.

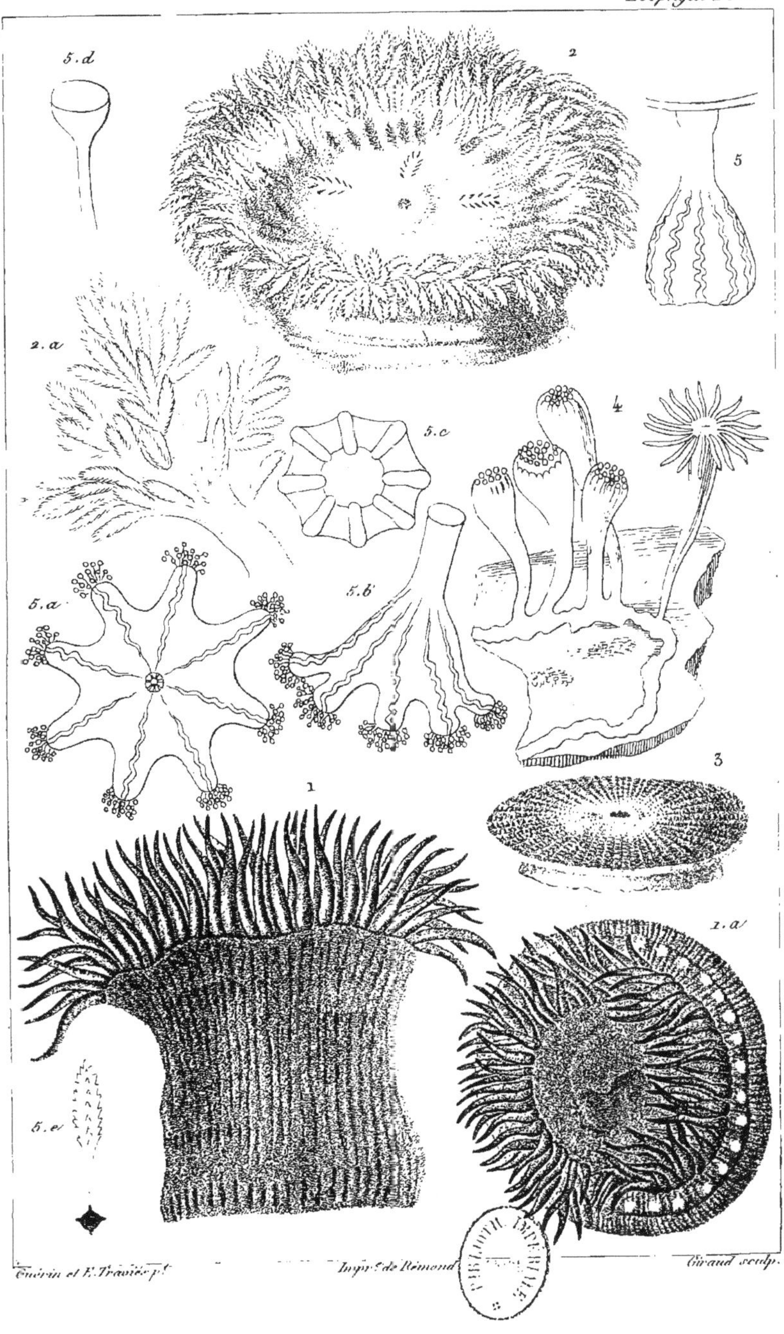

Guérin et E. Traviès p.t Impr.e de Rémond Giraud sculp.

J.B. Baillière et fils à Paris.

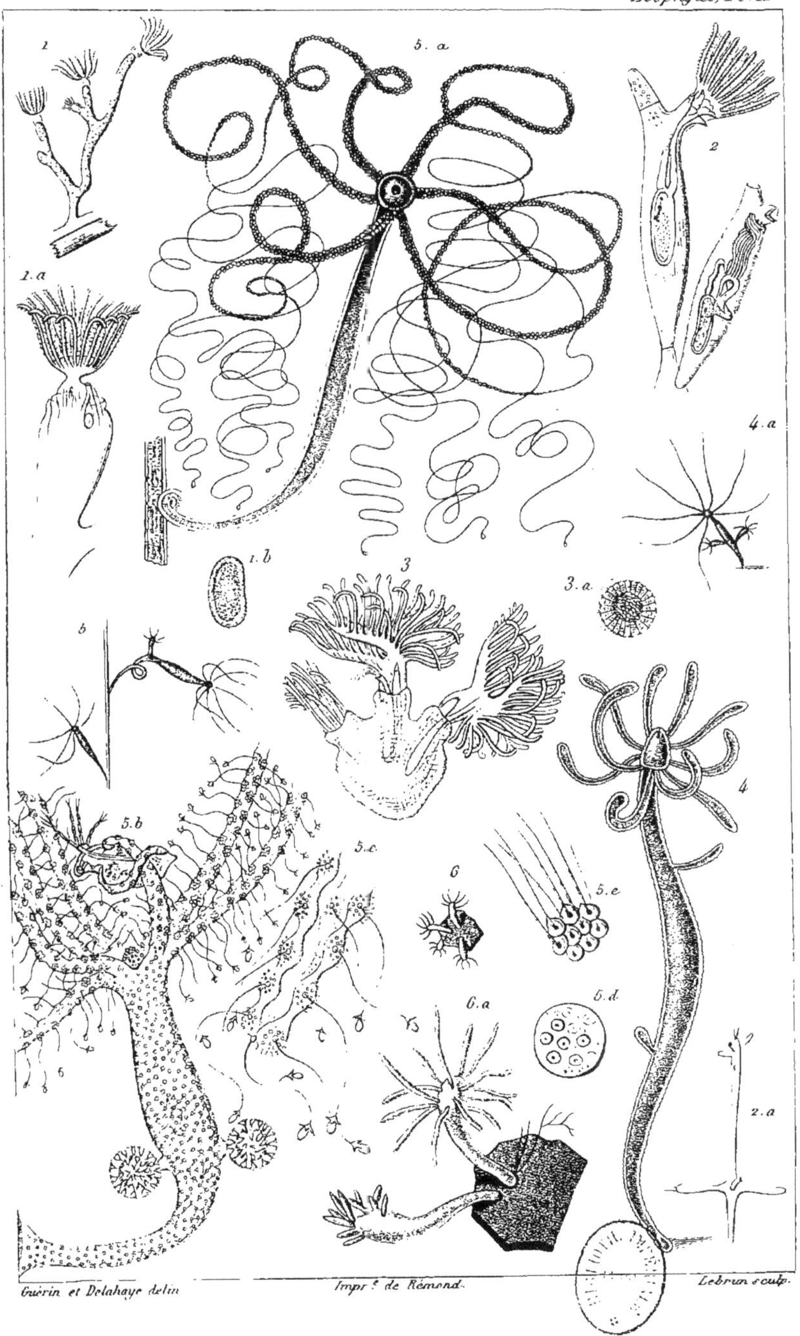

Guérin et Delahaye delin.   Impr.e de Rémond.   Lebrun sculp.

J. B. Baillière et fils à Paris

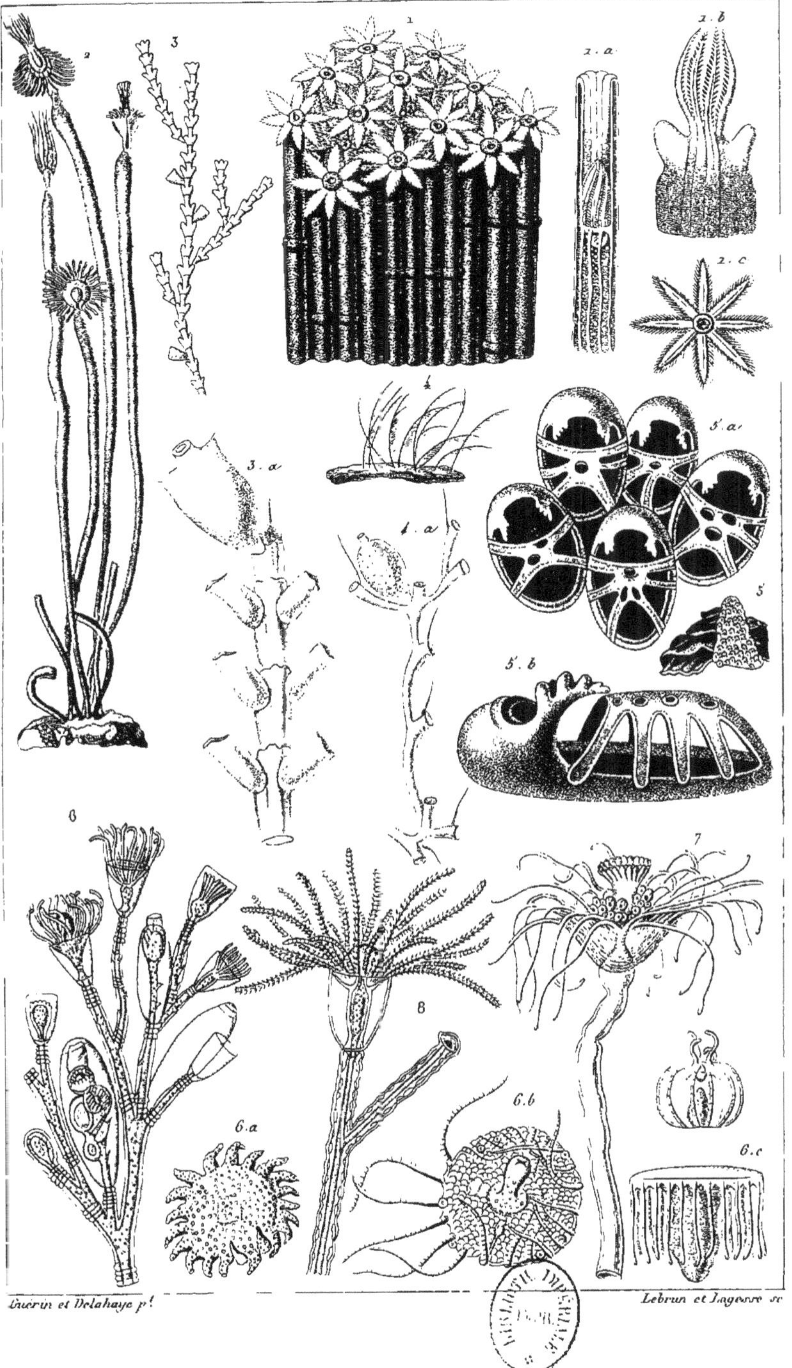

Guérin et Delahaye p.t Lebrun et Lagesse sc

J. B. Baillière et fils à Paris

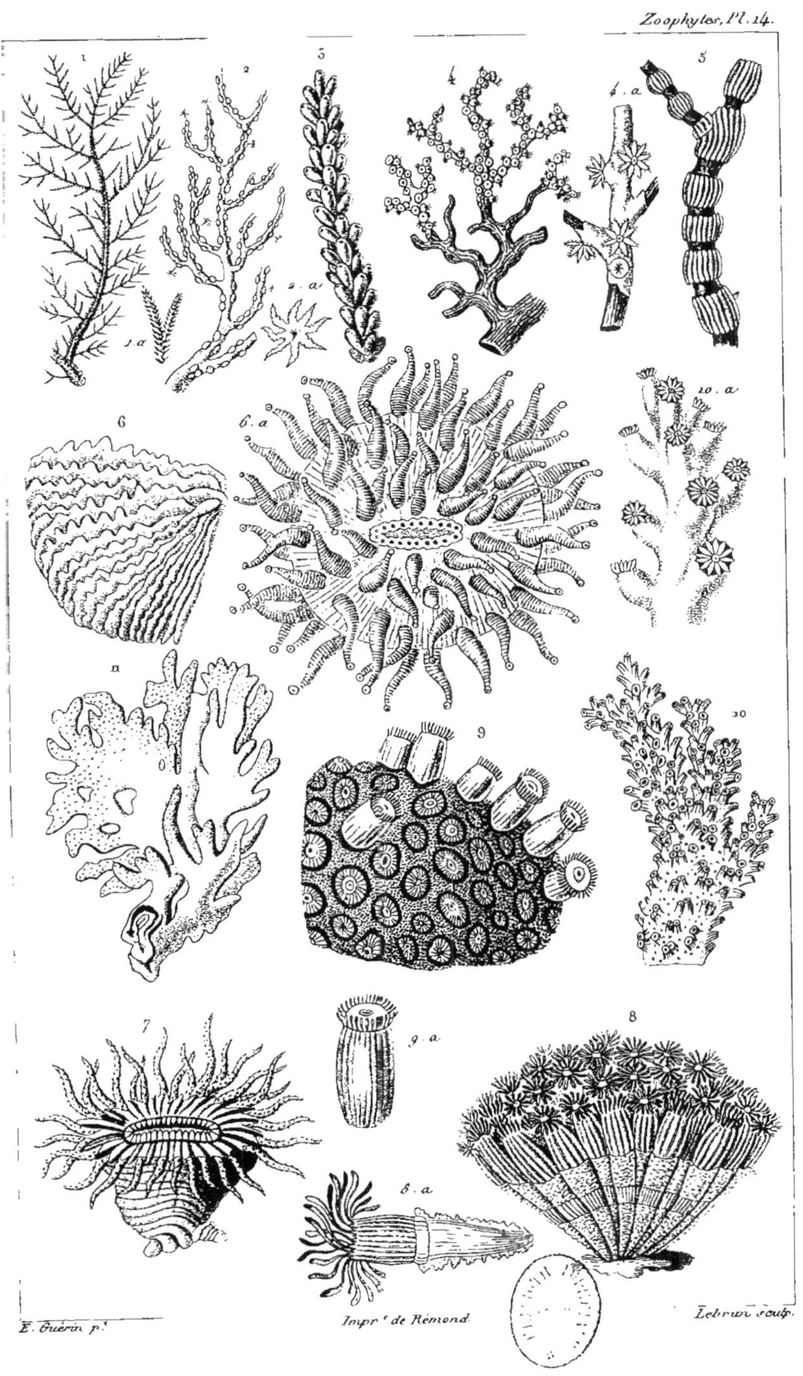

E. Guérin p.t Impr.e de Rémond Lebrun sculp.

J.B. Baillière et fils à Paris

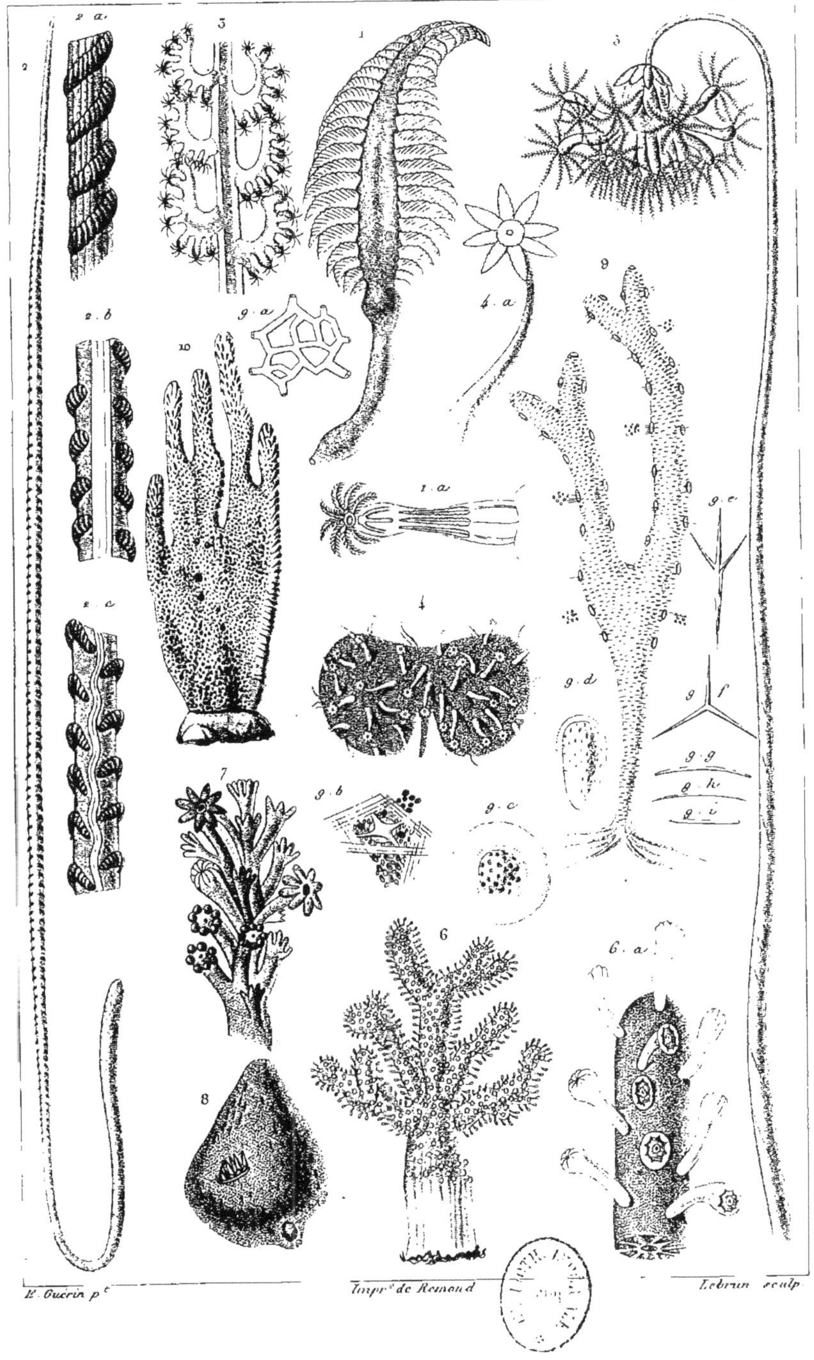

E. Guérin p.t Impr.e de Remond Lebrun sculp.

J. B. Baillère et fils à Paris

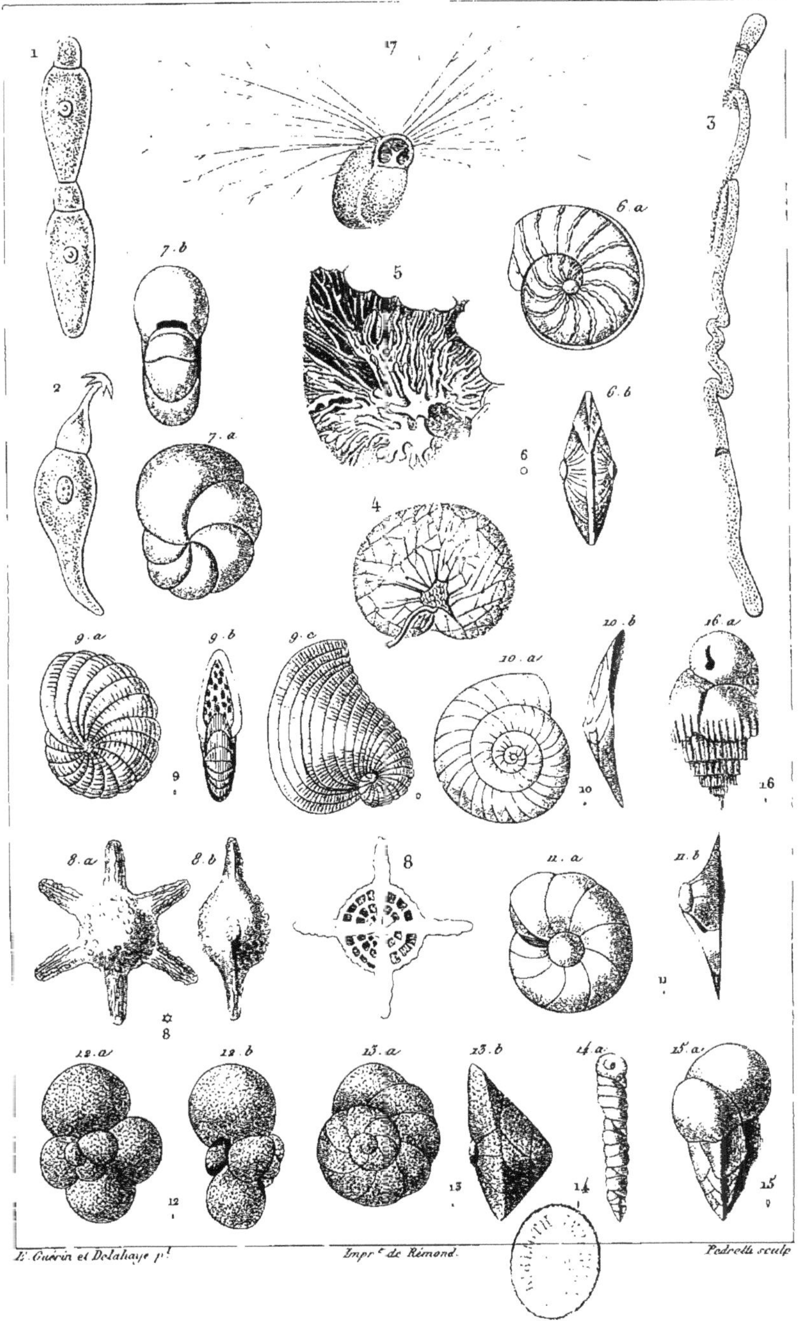

E. Guérin et Delahaye p.t Impr.e de Rémond. Pedretti sculp.

J.B. Baillière et fils à Paris

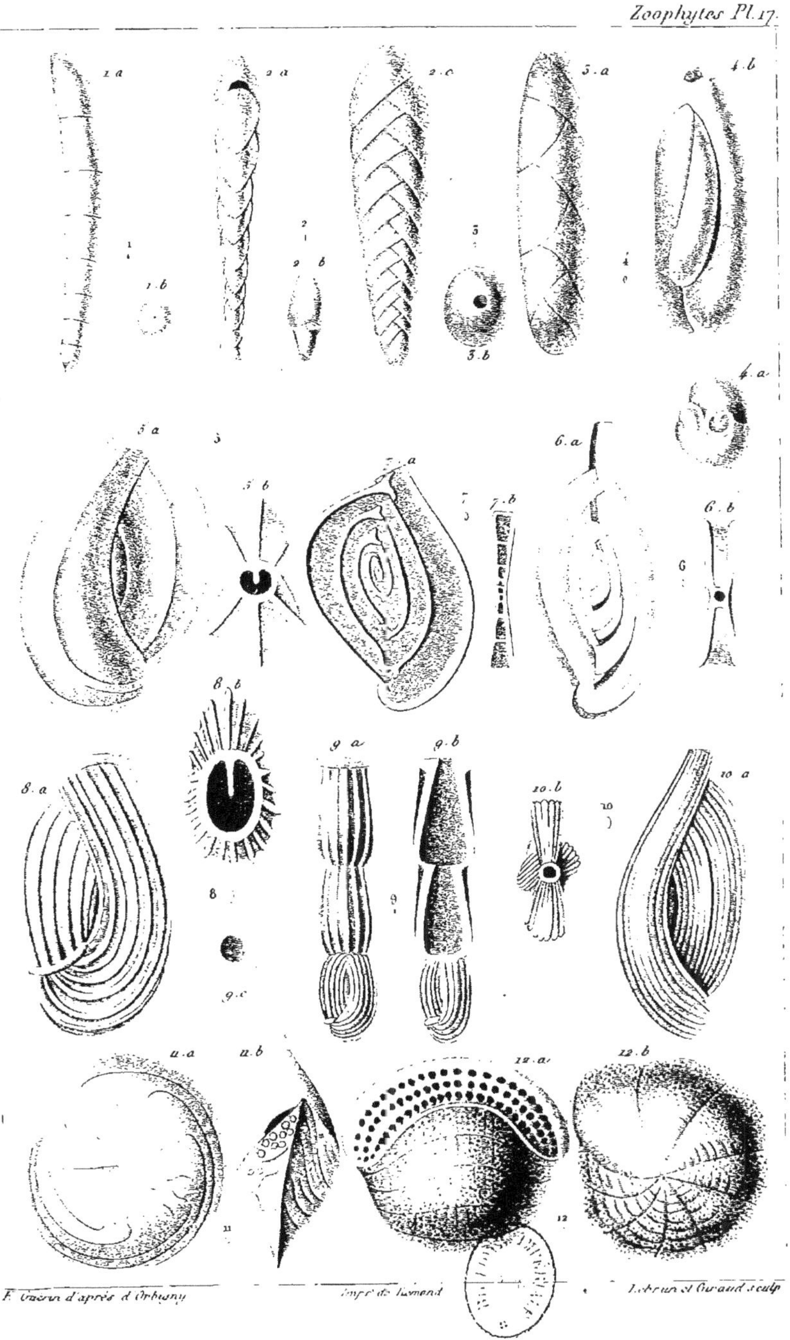

F. Guérin d'après d'Orbigny — Impr. de Rémond — Lebrun et Giraud sculp.

J. B. Baillière et fils à Paris

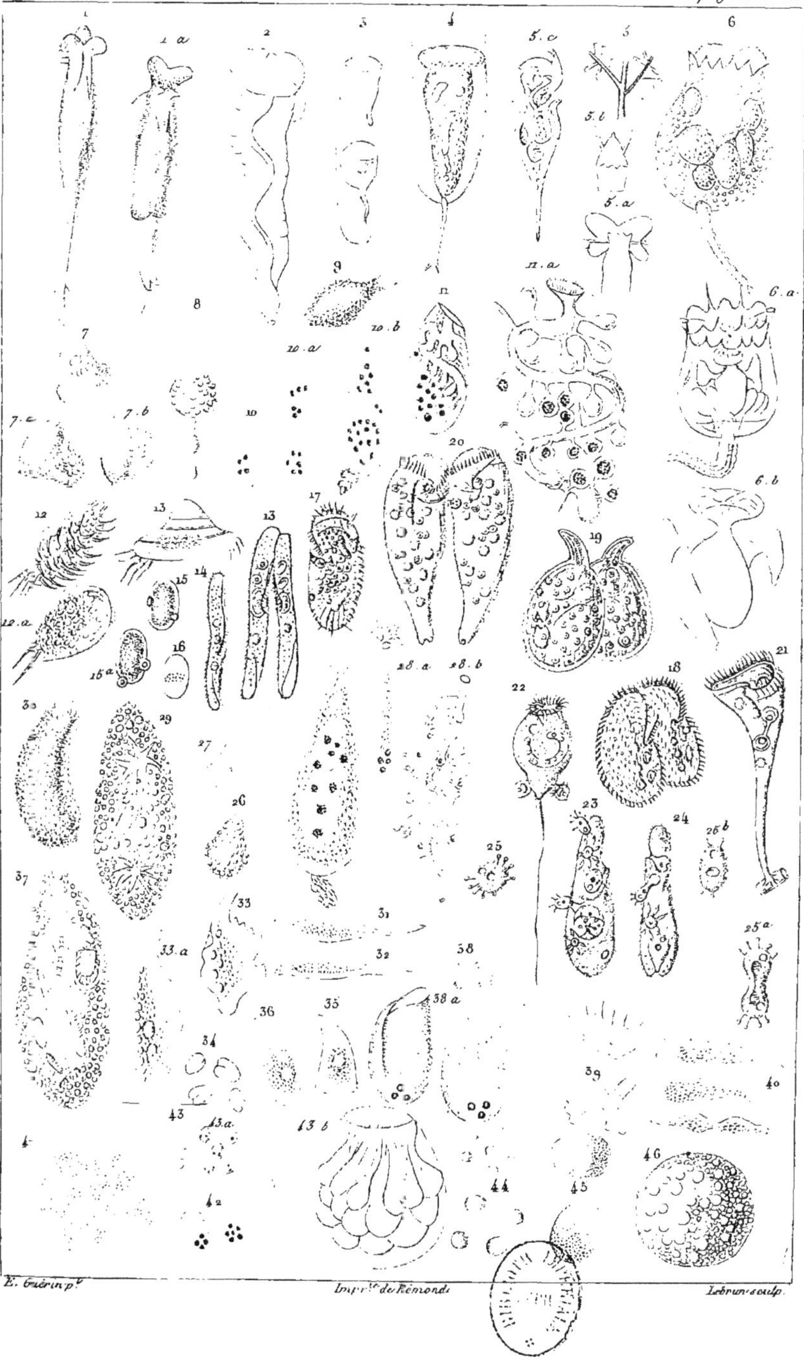

E. Guérin p.t Imp.rie de Rémond Lebrun sculp.

Publié par J. B. Baillière et Fils, Paris.

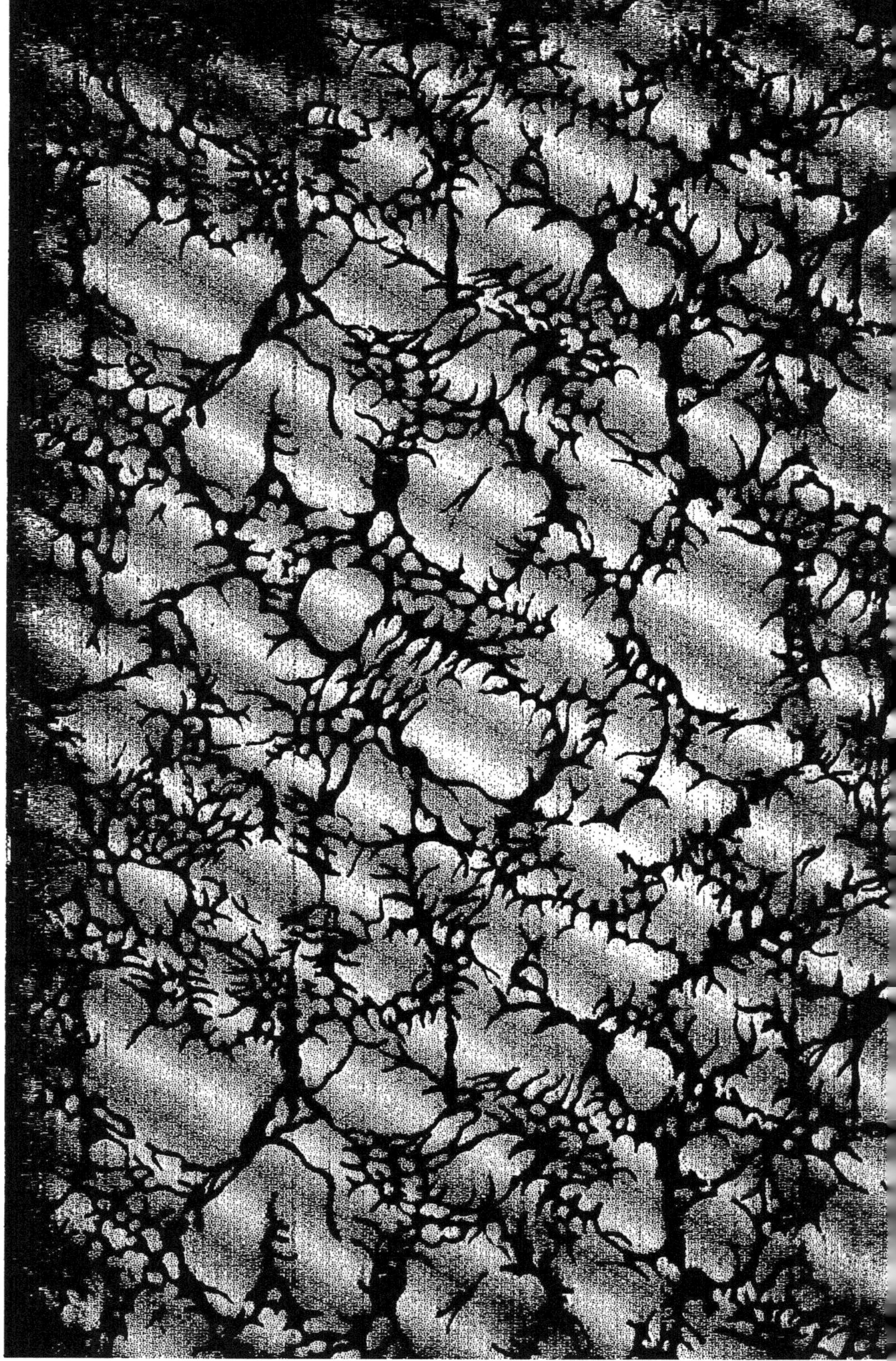

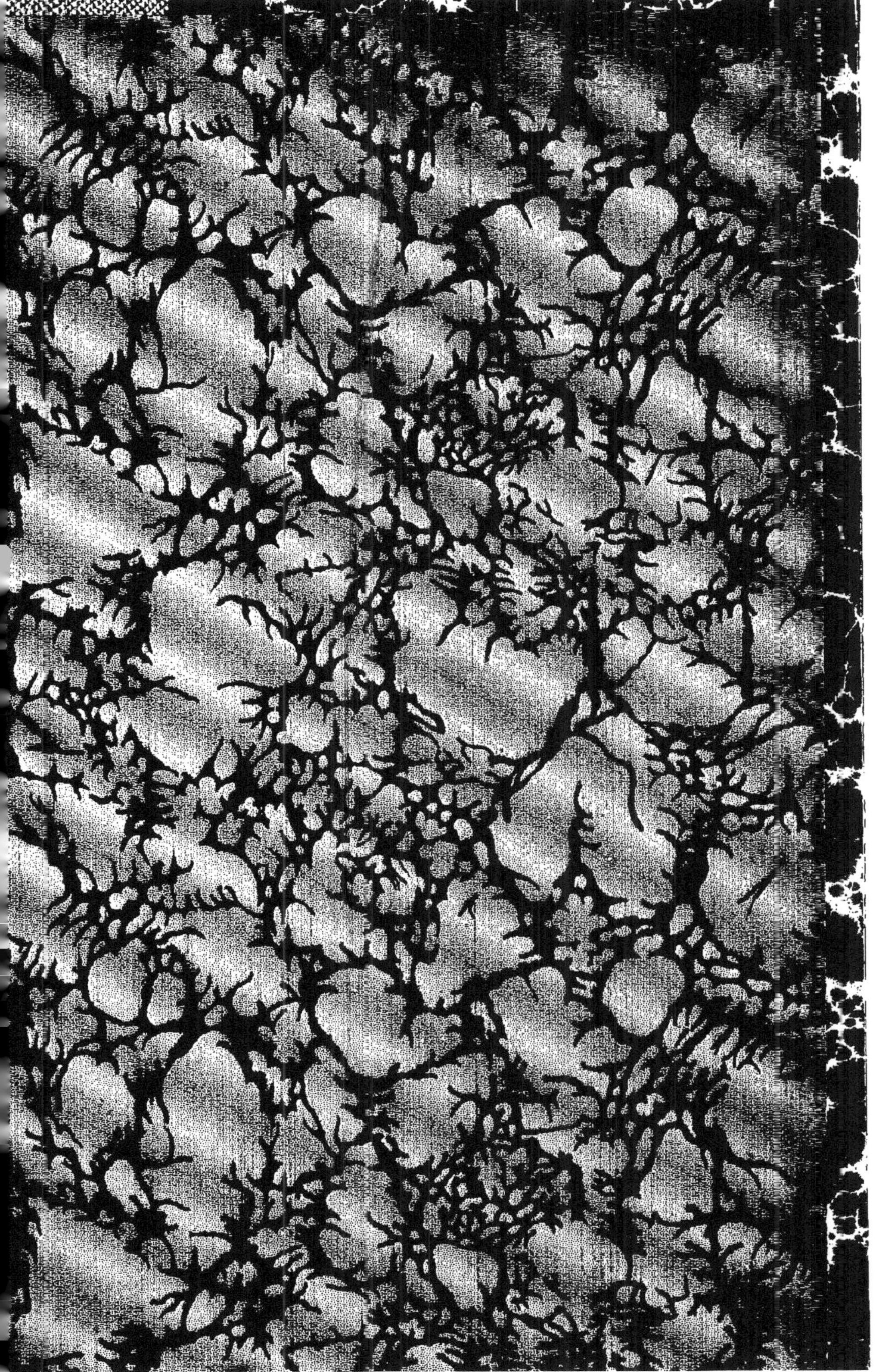

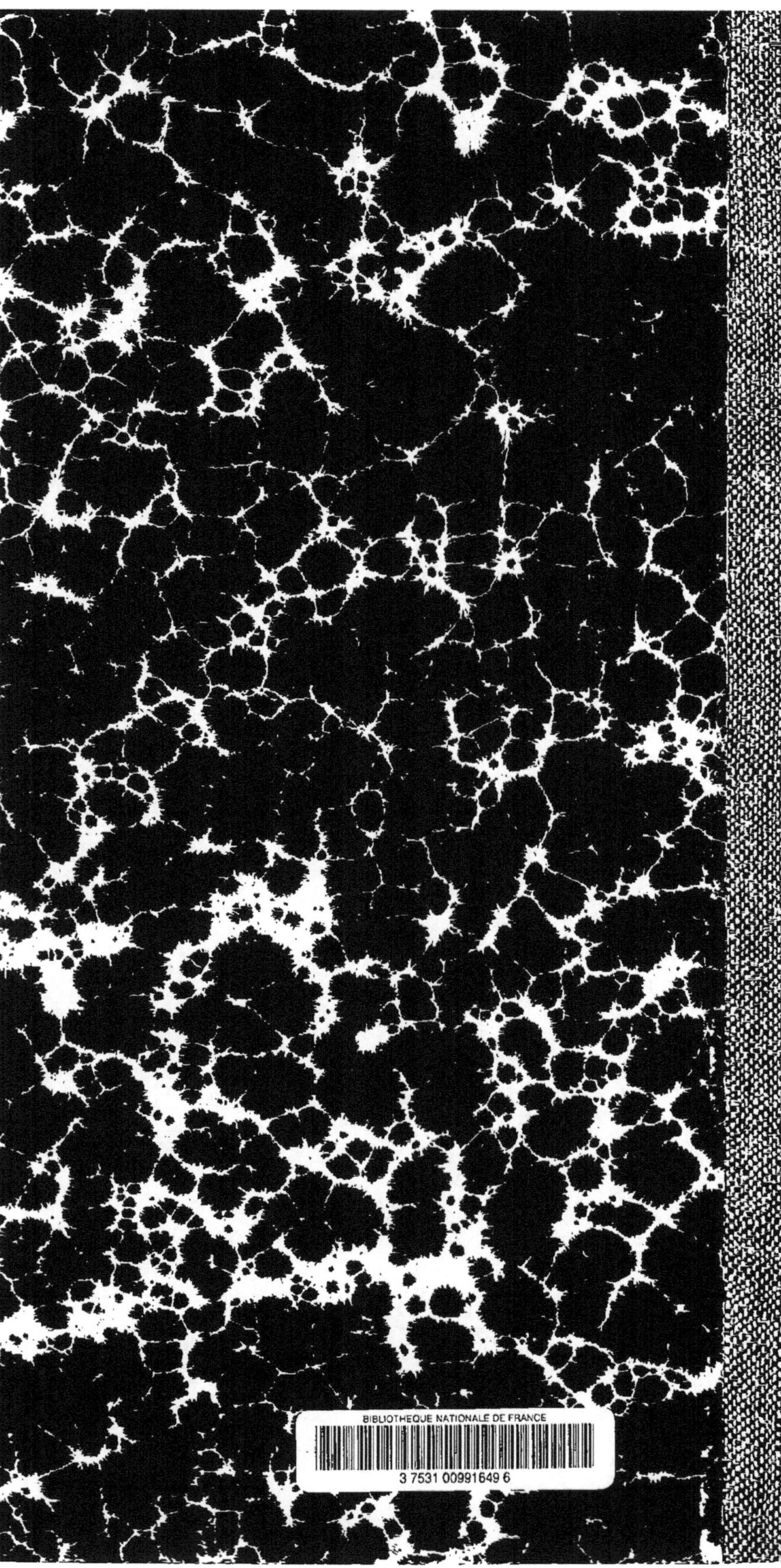

www.ingramcontent.com/pod-product-compliance
Ingram Content Group UK Ltd.
Pitfield, Milton Keynes, MK11 3LW, UK
UKHW022225120726
13694UKWH00002B/698